U0845087

国家精品在线开放课程辅导丛书

『思想道德修养与法律基础』学习辅导

主编 佘双好 金筱萍

武汉大学出版社
WUHAN UNIVERSITY PRESS

图书在版编目(CIP)数据

“思想道德修养与法律基础”学习辅导/佘双好,金筱萍主编.—武汉:武汉大学出版社,2020.9

国家精品在线开放课程辅导丛书

ISBN 978-7-307-21561-0

Ⅰ.思… Ⅱ.①佘… ②金… Ⅲ.①思想修养—高等学校—教学参考资料 ②法律—中国—高等学校—教学参考资料 Ⅳ.①G641.6 ②D920.4

中国版本图书馆 CIP 数据核字(2020)第 091340 号

责任编辑:王智梅　　责任校对:汪欣怡　　版式设计:韩闻锦

出版发行:**武汉大学出版社**　(430072　武昌　珞珈山)

(电子邮箱:cbs22@ whu.edu.cn　网址:www.wdp. com.cn)

印刷:湖北金海印务有限公司

开本:787×1092　1/16　印张:16.5　字数:293 千字　插页:1

版次:2020 年 9 月第 1 版　2020 年 9 月第 1 次印刷

ISBN 978-7-307-21561-0　定价:45.00 元

目　录

绪　论

走进大学，就开始了人生发展的新阶段。在这个人生起航的新航道上，我们该如何应对新情况和解决新问题？“思想道德修养与法律基础”就是一门帮助大学生开启人生新航程的课程，它针对大学生入学后在成长成才过程中所遇到的问题，以问题为导向，将理论与实践相结合，引导同学们去观察、思考、选择，形成正确的人生观、价值观、道德观和法治观。让我们一起开始本门课程的学习吧。

一、学习基本要求

（一）学习目的

深刻认识自身所处的中国特色社会主义新时代和大学生成长发展的人生新阶段，充分认识中国梦与青春梦、国家梦与个人梦之间的辩证关系，引导大学生以民族复兴大任为己任，努力提升思想道德素质和法治素养。

（二）学习要求

（1）全面理解中国特色社会主义新时代的重大意义、基本内涵和对大学生成长发展的新要求，深入思考中国梦与青春梦、国家梦与个人梦之间的辩证关系，以及中国特色社会主义新时代与大学生成长发展的内在关系。

（2）全面理解中国特色社会主义新时代对大学生成长发展的时代要求，深入思考担当民族复兴大任的时代新人的科学内涵，明确新时代对大学生成长发展的具体要求。

（3）全面理解思想道德与法律的具体内涵及相互关系，明确思想道德素质与法治素养对大学生成长发展的重要作用以及本门课程性质、基本内容及学习意义，激发学习兴趣，积极、投入地学习本门课程。

（三）主要内容

每一代青年都要面对和回答时代的问卷。今天大学生所处的时代，是中国特色社会主义新时代，也是大学生成长成才、成就事业、不容辜负的好时代。当代大学生应珍惜历史机遇，胸怀实现中华民族伟大复兴的中国梦，肩负接续奋斗的光荣使命，坚定理想，增强本领，勇于担当，提升思想道德素质和法治素养，立志为新时代贡献青春力量。围绕这一主题——“思想道德修养与法律基础”课绪论，以“两目”的精炼框架和简洁语言展开论述：第一目，勾勒我们所处的中国特色社会主义新时代；第二目，阐述新时代青年大学生的使命、责任、要求，介绍“思想道德修养与法律基础”课的基本概念、学习内容和学习意义。绪论的主要内容如图 1 所示。

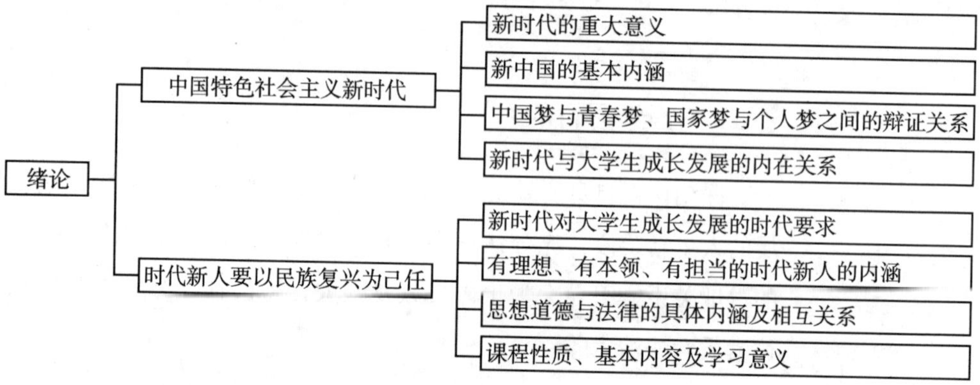

图 1　绪论主要内容

1. 我们处在中国特色社会主义新时代

（1）大学阶段是人生发展的重要时期，是世界观、人生观、价值观形成的关键时期。步入人生新阶段，确立新目标，开启新征程，需要对新时代有深入的了解和真切的感悟。

（2）新时代是我们理解当前所处历史方位的关键词。中国特色社会主义进入新时代，意味着近代以来久经磨难的中华民族迎来了从站起来、富起来到强起来的伟大飞跃，迎来了实现中华民族伟大复兴的光明前景；意味着科学社会主义在 21 世纪的中国焕发出强大生机活力，在世界上高高举起了中国特色社会主义伟大旗帜；意味着中国特色社会主义道路、理论、制度、文化不断发展，拓展了发展中国家走向现代化的途径，给世界上那些既希望加快发展又希望保持自身独立性的国家和民族提供了全新选择，为解决人类问题贡献了中国智慧和中国方案。这个新时代，是承前启后、继往开来、在新的历史条件下继续夺取中国特色社会主义伟大胜利的时代，是决胜全面建成小康社会，进而全面建设社会主义现代化强国的时代，是全国各族人民团结奋斗、不断创造美好生活、逐步实现全体人民共同富裕的时代，是全体中华儿女勠力同心、奋力实现中华民族伟大复兴中国梦的时代，是我国日益走近世界舞台中央、不断为人类作出更大贡献的时代。

（3）中国梦是国家的、民族的，也是每一个中国人的。当代大学生是民族复兴伟大进程的见证者和参与者，也是社会主义事业的生力军。新时代为大学生成长成才、勤学报国提供了广阔的舞台和无限的机遇。新时代属于每一个人，每一个人都是新时代的见证者、开创者、建设者。在新时代的中国，经济建设主战场、文化发展大舞台、社会建设新领域、科技创新最前沿、基层实践大熔炉，都是当代大学生贡献聪明才智、书写青春篇章的热土福地，中华民族伟大复兴终将在广大青年的接力奋斗中变为现实。

2. 时代新人要以民族复兴为己任

（1）做有理想有本领有担当的时代新人，要有崇高的理想信念，牢记使命，自信自励；要有高强的本领才干，勤奋学习，全面发展；要有天下兴亡、匹夫有责的担当精神，讲求奉献，实干进取。

（2）做有理想有本领有担当的时代新人，必须具备良好的思想道德素质和法治素养。思想道德和法律都是调节人们思想行为、协调人际关系、维护社会秩序的重要手段；二者都是上层建筑的重要组成部分，共同服务于一定的经济基础；思想道德为法律提供思想指引和价值基础；法律为思想道德提供制度保障。思想道德与法律的区别在于，在调节人们思想行为、协调人际关系、维护社会秩序过程中，二者的调节领域、调节方式、调节目标等方面存在很大不同。

思想道德素质是指人们思想观念、政治立场、价值取向、道德情操和行为习惯等方面品质和能力的综合体现，反映着一个人的思想境界和道德风貌，是促进个体健康成长、社会发展进步的重要保障。法治素养是人们通过学习法律知识、理解法律本质、运用法治思维、依法维护权利与依法履行义务的素质、修养和能力，对于保证人们尊崇法治、遵守法律具有重要意义。思想道德素质和法治素养是人应该具有的基本素质。良好的思想道德素质和法治素养，是在学习中升华、内省中完善、自律中养成、实践中锤炼的结果，同时也是大学生把握发展机遇、创造人生精彩的基础条件和宝贵资源。

（3）“思想道德修养与法律基础”是一门融思想性、政治性、科学性、理论性、实践性于一体的思想政治理论课。本课程针对大学生成长过程中面临的思想道德和法律问题，开展马克思主义的世界观、人生观、价值观、道德观、法治观教育，引导大学生提高思想道德素质和法治素养，成长为自觉担当民族复兴大任的时代新人。学习“思想道德修养与法律基础”课程，有助于大学生领悟人生真谛，坚定理想信念，践行社会主义核心价值观，做新时代的忠诚爱国者和改革创新的生力军；有助于大学生形成正确的道德认知，积极投身道德实践，做到明大德、守公德、严私德；有助于大学生全面把握社会主义法律的本质、运行和体系，理解中国特色社会主义法治体系和法治道路的精髓，增进法治意识，养成法治思维，更好地行使法律权利、履行法律义务，做到尊法学法守法用法，从而具备优秀的思想道德素质和法治素养。

（四）重点和难点

（1）如何正确认识中国特色社会主义新时代对大学生成长发展的要求，做担当民族复兴大任的时代新人？

（2）如何正确认识“思想道德”与“法律”，“思想道德素质”与“法治素养”等概念的内涵、作用及相互关系，努力提升思想道德素质和法治素养。

二、慕课学习

（一）课程导学

学生：老师好，“思想道德修养与法律基础”课是我们进入大学以后学习的第一门思想政治理论课，您能不能讲讲这是一门什么样的课程呢？

教师：好的，这是每一个学习这门课的人都要把握的问题，我们可以从三个方面来认识这门课程：第一，正如你所说，从课程性质来看，这门课是一门思想政治课，它是为提升学生思想政治素质而开设的课程，这类课程在大学期间还包括“马克思主义基本原理概论”“毛泽东思想和中国特色社会主义理论体系概论”“习近平新时代中国特色社会主义思想概论”“中国近现代史纲要”围绕习近平新时代中国特色社会主义思想，党史、国史、改革开放史、社会主义发展史、宪法法律、中华优秀传统文化等选修课。思想政治课讲授的内容涉及我们立党立国的共同思想基础的马克思主义，特别是马克思主义中国化的理论成果和党的创新理论，中国近现代历史发展和人民选择，党和国家对大学生在思想道德方面的基本要求，以及党的路线方针政策及形势发展等内容。而我们这门课是一门讲授马克思主义世界观人生观价值观道德观法治观的思想政治课程。

二是从课程特点来看，这门课是一门理论课程，它是针对改革开放以后广大学生成长过程中面临的思想道德和法律问题而开设的课程，具有所有课程所要求的理论性。同时，这门课程又与一般的理论课有不同的特点，也就是这门课程所讲授的理论问题都与大学生成长息息相关，并且也只有大学生运用课程讲授的理论来指导人生实践，开展积极的思想修养，不断提高自身思想道德素质和法治素养，才能达到本门课程的要求。所以说，我们这门课是一门特殊的理论课，它融思想性、政治性、科学性、理论性、实践性于一体，是一门理论与实践结合的课程。

三是从课程的要求来看，这门课又是一门公共必修课。虽然本门课程具有很强的专业性，但它与各位同学所学的专业课不同，它是为提升学生思想道德素质和法治素养而设立的公共课。由于这门课程的重要性，它是所有进入大学的学生都必须上的课程，并且是必修课中级别最高的一类由国家设立的公共必修课，任何学校和任何大学生都必须开设和学习这门公共课程，都必须按照国家规定的教学基本要求进行课程内容学习。

学生：这门课确实和我们学习的其他课程不太一样，我们也很有兴趣，那么这门课讲授什么内容呢？

教师：本门课主要针对大学生成长过程中面临的思想道德和法律问题，开展马克思主义的世界观、人生观、价值观、道德观、法治观教育，引导大学生提高思想道德素质和法治素养，成为自觉担当民族复兴大任的时代新人。课程主要讲授以下五个方面内容：第一个是中国特色社会主义新时代和大学生的历史使命。党的十九大宣布，中国特色社会主义进入新时代，这是我国发展的新的历史方位，也是我们大学生思考人生发展的新坐标。新时代对当代大学生提出什么样的要求，当代大学生应如何回应时代提出的人生课题，这是每一个大学生都需要深入思考的问题。

第二个是大学生应树立的人生观。大学生应该树立什么样人生观？应该树立什么样理想信念？以什么样的精神支撑新时代人生发展？这是新时代每一个大学生都关注的人生话题，这部分重点讲授三个方面的内容：一是人生与人生观的基本观点，特别是马克思主义人生观的基本观点，帮助大学生正确认识个人与社会关系，树立正确人生观、创造有意义的人生；二是理想信念的基本内涵，重点讲授马克思主义信仰、中国特色社会主义共同理想和共产主义远大理想，帮助大学生在实现中国梦的实践中放飞青春理想；三是中国精神基本内容，分为爱国主义的时代要求，以及让改革创新成为大学生青春远航的动力等。

第三个是大学生应该树立的价值观。价值观是一个人判断是非价值的基本标准和准则。社会主义核心价值观是体现社会主义制度运行基本原则和发展方向的价值观念，是我们国家共同的思想基础、民族凝聚的纽带、社会的稳定器和人民幸福安康的保障。本部分主要讲授社会主义核心价值观的基本要求、社会主义核心价值观的深厚历史底蕴、坚实现实基础和强大的道义力量，帮助同学们扣好人生第一粒扣子，做社会主义核心价值观的积极践行者。

第四个是大学生应该树立的道德观。道德是以善恶为评价方式，主要依靠社会舆论、传统习俗和内心信念来发挥作用的行为规范的总和。本部分主要讲授道德的起源和本质、道德的功能与作用；中华民族传统美德和革命道德；社会主义道德原则与核心，以及在社会公德、职业道德、家庭美德和个人品德领域的道德要求，帮助大学生明大德守公德严私德，做到向上向善、知行合一。

第五个是大学生应该树立的法治观。法治是现代文明的制度基石。本部分主要讲授法律特别是社会主义法律的特征和运行，以宪法为核心的中国特色社会主义法律体系，中国特色社会主义法治体系和法治道路，帮助学生培养法治思维，依法行使权利和履行义务，做到尊法学法守法用法。

总的来说，整门课程既是马克思主义世界观的学习，也是马克思主义人生观、价值观、道德观、法治观的学习过程，重点在于学会用马克思主义立场观点和方法思考和处理思想道德和法律问题。

学生：这次课是本门导学和绪论课，老师给我们讲授什么内容呢？

教师：本次课是本门课程的导学课，我们重点讲授以下四个方面的知识点：

第一是我们所处的时代方位，主要讲授中国特色社会主义新时代的意义、基本内涵、判断依据，以及新时代与大学生成才的关系。

第二是时代对大学生的要求，主要讲授新时代党和国家对大学生的期待；新时代大学生的思想变化特点以及新时代对大学生的要求。

第三是思想道德与法律的关系，主要讲授本门课的两个核心概念，即什么是思想道德，什么是法律，以及思想道德和法律的关系。

第四是如何提升思想道德素质和法治素养，这是本门课要达到的目的，主要讲授什么是思想道德素质，什么是法治素养，以及如何提升思想道德素质和法治素养。

总之，我们希望通过本门课程学习，帮助大学适应好大学生活，树立正确的世界观、人生观、价值观、道德观、法治观，提升思想道德素质和法治素养。

学生：看来学习这门课程并不是一项简单轻松的事情，要真正掌握还真的不容易，那么，我们除了要认真学习课程的基本理论、做好预习、复习和平时作业以外，怎么才能学好这门课程呢?

教师：本门课作为一门课程，既要遵循与其他课程一样的学习规律，也需要大学生能够根据这门课自身的特点进行学习，还需要更好地发挥同学们在学习中的积极性和主动性。我提以下三点建议：

第一，要消除对这门课程存在的误解和偏见。由于受种种主客观因素的影响，在同学们中或多或少存在着对本门课的不正确认识，比如有的同学或许认为思想道德素质可以自然生成，以前人们没有学习这门课也过得很好；还有同学可能认为思想道德素质主要在日常生活中行为养成，不需要进行专门的课程来学习；还有同学可能认为思想道德修养主要在中小学时期，到大学阶段再进行思想道德修养过时了，等等。这些观点都是客观存在的，但如果同学们不纠正自己对这门课程存在的这种“心理定势”，就不可能以一种积极正确的态度对待这门课程的学习，这样就很难达到这门课程的学习要求。

第二，要了解这门课程的特点。思想道德修养与法律基础课程一门实践性很强的理论课，这个特点使得它的学习方式同科学文化知识的学习不同，我们学习的专业课、文化课等虽然对思想道德素质培养具有促进作用，但主要属于“智育”的范畴，即帮助人们提升认识世界和改造世界的能力；而思想道德修养与法律基础的学习是人们在思想道德素质方面的自我塑造、自我提高的过程，它的学习过程的方向是指向个体思想道德素质的培养提高，是属于“德育”的范畴（尽管不能把两者绝然分开，但是两者之间还是存在着细微的差别）。有的学者曾经把这两种学习方式用两个词来表示，即知“道”和悟（体）“道”，认为“知道为智，体道为德”，知道者与道为二，体道者与道为一。如果你只是了解、懂得了“道”，这是属于“智”的范畴。只有体“道”，用自己的生命、生活，用自己的言行，把自己所选择的“道”体现出来，成为你自己的言行、习惯，成为你生活方式的一部分，这才是“德”。因此，在这门课程学习过程中要注意做到理论与实际结合，“知”“行”统一，不断提高自己的思想道德素质和法治素养。

第三，要充分发挥同学们学习的主观能动性。一个人思想道德素质和法治素养的提升是毕其一生的事，它既不始于大学，也不终于大学，而是伴随人的一生，需要我们在不断学习、感悟和试错的过程中确立起正确的思想道德和法治观念。我们课程只是为同学们提高思想道德素质和法治素养提供了一个新的起点，为同学们思考思想道德与法律问题提供了一个最基本的“底线”，希望同学们能够发挥自己的主动性，不断地在我们提供的思想道德素质与法治素养要求的基础上进行攀升。

学生：我们会按照您的要求，学好“思想道德修养与法律基础”这门课程。

教师：这次课就到这里，谢谢大家！

（二）大学生人生发展的时代方位

学生：老师好！党的十九大指出：经过长期努力，中国特色社会主义进入新时代，这是我国发展新的历史方位。那么，我们该如何理解“新时代”的伟大意义呢？

教师：党的十九大报告所提的新时代是中国特色社会主义新时代，而不是别的什么新时代。

在党的十九大报告中，习近平总书记用三个“意味着”说明了新时代的意义：第一个“意味着”，是指意味着近代以来久经磨难的中华民族迎来了从站起来、富起来到强起来的伟大飞跃，迎来了实现中华民族伟大复兴的光明前景。这是从中国角度，以中国近现代历史发展、中华民族伟大复兴为时代背景，揭示了新时代对中国人民、中华民族的重大意义。

第二个“意味着”，是指意味着科学社会主义在21世纪的中国焕发出强大生机活力，在世界上高高举起了中国特色社会主义伟大旗帜。这是从社会主义历史发展角度，以社会主义从空想到科学、从理论到实践、从一国模式到多国模式再到中国特色社会主义的世界意义的历史发展为背景，揭示了中国特色社会主义对社会主义发展的意义和价值，更深刻阐明了马克思主义理论的科学性，社会主义和共产主义理想信念的正确性，更好地激励人们走社会主义道路的理想信念。

第三个“意味着”，是指意味着中国特色社会主义道路、理论、制度、文化不断发展，拓展了发展中国家走向现代化的途径，给世界上那些既希望加快发展又希望保持自身独立性的国家和民族提供了全新选择，为解决人类问题贡献了中国智慧和中国方案。这是从世界和人类发展的时空背景，从人类社会发展角度，揭示了中国特色社会主义对世界和人类的意义和价值，阐明了中国特色社会主义的成功对发展中国家寻找适合本国国情、不同于以往发达国家所走的发展道路的示范意义。

三个“意味着”从纵横、历史和现实、中国和世界等多个维度，对新时代中国特色社会主义的意义进行阐述，深刻说明了新时代在中华人民共和国发展史上、中华民族发展史上、在世界社会主义发展史上、人类社会发展史上的重大意义。

学生：看来新时代确实对我们中国、中华民族、社会主义发展和人类社会发展意义重大，那么“新时代”包含哪些内容呢？

教师：新时代主要包括以下五个方面内容：第一，它是承前启后、继往开来、在新的历史条件下继续夺取中国特色社会主义伟大胜利的时代。这是从时序角度对新时代进行界定，新时代既体现了时间的延续性，要承前启后、继往开来，同时也说明了新时代与其他阶段的根本区别，新时代要在新的历史条件下继续夺取中国特色社会主义伟大胜利。

第二，它是决胜全面建成小康社会、进而全面建设社会主义现代化强国的时代。这是从新时代国家层面建设的主要任务进行的界定，全面建成小康社会既是党的十八大提出的任务，也是党的十九大期间需要完成的任务，新时代的任务是决胜全面建设小康，新时代的任务不仅要全面建成小康社会、建成社会主义现代化国家，而且要建成社会主义现代化强国，实现从富起来到强起来的目标任务。

第三，它是全国各族人民团结奋斗、不断创造美好生活、逐步实现全体人民共同富裕的时代。这是从广大人民的角度提出的时代任务，新时代不仅要逐步实现全体人民共同富裕，而且还要不断创造美好生活，实现全体人民共同富裕目标，更充分地彰显社会主义本质和优势。

第四，它是全体中华儿女勠力同心、奋力实现中华民族伟大复兴中国梦的时代。这是从中华民族角度提出的时代任务，实现中华民族伟大复兴是近代以来中华民族的伟大梦想，新时代是近现代以来一代又一代中华民族优秀儿女梦寐以求的中华民族伟大复兴的梦想实现的时代。

第五，它是我国日益走近世界舞台中央、不断为人类作出更大贡献的时代。这是从中国与世界发展的角度提出的时代任务，中华民族曾经以先进的科学技术和高度发达的文明领先于世界各民族，但近代以来的贫穷落后，使得中国逐渐淡出世界舞台的中央，“落后挨打”是近现代中国人难以忘却的心理印记，正是在总结无数失败和教训的基础上，中国人民在中国共产党的领导下终于找到了一条使中华民族站起来、富起来、强起来的道路。中国特色社会主义道路既是中国人民经历千辛万苦寻找的正确道路，也是中国为世界发展提出的中国方案和中国智慧，新时代是中国特色社会主义逐渐展示光辉前景、为人类社会作出更大贡献的时代，是中国日益走近世界舞台中央、不断为人类发展作出更大贡献的时代。

五个方面的内涵和特征表明，中国特色社会主义建设的主要任务和时代主题发生了深刻变化，中国特色社会主义发展进入一个新的历史方位，呈现出新的时代要求。

学生：没想到“新时代”还包含着如此丰富的内涵。我想中国特色社会主义进入新时代的这个战略论断，绝不是凭空的主观臆断，它一定有一些客观的依据，如何认识新时代社会矛盾的变化。

教师：你说得没错，这也是我接下来要讲到的问题，就是“新时代”的判断依据。在马克思主义哲学中，基本矛盾和主要矛盾是一对重要的范畴。基本矛盾决定事物发展的方向和性质，贯穿事物发展的始终。而主要矛盾在事物发展的某一阶段、某一时期发挥着主导作用。判断一个时代发生变化的根本依据，就是依据社会主要矛盾的变化。党的十九大报告作出中国特色社会主义进入新时代的主要依据，是我国的社会主要矛盾已经转化为“人民日益增长的美好生活需要和不平衡不充分的发展之间的矛盾”。这个新的主要矛盾有两点需要我们注意：

一是把“人民日益增长的物质文化需要”重新表述为“人民日益增长的美好生活需要”。经过中华人民共和国成立以来70多年的发展，特别是改革开放40多年发展，我们已经稳定解决了十几亿人的温饱问题，总体上实现了小康，不久将全面建成小康社会，人民美好生活需要日益广泛，不仅对物质文化生活提出了更高要求，而且在民主、法治、公平、正义、安全、环境等方面的要求日益增长。原来简单的物质文化生活需求的表述不足以囊括人民各方面丰富深刻的需求。

二是把我国“落后的社会生产”重新表述为“不平衡不充分的发展”的状况。经过中华人民共和国成立以来70多年的发展，特别是改革开放40多年发展，我国的社会生产水平取得了历史性巨大发展和飞跃，在不少领域已接近世界先进水平。从总体上看，当前我国生产力不能再称为“落后的社会生产”，而是能够比较充分满足人民物质文化需要的较为先进的社会生产。可以说，我国的社会生产已基本摆脱了落后状况，正在向世界上中等发达国家水平迈进。

当然，在我们社会生产中，也出现不少新情况和新问题。党的十九大报告明确指出：我们在经济方面所面临的困难和挑战主要是："发展不平衡不充分的一些突出问题尚未解决"；"民生领域还有不少短板，脱贫攻坚任务艰巨，城乡区域发展和收入分配差距依然较大"等。我国社会生产力水平总体上显著提高，社会生产能力在很多方面进入世界前列，而不是发展速度与总量。所以，我国社会当前更加突出的问题是发展不平衡不充分，这已经成为满足人民日益增长的美好生活需要的主要制约因素。

改革开放后所提出的"人民日益增长的物质文化需要同落后的社会生产之间的矛盾"这一社会主要矛盾中，无论"人民日益增长的物质文化需要"方面还是"落后的社会生产"方面，都已经发生重大变化。"我国社会主要矛盾已经转化为人民日益增长的美好生活需要和不平衡不充分的发展之间的矛盾"这一新的重大提法表明，生产力中的因素已经不是矛盾的主要方面。而生产关系中人与人之间的和谐关系发展的不平衡不充分变成了主要矛盾。这无论从理论到实践，都是一个完全切合实际的重大表述。也必将对我们今后进行伟大斗争、建设伟大工程、推进伟大事业、实现伟大梦想产生重大影响。

学生：我国社会主要矛盾发生深刻变化，是不是我国社会已经到了高级发展阶段，我们应该调整社会主义初级阶段的路线方针政策呢？

教师：这个问题很重要。为了帮助大家正确认识我国社会主要矛盾变化的性质，党的十九大报告特别强调"必须两个认识到"：第一是必须认识到我国社会主要矛盾的变化是关系全局的历史性变化，而不是局部的和暂时性的变化。它要求我们根据社会主要矛盾的变化，进一步明确工作的着力点。要在继续推动发展的基础上，着力解决好发展不平衡不充分问题，大力提升发展的质量和效益，更好地满足人民在经济、政治、文化、社会、生态等方面日益增长的需要，更好地推动人的全面发展、社会全面进步。

第二是我们也必须认识到我国社会主要矛盾的变化没有改变我们对我国社会主义所处历史阶段的判断，中国特色社会主义新时代社会主要矛盾虽然发生了深刻变化，但它并没有超越中国特色社会主义总体发展阶段，我们仍处于并长期处于社会主义初级阶段的基本国情没有变，我们是世界最大发展中国家的国际地位没有变。这就要求我们既要积极面对新情况新变化新特点，又要保持冷静态度，充分认识我们国家发展的基本国情，要牢牢把握社会主义初级阶段这个基本国情，牢牢立足于社会主义初级阶段这个最大实际，牢牢坚持党的基本路线这个党和国家的生命线、人民的幸福线，领导和团结全国各族人民，以经济建设为中心，坚持四项基本原则，坚持改革开放，自力更生，艰苦创业，为把我国建设成为富强民主文明和谐美丽的社会主义现代化强国而奋斗。

学生：新时代的对我们大学生既是机遇，也是挑战。您认为我们该如何去认识新时代与大学生的关系呢？

教师：新时代既是我们中国特色社会主义发展的历史方位，也是我们每一个大学生思考人生发展的基点。现在进校的大学生，到2035年社会主义现代化基本实现时，大多还不到40岁；到21世纪中叶全面建成社会主义现代化强国时，有的可能刚过50岁。可以说，当代大学生与新时代同步共振，是民族复兴伟大进程的见证者和参与者，这是何其有幸。习近平总书记在全国高校思想政治工作会议讲话中指出：“今天高校学生的人生黄金时期，同‘两个一百年’奋斗目标的实现完全吻合。亲自参与这个伟大历史进程，实现几代中国人的夙愿，实乃人生之大幸。”①

新时代为大学生成长成才、勤学报国提供了广阔的舞台和无限的机遇。新时代属于每一个人，每一个人都是新时代的见证者、开创者、建设者。在新时代的中国，经济建设主战场、文化发展的大舞台、社会建设新领域、科技创新最前沿、基层实践大熔炉，都是当代大学生贡献聪明才智、书写青春篇章的热土福地，中华民族伟大复兴终将在广大青年的接力奋斗中变为现实。

今天的课就到这里，谢谢大家！

（三）大学生人生发展的时代要求

学生：老师好！党和政府历来高度重视青年，十分关心青年和青年成长，把青年看成是祖国的未来、民族的希望，对青年成长和发展寄予殷切期望，新时代党和国家对当代大学生寄予了哪些期待呢？

教师：中国共产党是以马克思列宁主义为指导的新型政党，马克思主义经典作家历来对青年寄托美好的期望，把青年赋予时代的性格，把青年特性与党的特性紧密联系起来，为青年健康成长指明方向。

党的十八大、十九大报告都把青年成长和发展作为报告的落脚点，充分表达了党

① 中共中央文献研究室：《习近平关于青少年和共青团工作论述摘编》，北京：中央文献出版社2017年版，第18页。

和国家对青年一代成长的期望。十九大报告指出：青年兴则国家兴，青年强则国家强。青年一代有理想、有本领、有担当，国家就有前途，民族就有希望。中国梦是历史的、现实的，也是未来的；是我们这一代的，更是青年一代的。中华民族伟大复兴的中国梦终将在一代代青年的接力奋斗中变为现实。全党要关心和爱护青年，为他们实现人生出彩搭建舞台。广大青年要坚定理想信念，志存高远，脚踏实地，勇做时代的弄潮儿，在实现中国梦的生动实践中放飞青春梦想，在为人民利益的不懈奋斗中书写人生华章！

党的十九大报告对青年的论述，我们能够从中深切体会到党和国家对青年一代成长的期望：

第一是从青年与国家关系角度：青年兴则国家兴，青年强则国家强。青年一代有理想、有本领、有担当，国家就有前途、民族就有希望。

第二是从青春梦与中国梦关系角度：中国梦是历史的、现实的，也是未来的；是我们这一代的，更是青年一代的。

第三是从青年与时代发展关系角度：中华民族伟大复兴的中国梦终将在一代代青年接力奋斗中变为现实。

第四是从青年发展的期待和要求角度，把培养担当民族复兴大任的时代新人作为着眼点，对青年成长和发展寄予了更殷切的期待。

学生：担当民族复兴大任、做有理想、有本领、有担当的开拓者、奋斗者、创新者的要求对当代大学生确实寄予很高的期待。今年是 21 世纪以后出生的一代人大范围地进入校园，您对“千禧一代”“00 后”有什么样的评价，您认为“00 后”大学生能够担当此大任吗？

教师：每一代青年都有自己的际遇和机缘，都要在自己所处的时代条件下谋划人生、创造历史。我是 20 世纪 60 年代出生的，是 80 年代进入大学的大学生，我们那个年代出生的大学生，比较习惯于思考宏观、抽象的问题，习惯于从宏观社会历史发展的角度来考虑个人的发展；对人生目标的确定是从理想主义的角度来设计的，对生活的价值目标设计长远和崇高；我们那时的价值取向较为单一，主要是以社会发展需要为本位，较少考虑个人发展需要；我们的价值评价标准较为严格和单一，对社会的不良习俗，敢于挺身出去斗争；我们在个人与国家关系上，更多偏重从国家和社会发展需要进行价值选择，在职业选择上，更倾向于根据国家和社会需要来确定。我们有自己的优点，比如习惯于宏观整体思考，具有理想主义的色彩，比较多的从国家和社会需要考虑自己的发展等，但也有缺点，比如我们较少考虑经济方面的具体问题，对个人的发展思考并不精准，总是以社会的改造者出现，容易出现与社会的矛盾和冲突。

现在的在校大学生大多是“90后”“00后”的大学生，“90后”“00后”大学生价值观念的发展总体倾向于思维活跃、视野开阔、积极向上、客观理性、多元宽容、具体精致，用习近平总书记的说法就是：“他们朝气蓬勃、好学上进、视野宽广、开放自信，是可爱、可信、可为的一代。”① 但“90后”“00后”大学生也有自己的问题，比如习惯于具体实务问题，对抽象理论问题关注兴趣较少；崇尚自然主义自发倾向，不愿意进行理论和观点的提升；较关注日常生活的感悟，不愿意对问题进行理性思考；更习惯于从个体角度出发去思考问题，较少考虑个人与社会的互动；更关注个体性活动，而对群体性活动的兴趣较低，等等。因此，我认为我们两代人之间应该互相学习、取长补短。真正把自己培养成“担当民族复兴大任的时代新人”。

学生：嗯，听了您的讲解，我感觉到我们大学生无论是在思想观念上还是自身能力上都与党和国家对我们的期待有一定的差距，这对于建功新时代来说，既是挑战也是机遇。作为国家和民族的希望，我认为我们大学生不仅要有崇高的理想信念，还要有高强的本领才干，更要有担当精神、奉献精神和进取精神，只有这样才能成为担当民族复兴大任的时代新人。

教师：你说得没错。作为新时代大学生，要弥合党和国家的期待与自身素质的差距，还需要从各方面来不断提高和完善。那么，听课后，你认为大学生应当从哪些方面要求自己，做担当民族复兴大任的时代新人呢？

学生：我觉得可以从以下几个方面要求自己：第一点，要有崇高的理想信念，牢记使命，自信自励。要坚定共产主义理想和中国特色社会主义信念，将个人青春梦想融入实现中华民族伟大复兴中国梦，在实现中国梦的过程中放飞青春梦想，把担当民族大任的历史使命内化为担当的自觉，外化为实际的行动，从容自信、坚定自励。

第二点，要有高强的本领才干，勤奋学习，全面发展。要把学习作为首要任务，树立梦想从学习开始、事业靠本领成就的观念，让勤奋学习成为青春远航的动力，让增长本领成为青春搏击的能量。

第三点，要有天下兴亡、匹夫有责的担当精神，讲求奉献，实干进取。要自觉树立国家意识、民族意识、责任意识，把个人前途命运与国家、民族的前途命运紧紧地

① 中共中央文献研究室：《习近平关于青少年和共青团工作论述摘编》，北京：中央文献出版社2017年版，第9页。

联系在一起；要坚持实践第一、知行合一，勇于面对实际生活中的各种挫折考验；要始终保持昂扬向上的精神状态，勇于创新，勇于变革，以新的实践创造更大的成就。

教师：很好！有信念、有梦想、有奋斗、有奉献的人生，才是有意义的人生。当代大学生一定要担当起党和人民赋予的历史使命，在激扬青春、开拓人生、奉献社会的进程中书写无愧于时代的壮丽篇章！

这次课就到这里，谢谢大家！

（四）思想道德与法律的关系

学生：老师好！习近平总书记在十九大报告中指出，坚定文化自信，推动社会主义文化繁荣兴盛，需要加强思想道德建设。那么，思想道德这一概念的内涵是什么呢？

教师：思想道德最初是作为思想和道德两个概念分别使用的，它作为一个专门概念出现在1986年9月28日党的十二届六中全会通过的《中共中央关于社会主义精神文明建设指导方针的决议》中。该决议指出："社会主义精神文明建设的根本任务，是适应社会主义现代化建设的需要，培育有理想、有道德、有文化、有纪律的社会主义公民，提高整个中华民族思想道德素质和科学文化素质。"从上述文件来看，文件中思想道德是作为与科学文化相对应的概念提出，它是社会主义精神文明的重要组成部分，初步明确了思想道德这一概念基本内涵。

1996年10月10日，党的十四届六中全会通过的《中共中央关于加强社会主义精神文明建设若干重要问题的决议》进一步指出："社会主义思想道德集中体现着精神文明建设的性质和方向，对社会政治经济的发展具有巨大的能动作用。在改革开放和现代化建设的整个过程中，思想道德建设的基本任务是：坚持爱国主义、集体主义、社会主义教育，加强社会公德、职业道德、家庭美德建设，引导人们树立建设有中国特色的共同理想和正确的世界观、人生观、价值观。"这就进一步明确了思想道德这一概念的内涵。

2002年，党的十六大提出"要建立与社会主义市场经济相适应、与社会主义法律规范相协调、与中华民族传统美德相承接的社会主义思想道德体系"，对社会主义思想道德体系作了集中探讨，提出了明确要求。

由此看来，思想道德是与物质文明相对应的精神文明内容，是与科学文化相对应的思想、道德、价值观方面的内容，它是涉及社会意识形态内容，涉及社会的性质和方向的内容。思想道德这个概念可以作广义和狭义两种理解。广义的思想道德是包含思想、道德、政治等诸多层面，是与科学文化相对应的概念，是社会的意识形态。狭义的思想道德概念特指社会主义思想道德，即与社会主义意识形态相对应的思想道德观念，也就是指社会主义世界观、人生观、价值观、道德观、法治观等方面的内容。

我们这门课程讲的思想道德，就是指社会主义思想道德、中国特色社会主义思想道德，也就是与中国特色社会主义文化相适应的社会主义思想道德，包括马克思主义意识形态，中国特色社会主义理想信念，社会主义核心价值观，中华优秀传统道德，党领导人民在革命、建设、改革中创造的革命文化和社会主义先进文化和中国特色社会主义伟大实践中体现的道德要求等内容，其中也包含着人类社会一切思想道德建设的成果，这也是本门课程讲授的重点内容，我们在后面的课程中还要围绕这些内容进行展开。

学生：看来，我们确实还要深入学习思想道德的内容和要求，那么这门课程中的法律这个概念是什么内容呢？

教师：法律也是一个具有多重理解的概念。马克思主义法学认为，法律不是从来就有的，也不是永恒存在的。它随着私有制、阶级和国家的产生而产生，也将随着私有制、阶级和国家的消亡而消亡。法律作为上层建筑的重要组成部分，其基本内容和性质总是与所在社会的生产关系相适应的。奴隶制法律、封建制法律、资本主义法律都是建立在私有制基础上的剥削阶级类型的法律，而社会主义法律是人类历史上唯一以公有制为基础的新型法律制度。我们讲的法律，主要是社会主义法律。

具体而言，所谓法律，是由国家制定或认可并以国家强制力保证实施的，反映由特定社会物质生活条件所决定的统治阶级意志的规范体系。它包括以下几个方面的内涵：一是从法律的本质特征来看，它是体现统治阶级意识的规范体系。我国社会主义法律是最广大人民群众意志的集中体现，是实现人民当家作主、实行人民民主专政的重要保障。二是从法律作为意识形态的特征来看，它是由特定社会物质生活条件决定的，我国社会主义法律以公有制为经济基础，保障全体劳动者共同占有生产资料，通过解放生产力和发展生产力来推动社会物质财富和精神财富日益丰富，从而实现人的全面发展和全体成员的共同富裕。三是从法律的形式上的特征来看，它是由国家制定或认可的并由国家强力保证实施，法律必须由国家通过一定的程序制定和认可，有明确的法律规定，并且由国家强力实施，违反或触犯法律，必然要受到法律的惩罚和制裁，具有强制性的特点。

本门课所讲的法律基础则是指法律中最基本、最核心的内容，包括马克思主义法学理论、我国社会主义法律的本质特征和运行机制、中国特色社会主义法律体系、法治体系和法治道路等内容，是每一个社会公民特别是接受过高等教育的大学生都必须了解和掌握的法律内容。通过法律基础的学习帮助大学生自觉培养法治思维，尊重和维护法律权威，依法行使权利和履行义务，以实际行动带动全社会崇德向善，这也是对每一位大学生的基本要求。

学生：思想道德与法律各有不同的内容，那么我们如何理解思想道德与法律之间的复杂关系呢？

教师：我们可以从思想道德和法律的联系与区别两个方面来理解。

从两者的相互联系来看：思想道德和法律都是调节人们思想行为、协调人际关系、维护社会秩序的重要手段。思想道德和法律虽然在调节领域、调节方式、调节目标等方面存在很大不同，但是二者都是上层建筑的重要组成部分，共同服务于一定的经济基础。在我国，中国特色社会主义思想道德建设和中国特色社会主义法治建设紧密联系、相互促进，为中国特色社会主义事业提供了坚实的思想基础、精神支撑和法治保障。坚持和发展中国特色社会主义，既要发挥思想道德的引领和教化作用，又要发挥法律的规范和强制作用。

两者相互联系具体表现为以下两个方面：一方面，思想道德为法律提供思想指引和价值基础。思想道德为法律的制定、发展和完善提供价值准则，是社会主义法律正当性和合理性的重要基础；思想道德能够促进人们自觉尊法学法守法用法，维护法律权威；思想道德调整社会关系的范围和方式更加广泛灵活，可以弥补法律调整的短板，与法律一道共同促进社会秩序的形成。

另一方面，法律又为思想道德提供制度保障。法律通过对思想道德的基本原则的确认，为思想道德建设提供国家强制力保障。科学立法和民主立法，可以将思想道德有机融入法律体系，使法律具有鲜明道德导向，让法治成为良法善治；严格执法和公正司法，有利于维护社会公平正义，弘扬真善美、打击假恶丑，使思想道德要求在实践中得到切实遵循；全民普法和全民守法，有助于增强人们信守法律的思想道德水平，引导人们自觉履行法定义务、家庭责任、社会责任。

学生：两者的区别呢？

教师：从两者的区别来看，有以下几个方面：第一个，是从社会主义法律表现形式上看，法律表现为国家制定的规范性文件或国家认可的习惯，而道德则是一种意识形态、观念的东西，存在于人们思想观念、风俗习惯和社会舆论之中；

第二个，是从思想道德和法律调节的层面来看，思想道德涉及的主要是人们思想观念和意识形态层面的问题，而法律涉及的主要是人们行为层面的问题；

第三个，是从思想道德与法律调节的方式来看，思想道德主要依据社会舆论、风俗习惯和人们内在的信念起作用，是一种“软调控”，而法律是通过强制性的外在控制发生作用，是一种“硬控制”；

第四个，是从思想道德与法律作用的范围来看，思想道德涉及范围更为广泛，相对模糊，而法律作用的范围较为具体，十分明确；

第五个，是从思想道德与法律调节控制的结果来看，思想道德着重要求人们内心世界的善良与高尚，而法律则着重要求人们外部行为及其后果。

因此，思想道德与法律两者存在着明显的界线，具有不同的形成和发展规律，不能混同。

学生：看来，思想道德与法律之间的关系确实有很大的学问，需要我们认真学习把握。

教师：希望你们认真学习，从中获益！这次课就到这里，谢谢大家！

（五）提升思想道德素质和法治素养

学生：老师好！听了您对思想道德与法律的关系，很有启发，那么它与我们大学生到底有什么关系呢？

教师：思想道德修养与法律基础的学习，最终落脚在大学生思想道德素质和法治素养的提升上。虽然思想道德和法律有很多的内在联系，也有很多的不同，但它们在落脚在大学生综合素质上，体现为一个完整的整体，共同促进大学生思想道德素质和法治素养的提升。

学生：在评价人的时候，我们常常说一些人素质高，而另一些人素质低，还有些人没素质。那么，人的素质到底是什么呢？

教师：素质是在先天遗传的基础上，通过后天实践和教育而不断形成、发展和完善起来的一种稳定的心理特质。它主要包括健康素质、科学文化素质和思想道德素质等几个方面。

健康素质是人在自然生理基础上形成的身体和心理素质，它是人的健康状况的体现和反映。

科学文化素质是人在适应社会和改造社会的过程中形成的对自然、社会和人自身的知识和经验，并在这些知识和经验的基础上形成的一种综合素质，它反映着人对现实环境的一种改造和适应能力，包括基础文化素质、专业素质、科学素质、创新精神和实践能力，等等。

思想道德素质是指人们思想观念、政治立场、价值取向、道德情操和行为习惯等方面品质和能力的综合体现，反映着一个人的思想境界和道德风貌，是促进个体健康成长、社会发展进步的重要保障。思想道德素质结构中既包括思想素质、道德素质、政治素质，也包括法律素质。思想素质、道德素质、政治素质、法律素质共同构成个体思想道德素质，是人们思想道德素质的有机组成部分。

学生：您在思想道德素质中提到了思想素质、道德素质、政治素质和法律素质，那么，它们之间是什么关系呢？

教师：在思想道德素质关系中，思想素质是基础。思想是人们对客观世界的理性认识，它主要以观念形态出现，具有相对的稳定性、持久性和整体性。思想素质体现在人们世界观、人生观、价值观等之中；

道德素质是根本。道德作为调节个体与社会及他人的行为规范，它是以个体的自律作为调节的主要方式的，道德素质是人们在公共生活领域和私人领域遵守社会行为准则和规范方面的状态，社会公德、职业道德、家庭美德、个人品德等具体反映着一个人道德素质面貌；

政治素质是决定性的因素。政治思想是指人们对以国家为中心的各种政治问题所持的倾向、态度，它属于上层建筑的意识形态领域，政治素质一般包括政治意识、政治立场、政治信仰等内容；

法律素质是保障。法律素质是人们学习法律知识和从事法律活动中所体现出来的总体的倾向性，是人们法治意识、法治思维、法治信仰等方面的反映，是现代文明的一种基本素质。

要提高自身的思想道德素质，要在良好的身体心理素质基础上，不断地从心理层面到思想层面、再到道德层面、政治层面、法律层面，以至在个体世界观人生观价值观层面进行提升，最后达到理想信念的最高境界。

学生：嗯。您在讲课中还使用了法治素养这个概念，那么，什么是法治素养呢？它和法律素质有什么关系呢？

教师：“法治素养”与“法律素质”从本质上是同一个概念的不同表达方式，但也有细微区别。一般来说，素养是一个后天养成的概念，是一个人的后天修习的结果，而“素质”具有先天的成分，是一个人在先天自然禀赋基础上后天形成的心理特质。尽管法律素质内在于个人的素质结构中，但要形成法治素养，还需要更多的学习和培养。用“法治素养”这个概念，更强调法治素养的后天学习的重要性，强调从更为开阔的治国理政的战略高度而不局限具体法律层面，对大学生法律素质提出更高的要求。

学生：那么，什么是法治素养？它包含了哪几个方面的内容？

教师：“法治素养”是人们通过学习法律知识、理解法律本质、运用法治思维、依法维护权利与依法履行义务的素质、修养和能力，对于保证人们尊崇法治、遵守法律具有重要意义。

法治素养可分为法治知识、法治意识、法治思维、法治信仰、法治实践等，它内在地包含在个体素质结构中，是个体知、情、意、信、行发展过程的综合整体。

学生：嗯。从思想道德素质和法治素养的高低能够直接看出大学生整体的精神风貌。但是近几年出现的几起引发广泛社会舆论的事件，例如大学生“校园贷”风波、网络辱华事件等，在很大程度上反映出了大学生思想道德素质和法治素养的缺失。老师，大学生该从哪些方面来提高自身的思想道德素质和法治素养呢？

教师：我们这门课程就是帮助大学生养成良好的思想道德素质和法治素养的。学好这门课程，实际上就是一个不断提升自己思想道德素质和法治素养的过程，我希望我们一起做到以下几点：

第一是学习理论。这里的理论主要指马克思主义理论，特别是马克思主义思想道德和法治理论，这是提高思想道德素质和法治素养的方法论基础。在学习中，同学们既要注意学习和掌握课本中的思想观点，更要着重把握贯穿其中的立场、观点和方法，并用来分析纷繁复杂的社会现象，得出正确结论。

第二是学会思考。“学而不思则罔”，课程知识的学习只是整个学习过程的一部分。还要学会围绕课堂学习中的思想道德和法律问题进行思考，这就要求大家不局限于课堂所涉及知识，而是要通过广泛学习，思考课堂中和日常生活中提出的思想道德和法律方面的问题，得出正确答案。

第三是知行合一。把学习与实践结合起来，把学习规范和遵守规范结合起来，使知识转化为内在素质。思想道德素质和法治素养提升是知、情、意、行辩证统一的过程，只有通过个人努力和亲身实践，在学中做，在做中学，不断增强自我教育、自我约束、自我激励的能力，才能实现提高自己思想道德素质和法治素养的目的。

学生：我们谨记教诲，认真学好每一节课。

老师：这正是我所期待的，本次课就上到这里，谢谢大家！

三、释疑解惑

※ 中国特色社会主义新时代的基本内涵是什么？

答：中国特色社会主义新时代新在哪里，它与中国特色社会主义其他发展阶段有什么样的差别，使得新时代不同于新时期、新阶段，这是需要从理论和实践角度作出科学解答的问题。习近平总书记在十九大报告中从五个方面对新时代的基本内涵进行了说明：一是承前启后、继往开来，在新的历史条件下继续夺取中国特色社会主义伟大胜利的时代。这是从时序角度对新时代进行界定，新时代既体现了时间的延续性，同时也说明了新时代与其他阶段的根本区别在于，在以往已经取得成绩的基础上夺取中国特色社会主义伟大胜利。二是决胜全面建成小康社会、进而全面建设社会主义现代化强国的时代。这是从新时代国家层面建设的主要任务进行的界定，新时代的任务不仅要全面建成小康社会、建成社会主义现代化国家，而且要建成社会主义现代化强国，实现从富起来到强起来的目标任务。三是全国各族人民团结奋斗、不断创造美好生活、逐步实现全体人民共同富裕的时代。四是全体中华儿女勠力同心、奋力实现中华民族伟大复兴中国梦的时代。五是我国日益走近世界舞台中央、不断为人类作出更大贡献的时代。这是从中国与世界发展的角度提出的时代任务，正是在总结无数失败和教训的基础上，北京：中国人民在中国共产党的领导下，终于找到了一条使中华民族站起来富起来强起来的道路。

※ 中国特色社会主义新时代有什么新要求？

答：新时代社会主要矛盾的变化，对党和国家工作提出了新要求。习总书记在十九大报告中用两个“必须认识到”对党和国家工作提出明确要求：一是必须认识到我国社会主要矛盾的变化是关系全局的历史性变化。要求我们根据社会主要矛盾的变化，进一步明确工作的着力点。要在继续推动发展的基础上，着力解决好发展不平衡不充分问题，大力提升发展质量和效益，更好满足人民在经济、政治、文化、社会、生态等方面日益增长的需要，更好推动人的全面发展、社会全面进步。

二是必须认识到我国社会主要矛盾的变化没有改变我们对我国社会主义所处历史阶段的判断，中国特色社会主义新时代社会主要矛盾虽然发生深刻变化，但它并没有超越中国特色社会主义总体发展阶段，并没有突破全球两制的客观现实和邓小平提出的和平与发展两个时代主题的范围，要求我们既要积极面对新情况新变化新特点，又要保持冷静态度，充分认识我们国家发展的基本国情，要牢牢把握社会主义初级阶段这个基本国情，牢牢立足社会主义初级阶段这个最大实际，牢牢坚持党的基本路线这个党和国家的生命线、人民的幸福线，领导和团结全国各族人民，以经济建设为中心，坚持四项基本原则，坚持改革开放，自力更生，艰苦创业，为把我国建设成为富强民主文明和谐美丽的社会主义现代化强国而奋斗。

※ 我国的社会主要矛盾已经转化为"人民日益增长的美好生活需要和不平衡不充分的发展之间的矛盾"。如何理解"不平衡不充分的发展"？

答：改革开放以来，我国的社会生产力得到快速发展，经济实力、综合国力显著增强，经济总量已经居于世界第二位。但发展当中依然存在不平衡、不充分的地方。在新时代，我们需要坚决摒弃高投入、高消耗、高污染、低质量、低效率的粗放式的传统发展方式，要努力形成质量第一、效益优先、全要素生产率全面提高的现代化经济体系和新的发展方式。要长期坚持、不断发展我国社会主义民主政治，积极稳妥推进政治体制改革，推进社会主义民主政治制度化、规范化、程序化，保证人民依法通过各种途径和形式管理国家事务，管理经济文化事业，管理社会事务，巩固和发展生动活泼、安定团结的政治局面。要坚持以马克思主义为指导，坚守中华文化立场，立足当代中国现实，结合当今时代，发展面向现代化、面向世界、面向未来的民族的、科学的、大众的社会主义文化。要完善公共服务体系，保障群众基本生活，不断满足人民日益增长的美好生活需要，不断促进社会公平正义，形成有效的社会治理、良好的社会秩序，不断提升人民群众的获得感、幸福感、安全感，等等。

※ 新时代意味着近代以来久经磨难的中华民族迎来了从站起来、富起来到强起来的伟大飞跃，某些西方媒体借此又在鼓吹"中国威胁论"，作为当代大学生，如何去进行反驳？

答："中国威胁论"由来已久、版本众多，其中一些观点由误解使然，但很多观点是企图以此来丑化、妖魔化中国。从历史进程来看，中国没有国强必霸的文化基因，和谐是中华文化的本质属性，是中国的文化基因。从国际视域来看，中国具有推动构建人类命运共同体的世界情怀，中国所推行的一系列重大举措，尤其是一带一路等，均显示了我国以开放包容、合作共赢的心态，谋求与其他地区、其他国家共同发展、共同进步。不结盟、不称霸，是中国的一贯主张。坚定不移地推动中国和世界共同发展，是中国发展的基本价值取向。中国的发展不会对他国构成威胁，而是其他国家和地区人民追梦、圆梦的重要机遇和强大助力。

四、理论前沿

(一)“思想道德修养与法律基础”的课程性质

高等教育是在普通教育基础上，以专业教育为基础的教育形式，不同类型课程在学校教育中具有不同的要求和特点。根据高等教育课程设置的情况，高等教育课程可从不同方面进行分类：按照课程属性划分，可分成专业课和公共课；按照课程要求来划分，可以分为选修课和必修课两种，其中选修课又分指定选修课和任选课；按照课程内容划分，可分为德育课程、智育课程、体育课程、美育课程等；按照课程活动特点来划分，可分为理论课程和实践课程两种。从上述分类情况来看，“思想道德修养与法律基础”课是面向全校所有学生开设的公共必修课，是一种以理论课程为主要特征的德育课程。

1.“思想道德修养与法律基础”课是一门公共必修课

“思想道德修养与法律基础”课是一门公共课，即面向所有学生开设的课程。在高等学校，按照课程内容与专业课程联系程度，可以把所有的课程分为两类：一是与学生所学专业直接相关的课程，通称为专业课；二是为了提升学生的综合素质而开设的课程，通称为公共课或通识课。毋庸置疑，高等教育是在普通教育基础上的专业教育，高等教育课程设置应以专业、学科为核心进行设计，把专业课程的学习放在重要的位置。但是，中外高等教育实践表明，如果仅仅开设和学习专业课程，也会带来一些问题：由于专业课程都是围绕某一专业、学科或者职业领域的需要而设立的课程，经过纯粹的专业课程的学习，培养出来的学生尽管对某一专业领域知识和技能有较系统深刻的认识，但是口径也仅仅局限在本专业领域，而对其他领域的知识知之甚少，这样有可能会出现适应能力差，不能适应未来社会科学技术迅猛发展以及工作岗位更动和职业变换的需要；创新能力不足，缺乏发展的后劲和自主创新的能力；缺乏综合的视野，特别是缺乏与其他专业人才合作共同解决跨学科复杂问题的能力等“做事”的问题，甚至缺乏必要的清晰准确的口语和书面表达能力等基本的技能。另一方面，由于专业课过分局限于自己所属专业领域，因而培养出来的学生在思考和处理问题时往往习惯于从自己的思维角度出发，把自己的思维绝对化，形成以自己学科为中心的思考方式，缺乏对其他专业和学科的理解、共通，难以同他人沟通和交流，造成人际关系方面的固执、褊狭和思维的钻牛角尖和“认死理”等现象，缺乏灵活性；由于对其他专业包括生活知识的了解不够，按纯粹专业教育培养起来的学生也缺乏生活情趣和对生活的鉴赏能力、心胸狭窄，他们视专业为生活的全部，成为专业或今后工作的奴隶；按照纯粹专业教育培养起来的人还有可能认识不到个人利益与国家利益或整体利益之间的关系，在思想政治素质方面表现出自私性，影响思想道德素质的发展。

正由于以上种种原因，从20世纪90年代开始，在我国高等教育领域掀起了一场大的改革，改革涉及高等教育管理体制、运行机制、队伍建设、人才培养、条件保障等诸多方面，但改革的核心是围绕全面推进素质教育，提高高等教育人才培养质量展开，改革的目标是培养宽口径、厚基础、高素质、强能力的人才。在这样一种背景下，越来越多的学者提出了在专业教育中注入人文教育的设想，提出了通识教育的理念。公共课也是一种通识课，也就是普及基本知识的课程，它是直接为提升学生全面素质而设立的课程。这类课程在高校有很多，比如思想政治理论、外语、计算机、大学语文、体育、音乐、美术，等等，它们共同拓展着大学生各个方面的素质。“思想道德修养与法律基础”就是一门思想政治理论课程，它着力培养学生的思想政治素质。在各种素质中，思想政治素质是最重要的素质：“要说素质，思想政治素质是重要的素质。不断增强学生和群众爱国主义、集体主义、社会主义思想，是素质教育的灵魂。”“如果轻视思想政治素质、历史知识教育和人格培养，那就会产生很大的片面性，而这种片面性往往会影响人的一生轨迹。”①因而，“思想道德修养与法律基础”课被确定为必修课程，面向全体学生开设。

2. “思想道德修养与法律基础”课是一门思想政治理论课程

思想政治理论课程从课程内容的分类来说，是一种德育课程。思想政治理论课程并不是某一门单一的课程，而是一系列课程组成的课程体系。根据《中共中央宣传部教育部关于进一步加强和改进高等学校思想政治理论课的意见》，四年制本科思想政治

---

① 中共中央文献研究室：《十五大以来重要文献选编》（中），北京：中央文献出版社2001年版，第879页。

理论课程设置为四门必修课："马克思主义基本原理"课、"毛泽东思想和中国特色社会主义理论体系概论"课、"中国近现代史纲要"课和"思想道德修养与法律基础"课。同时开设"形势与政策"课，另外开设"当代世界经济与政治"课等选修课程。思想政治理论课就是这样一些课程的总称。

思想政治理论课程作为一种德育课程，与智育课程和其他课程相比，具有一些鲜明的特点：

其一，从思想政治理论课程的性质来看，思想政治理论课是集中体现中国共产党和广大人民群众共同意志的课程，体现了社会主义大学的本质特征，是大学生思想政治教育的主渠道。因此，思想政治理论课程的开设和课程内容带有某种强制性。课程内容必须反映马克思主义意识形态要求，并坚持以马克思主义意识形态作为标尺。"思想道德修养与法律基础"课就是一门以马克思列宁主义、毛泽东思想、邓小平理论、"三个代表"重要思想、科学发展观为指导，以理想信念为核心，以社会主义核心价值体系为主线，以思想道德和法律基础教育为重点，以大学生全面成长为目标，培养和提升学生思想道德素质的一门思想政治理论课。

其二，从思想政治理论课程与哲学社会科学课程和其他课程的区别来看，思想政治理论课程教学内容与哲学社会科学课程相比，除了学科内容的不一样以外，其教学目的和着眼点也不一样。哲学社会科学和其他课程在教学工作中的主要任务是传播某学科方面的知识和技能，培养专业学科的人才，增强其为社会服务的实际本领，其课程教学主要指向学科内部的知识结构和学生的科学文化素质，当然，他们也负有思想政治教育的责任。思想政治理论课程的主要任务是对学生进行马克思主义理论教育，进行正确的世界观、人生观和价值观教育，其教育的主要指向是学生内在的思想政治结构，着眼于思想政治素质的提升。

其三，从课程教学过程来看，思想政治理论课程与哲学社会科学和其他课程同为课堂教学活动，具有课堂教学活动的共同规律，但是思想政治理论课程教学又具有特殊性。思想政治理论课程教学过程的本质是教师和学生以思想政治理论课程教学内容为中介的特殊的教育活动。思想政治理论课程教学过程既是对学生精神世界塑造的过程，或者说是特殊的认识过程；同时也是一种思想政治教育过程，即对学生有计划地、系统地施加思想政治影响的过程。

思想政治理论课程的这些特点，使得思想政治理论课程内容具有很强的政治性，"思想道德修养与法律基础"也是一门政治性很强的课程，虽然课程内容必然要将思想道德修养和法律基础的一般知识进行讲授，但重点和核心内容是我国社会主义思想道德和法律基础，是一门帮助学生形成社会主义思想道德素质的课程。

3. 思想道德修养与法律基础是一门理论课程

“思想道德修养与法律基础”课从课程活动类型上是一种理论课程。它主要以理论知识传授为主，但是其理论表现形式又与其他理论课程有别。“思想道德修养与法律基础”课的理论特色主要体现在对大学生日常生活的指导性，从这个意义上说，“思想道德修养与法律基础”课又具有强烈的实践性的特点。

“思想道德修养与法律基础”课具有很强的理论性，它的设置本身就是“针对学生普遍关心的形势、政策、人生、理想、道德、民主、法制、纪律等方面的问题”① 而开设的，与日常思想政治教育和管理相比，更具有理论性和系统性。这门课程，一是把马克思主义基本理论应用于大学生思想道德修养与法律基础领域，以马克思主义立场观点和方法分析和回答思想道德修养和法律基础方面的各种理论和实际问题，力图向大学生传授科学的思想道德修养观念和法律修养的要求；二是把高校多年来对学生进行思想道德教育和法制教育的基本经验和对大学生成长规律的探索加以科学总结和提炼，形成科学、系统的理论观点和理论体系，使之对大学生思想道德修养和法律修养具有普遍的指导意义；三是充分利用各门学科的知识和最新科研成果，系统地回答大学生思想道德修养和法律修养中的一些基本问题，使这门课具有雄厚的科学基础和明显的时代特征。“思想道德修养与法律基础”课有较为系统的理论体系，有相对独立的研究领域和相对稳定的教学内容以及相对规范的教学方法。它立足于培养学生的思想、政治、道德、法律素质和个体心理素质等，有着其他课程不可替代的作用和功能。

“思想道德修养与法律基础”课又具有很强的实践性。在我国古代，“修”是“切磋琢磨”，“养”是涵养性情和陶冶情操，修以求其粹美，养以期其充足，修犹切磋琢磨，养犹涵育熏陶。就是说修养是一种学习、磨炼、涵育和陶冶性情与情操的功夫，就是人们在思想道德、知识技能等方面进行自我塑造、自我完善的过程。因此，“思想道德修养与法律基础”课不是一门单纯的知识和技能教育课程，它具有“知”“行”统一的特点，即学生对这门课学得好与坏，不仅要看他们对这门课的基本理论和方法的了解程度，而且要看他们在日常生活中思想道德修养与行为表现的境界；教师这门课教得好与坏，不仅要看课堂教学的水平和效果，而且还要看他对学生日常行为的指

① 教育部社会科学司：《普通高校思想政治教育课程文献选编（1949—2006）》，北京：中国人民大学出版社 2006 年版，第 132 页。

导、规范作用。一方面，“思想道德修养与法律基础”课本身就是针对大学生成长过程中普遍存在的实际问题开设的课程，它强调的是对学生成长成才的现实指导性；从另一个方面来说，学生学习这门课程，要注意理论与实际相结合，应积极学习思想道德修养与社会主义法律的基本理论，自觉地投身于思想道德修养与法治建设的实践之中，在实践中不断完善自己，提高思想道德素质。

（二）思想道德素质和法律素质之间的关系

在个体思想道德素质结构中，思想素质是基础。作为理性认识的思想教育在德育内部结构中处于与感性认识和日常心理现象相对应的层次。思想则主要以观念形态出现，具有相对的稳定性、持久性和整体性。思想属于心理的一部分，是心理现象中抽象层次较高的那一部分。

道德素质是核心。道德也是一种理性认识，因此道德也属于思想的范畴，但它是一种比较特殊的思想形态。道德作为调节个体与社会及他人的行为规范，是以个体的自律作为主要调节方式的。一种思想观念、道德观念，如果不能使个体产生良好的道德自律能力，即把社会的道德观念转化成个体内在的价值观念，依靠自己内在的良心和善恶标准主动地去实践、活动、践履，那么就不能达到道德教育的目的。

政治素质是决定性的因素。政治也是一种理性认识，政治观念也是思想观念中的一种，当人们思想观念抽象到要用阶级和整体的观念去思考国家政治问题的时候，就变成了政治观念。也就是说，思想观念层面既有个人层面的东西，也有更广泛的层面的东西，如果一种观念抽象到要用国家的、阶级的、整体的观念来思考问题时，就形成了政治观念。而政治思想是指人们对以国家为中心的各种政治问题所持的倾向、态度，并用语言文字材料加以反映的思想观点的总和。它建立在一定的经济基础之上，属上层建筑的意识形态领域，是对社会经济基础最集中、最直接的反映，是思想或观念的主干或核心部分。

法律思想则是把统治阶级的意识形态、政治思想转化为法律、规章和制度所形成的思想，是政治思想中制度化、体制化程度最高的一种思想形态。法律意识作为社会意识的一种特殊形式，是指人们在一定的历史条件下，对现行法律和法律现象的感知、理解、心理体验和价值评价等各种意识现象的总称。它包括人们对法的本质和功能的看法、对现行法律的要求和态度、对法律适用的评价、对各种法律行为的理解、对自己权利义务的认识，等等，是法律观点和法律观念的合称。

法律素质属于政治素质。法律素质不仅包含人们在学习法律知识和从事法律活动中所体现出来的总体的倾向性，而且渗透在日常生活的方方面面，对于个体维护国家、民族的利益，对于保障个人权利和履行个人的义务，促进社会发展具有重要的意义。

总之，思想素质、道德素质、政治素质、法律素质尽管具有不同的内容、领域和调节作用的方式，但在个体素质结构之中，它们是融为一体的，共同组成个体思想道德素质。

五、学习测试

（一）单项选择题

1. 党的十九大指出，经过长期努力，中国特色社会主义进入新时代，这是我国发展新的：（　　）

A. 历史阶段　　B. 历史方位　　C. 历史时期　　D. 历史时代

答案：B

2. 新时代的判断依据是：（　　）

A. 我国的社会主要矛盾

B. 久经磨难的中华民族迎来了从站起来、富起来到强起来的伟大飞跃

C. 新时代是决胜全面建成小康社会、进而全面建设社会主义现代化强国的时代

D. 新时代是全体中华儿女勠力同心、奋力实现中华民族伟大复兴中国梦的时代

答案：A

3. 我国的社会主要矛盾已经转化为人民日益增长的美好生活需要和（　　）的发展之间的矛盾：（　　）

A. 不充分　　B. 不平衡　　C. 不平衡不充分　D. 不充分不平衡

答案：C

4. 思想道德素质关系中，（　　）是基础：

A. 思想素质　　B. 道德素质　　C. 政治素质　　D. 法律素质

答案：A

5. 思想道德素质关系中，（　　）是根本：

A. 思想素质　　B. 道德素质　　C. 政治素质　　D. 法律素质

答案：B

6. 思想道德素质关系中，(　　)是决定性因素。

A. 思想素质　　B. 道德素质　　C. 政治素质　　D. 法律素质

答案：C

7. 思想道德素质关系中，(　　)是保障。

A. 思想素质　　B. 道德素质　　C. 政治素质　　D. 法律素质

答案：D

8. 关于中国特色社会主义思想道德与中国特色社会主义法律的关系，下列描述中错误的是：(　　)

A. 中国特色社会主义思想道德为中国特色社会主义法律提供价值基础

B. 中国特色社会主义法律为中国特色社会主义思想道德建设提供制度保障

C. 德主刑辅，是当前中国特色社会主义思想道德和法律建设的基本原则

D. 中国特色社会主义思想道德和法律共同发挥作用促进国家和社会治理

答案：C

9. 思想道德素质不包括：(　　)

A. 思想素质　　B. 道德素质　　C. 政治素质　　D. 科学文化素质

答案：D

10. 下列选项中不属于法治素养的基本要素的是：(　　)

A. 掌握必备的法律知识

B. 精通专门的法律条款

C. 树立必需的法律观念

D. 拥有必要的用法、护法能力

答案：B

11. 针对学好“思想道德修养与法律基础”课的重要意义，下列描述中不准确的选项是：(　　)

A. 有助于认识立志、树德和做人的道理，选择正确的成才之路

B. 有助于掌握丰富的思想道德和法律知识，为提高思想道德素质和法律素质打下知识基础

C. 有助于摆正德与才的位置，促进自身全面发展

D. 有助于青年大学生掌握扎实的科学文化知识，提升专业素质和能力

答案：D

（二）多项选择题

1. 下列表述正确的是：(　　)

A. 思想道德修养与法律基础是一门思想政治理论课

B. 思想道德修养与法律基础是一门理论和实践结合的课程

C. 思想道德修养与法律基础是一门公共必修课

D. 思想道德修养与法律基础是一门讲授马克思主义世界观人生观价值观道德观法治观的课程

答案：ABCD

2. 下列哪些属于“思想道德修养与法律基础”课程的主要内容：(　　)

A. 中国特色社会主义新时代和大学生的历史使命

B. 人生观、价值观

C. 道德观

D. 法治观

答案：ABCD

3. 党的十九大报告所提的新时代是中国特色社会主义新时代，新时代具有什么重要意义：(　　)

A. 意味着近代以来久经磨难的中华民族迎来了从站起来、富起来到强起来的伟大飞跃，迎来了实现中华民族伟大复兴的光明前景

B. 意味着科学社会主义在21世纪的中国焕发出强大生机活力，在世界上高高举起了中国特色社会主义伟大旗帜

C. 意味着中国特色社会主义道路、理论、制度、文化不断发展，拓展了发展中国家走向现代化的途径，给世界上那些既希望加快发展又希望保持自身独立性的国家和民族提供了全新选择，为解决人类问题贡献了中国智慧和中国方案

D. 意味着我国的社会主要矛盾发生了变化

答案：ABC

4. 关于新时代我国的社会主要矛盾，下列正确的是：(　　)

A. 把“人民日益增长的物质文化需要”新表述为“人民日益增长的美好生活需要”

B. 把我国“落后的社会生产”新表述为“不平衡不充分的发展”的状况

C. 主要矛盾的变化预示着我国社会主义所处历史阶段即将发生变化

D. 我国社会主要矛盾的变化是关系全局的历史性变化，而不是局部的和暂时性的变化

答案：ABD

5. 十九大报告指出，青年兴则国家兴，青年强则国家强。青年一代有(　　)，国家就有前途，民族就有希望。

A. 梦想　　B. 理想　　C. 本领　　D. 担当

答案：BCD

6. 社会主义思想道德包括：(　　)

A. 马克思主义意识形态

B. 中国特色社会主义理想信念

C. 社会主义核心价值观

D. 中华优秀传统道德

答案：ABCD

7. 下列关于法律的表述正确的是：(　　)

A. 是由国家制定或认可并以国家强制力保证实施的

B. 是体现统治阶级意识的规范体系

C. 是由特定社会物质生活条件决定的

D. 必须由国家通过一定的程序制定和认可，有明确的法律规定

答案：ABCD

8. 思想道德素质包括：(　　)

A. 思想素质　　B. 道德素质　　C. 政治素质　　D. 法律素质

答案：ABCD

9. 思想道德和法律的作用主要包括：(　　)

A. 调节人们思想行为　　B. 协调人际关系

C. 维护社会秩序　　D. 树立科学世界观

答案：ABC

10. 思想道德素质和法律素质，综合体现了一个人的：(　　)

A. 政治素养　　B. 道德品格　　C. 法律意识　　D. 审美格调

答案：ABC

（三）简答题

1. 当代大学生应当从哪些方面要求自己，做担当民族复兴大任的时代新人呢？

答案要点：（1）要有崇高的理想信念，牢记使命，自信自励。要坚定共产主义理想和中国特色社会主义信念，将个人青春梦想融入实现中华民族伟大复兴中国梦，在实现中国梦的过程中放飞青春梦想，把担当民族大任的历史使命内化为担当的自觉，外化为实际的行动，从容自信、坚定自励。

（2）要有高强的本领才干，勤奋学习，全面发展。要把学习作为首要任务，树立梦想从学习开始、事业靠本领成就的观念，让勤奋学习成为青春远航的动力，让增长本领成为青春搏击的能量。

（3）要有天下兴亡、匹夫有责的担当精神，讲求奉献，实干进取。要自觉树立国家意识、民族意识、责任意识，把个人前途命运与国家、民族的前途命运紧紧地联系在一起；要坚持实践第一、知行合一，勇于面对实际生活中的各种挫折考验；要始终保持昂扬向上的精神状态，勇于创新，勇于变革，以新的实践创造更大的成就。

2. 如何理解新时代我国的社会主要矛盾的变化？

答案要点：（1）我国的社会主要矛盾已经转化为“人民日益增长的美好生活需要和不平衡不充分的发展之间的矛盾”。

（2）我国社会主要矛盾的变化是关系全局的历史性变化，而不是局部的和暂时性的变化。它要求我们根据社会主要矛盾的变化，进一步明确工作的着力点。要在继续推动发展的基础上，着力解决好发展不平衡不充分问题，大力提升发展的质量和效益，更好满足人民在经济、政治、文化、社会、生态等方面日益增长的需要，更好推动人的全面发展、社会全面进步。

（3）我国社会主要矛盾的变化没有改变我们对我国社会主义所处历史阶段的判断，中国特色社会主义新时代社会主要矛盾虽然发生了深刻变化，但它并没有超越中国特色社会主义总体发展阶段，我们仍处于并长期处于社会主义初级阶段的基本国情没有变，我们是世界最大发展中国家的国际地位没有变。

（四）讨论题

1. “思想道德修养与法律基础”这门课与高中的政治课有什么区别？

答："思想道德修养与法律基础"课是一门思想政治理论课。除了这门课，还有"马克思主义基本原理"等其他三门思想政治理论课。正如在课程中所讲到的，"思想道德修养与法律基础"是一门既具有理论性又具有实践性的课程。所谓的理论性，一是指这门课把马克思主义基本理论应用于大学生思想道德修养与法律基础领域，以马克思主义立场观点和方法分析和回答思想道德修养和法律基础方面的各种理论和实际问题，力图向大学生传授科学的思想道德修养观念和法律修养的要求；二是把高校多年来对学生进行思想道德教育和法制教育的基本经验和对大学生成长规律的探索加以科学总结和提炼，形成科学、系统的理论观点和理论体系，使之对大学生思想道德修养和法律修养具有普遍的指导意义；三是充分利用各门学科的知识和最新科研成果，系统地回答大学生思想道德修养和法律修养中的一些基本问题，使这门课具有雄厚的科学基础和明显的时代特征。

"思想道德修养与法律基础"课又具有很强的实践性。"思想道德修养与法律基础"课不是一门单纯的知识和技能教育课程，它具有"知""行"统一的特点，即学生这门课学得好与坏，不仅要看他们对这门课的基本理论和方法的了解程度，而且要看他们在日常生活中思想道德修养与行为表现的境界。这门课本身就是针对大学生成长过程中普遍存在的实际问题开设的课程，它强调的是对学生成长成才的现实指导性；从另一个方面来说，学生学习这门课程，要注意理论与实际相结合，应积极学习思想道德修养与社会主义法律的基本理论，自觉地投身于思想道德修养与法治建设的实践之中，在实践中不断完善自己，提高思想道德素质。

2. 如何适应大学生活？

答：要点之一：首先是积极的心态面对大学生活，立足大学生活现实、接受现实，在现实生活中寻找自己的位置；其次是在广泛的课程学习、课外阅读中找到自己的兴趣点，找到专业兴趣；再次是在多彩的社会活动、文体活动中找到自己的特长和爱好，找到适合自己发挥的领域，找到生活的支撑点和平衡点；最后是在反复的自我探索中寻求自己努力的方向，确定人生自我目标。

要点之二：首先是根据大学发展特点和要求，确立新的发展目标；其次是了解大学学习的规律和特点，积极适应新的学习环境；再次是提高生活自理能力与独立意识，积极适应新的生活环境；最后是学习人际沟通的艺术与技巧，积极适应新的人际环境。

六、拓展阅读

1. 习近平：《在同各届优秀青年代表座谈会时的讲话》，《十八大以来重要文献选编》（上），中央文献出版社 2014 年版。

【导学】 这是习近平总书记 2013 年 5 月 4 日在同各届青年代表座谈会的讲话，讲话在对青年在革命、建设和改革中发挥重要作用的充分肯定的基础上，深刻阐述了中国梦与青春梦、个人梦的内在关系，并对青年一代健康成长提出五点期望：第一，广大青年一定要坚定理想信念。第二，广大青年一定要练就过硬本领。第三，广大青年一定要勇于创新创造。第四，广大青年一定要矢志艰苦奋斗。第五，广大青年一定要锤炼高尚品格。

2. 习近平：《青年要自觉践行社会主义核心价值观》，《习近平谈治国理政》，外文出版社 2014 年版。

【导学】 这是习近平总书记 2014 年 5 月 4 日在北京大学师生座谈会上的讲话，讲话在对“五四精神”的继承和弘扬的基础上，着重对社会主义核心价值观的深刻内涵、时代特征和文化传统进行全面系统阐述，并对广大青年树立和培育社会主义核心价值观提出四点明确要求：一是要勤学，下得苦功夫，求得真学问；二是要修德，加强道德修养，注重道德实践；三是要明辨，善于明辨是非，善于决断选择。四是要笃实，扎扎实实干事，踏踏实实做人。

3. 习近平：《在北京大学师生座谈会上的讲话》，《人民日报》2018 年 5 月 3 日。

【导学】 这是习近平总书记 2018 年 5 月 2 日在北京大学师生座谈会上的讲话，讲话在回顾“五四运动”优良传统的基础上，对办好中国特色社会主义一流大学的基础性工作进行了充分阐述，要求高校坚持办学政治方向，建设高素质教师队伍，形成高水平人才培养体系。并在 2014 年对广大青年提出具有执著的信念、优良的品德、丰富的知识、过硬的本领这四点要求的基础上，又提出四点期望。一是要爱国，忠于祖国，忠于人民。二是要励志，立鸿鹄志，做奋斗者。三是求真，求真学问，练真本领。四是要力行，知行合一，做实干家。

4. 习近平：《在纪念五四运动 100 周年大会上的讲话》，人民出版社 2019 年版。

【导学】 这是习近平总书记 2019 年 4 月 30 日在纪念五四运动 100 周年大会上的讲话，讲话对“五四运动”的伟大意义进行了充分评价，对新时代中国青年提出六点明确要求。第一，新时代中国青年要树立远大理想。第二，新时代中国青年要热爱伟大祖国。第三，新时代中国青年要担当时代责任。第四，新时代中国青年要勇于砥砺奋斗。第五，新时代中国青年要练就过硬本领。第六，新时代中国青年要锤炼品德修为。

5. 习近平：《给北京大学援鄂医疗队全体“90后”党员回信》，2020年3月15日。

【导学】 这是2020年3月15日习近平总书记给北京大学援鄂医疗队全体“90后”党员回信，回信充分肯定了“90后”青年一代不畏艰险、冲锋在前、舍生忘死，彰显了青春的蓬勃力量，交出了合格答卷；深刻阐述了青年发展与国家民族发展的关系；对青年一代成长指明了“努力在为人民服务中茁壮成长、在艰苦奋斗中砥砺意志品质、在实践中增长工作本领，继续在救死扶伤的岗位上拼搏奋战，带动广大青年不惧风雨、勇挑重担，让青春在党和人民最需要的地方绽放绚丽之花”的成长道路。

第一章
人生的青春之问

一、学习基本要求

（一）学习目的

通过本章的学习，大学生应明辨人生所包含的最基本的问题，系统掌握马克思主义人生观的基本理论，学会运用马克思主义理论理解和说明人生问题，为科学认识和正确解决人生实践中遇到的问题找到方法论的指导，并最终确立科学高尚的人生追求，创造有意义的人生。

（二）学习要求

（1）正确认识马克思主义人的本质理论，掌握个人与社会的辩证关系，科学界定人生观的内涵和主要内容。

（2）树立正确的人生观，确立科学高尚的人生追求，保持积极进取的人生态度，科学评价与实现自身的人生价值。

（3）学会辩证对待人生的各种矛盾，树立正确的幸福观、得失观、苦乐观、顺逆观、生死观和荣辱观，辨别并抵制错误的人生观，创造有意义的人生。

（三）主要内容

青年大学生正处于人生观和价值观形成及确立的关键时期，在这一时期大学生需要学会在科学理论指导下树立正确的人生观，把自己的人生追求同国家发展进步、人民伟大实践紧密结合起来，通过不懈努力实现人生的意义和价值。围绕这一主题，本章以三节的内容层层递进展开论述。

第一节，回答“什么是人生观”这一问题。本课程以马克思主义人的本质理论为出发点，阐述了个人与社会的辩证关系，科学界定了人生观的内涵和主要内容，指出人生观主要包括人生目的、人生态度、人生价值三个基本问题，它们相互联系，相辅相成，统一为一个有机整体。

第二节，回答“什么是正确的人生观”这一问题。青年大学生只有确立了高尚的人生追求，始终保持积极进取的人生态度，以“服务人民、奉献社会”作为标准来正确评价与实现自身的人生价值，才能最终确立正确的人生观。

第三节，回答“如何创造有意义的人生”这一问题。大学生要在科学高尚的人生观指引下，正确对待人生矛盾，树立正确的幸福观、得失观、苦乐观、顺逆观、生死观和荣辱观，抵制错误的人生观，努力提升人生的境界，才能最终成就自己出彩的人生。

总的来看，这三个问题系统和深入地阐述了马克思主义的人生观、价值观理论，可以帮助青年大学生掌握用马克思主义理论理解和说明人生问题的基本立场和主要观点，为大学生科学认识和正确解决人生实践中遇到的问题提供方法论的指导，并最终帮助大学生们树立正确的人生观。第一章的主要内容如图 2 所示：

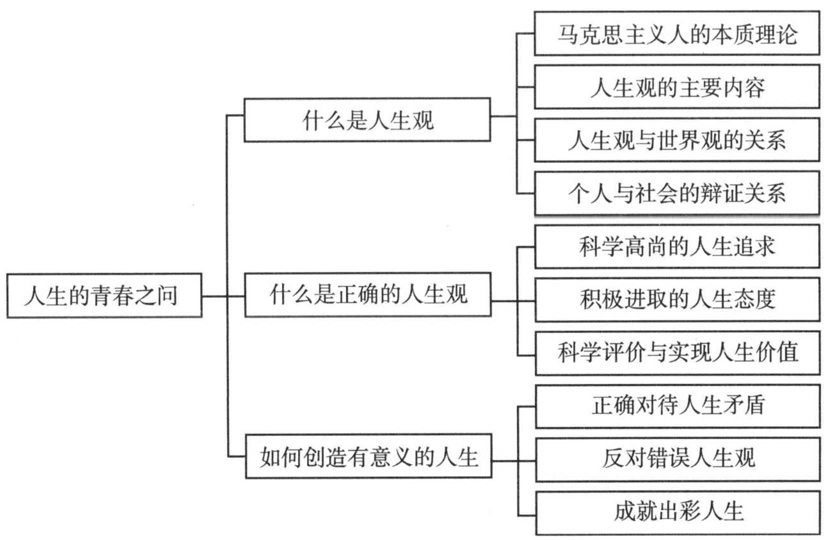

图 2　第一章主要内容

（四）重点难点

（1）如何正确认识人的本质是什么？如何正确认识人生目的是人生观的核心问题。

（2）如何正确认识人生价值是自我价值和社会价值的矛盾统一体。如何正确评价人生价值？

（3）如何正确对待人生矛盾，成就出彩人生？

二、慕课学习

（一）本章导学

教师：各位同学你们好！欢迎收看今天的慕课，也欢迎同学参与今天的讨论。

学生：老师好！“思想道德修养与法律基础”课的第一章，就是《人生的青春之问》。说实话，以前我好像还真没有好好想过这个问题，有点茫然，我寝室的同学也调侃说：思考人生，这不是老爷爷老奶奶们该干的事吗？让刚进入大学的我们来谈论这个话题是不是太早了？话题也太大了？

教师：针对你和同学们存在的这些茫然和问号啊，我反而觉得，确实是时候跟大家聊聊人生这个话题了。那么，为什么要关注这个话题？我们又可以聊些什么呢？今天的导学部分，我们就针对这些问题来释疑解惑。我觉得大家的疑惑主要集中在这样三个问题上：第一，我们为什么要在进入大学后集中探讨人生的相关话题？第二，我们要探讨哪些问题？第三，这些问题之间有怎样的一个逻辑关系？

下面，我们先来看看第一个问题，也是你刚才产生的第一个困惑，为什么大学生要在进入大学后集中探讨人生的话题？

其实啊，道理很简单。对于同学们来说，进入大学，人生就进入了一个新阶段。这一阶段是我们每一个年轻的同学成长和成才的关键起点，借用诗人艾青的一句话：“人生的道路虽然漫长，但紧要处常常只有几步，特别是当人年轻的时候。”可以说，现在的同学们就正处在这人生成长的紧要之处。既是紧要之处，就有紧要的事情要做。那么，就人生成长而言，紧要的事情是什么呢？我以为，紧要的事情就是思考我们要成为什么样的人，这就需要我们在以往思考的基础之上，更加主动和系统地对人生问题进行一些深入的探索，因为大家正处于人生观和价值观形成及确立的关键时期，在这一时期加深对这些人生问题的思考，可以让大家的人生之路走得更加坦荡。

习近平总书记曾经说过："是因为青年的价值取向决定了未来整个社会的价值取向，而青年又处在价值观形成和确立的时期，抓好这一时期的价值观养成十分重要。这就像穿衣服扣扣子一样，如果第一粒扣子扣错了，剩余的扣子都会扣错。人生的扣子从一开始就要扣好。"① 而要扣好这人生的第一颗扣子，就需要同学们从理性认识上对人生的一些基本问题展开探讨。如果我们没思考，或者思考得不够，人生之路就容易迷航，也容易随波逐流，从而增加人生虚度的风险。如果我们经过了充分和深入的思考，人生之路就可能走得更充实、更精彩、也更满足。我始终认为，只有经过认真思考的人生，才是真正属于自己的人生，这样的人才有希望做命运的主人。所以，刚刚跨进大学校门的"00后"们，你们人生的大幕才刚刚拉开，让我们一起来携手同行，思考人生，把握人生，在人生的道路上乘风破浪，驶向光明的未来。

学生：嗯，老师，听你这么一说，看来，我们对人生问题还真是应该开始好好思考了。不过，我还是有点困惑，在未来的人生成长过程中，我们会面临纷繁复杂的问题，比如，选择什么样的工作，选择什么样的城市，甚至选择什么样的恋人等等。这么多的问题，在老师看来，哪些是我们现在应该思考的呢？

教师：别急，这就是我们接下来要解答的第二个问题了，也是你的第二个困惑，人生到底包含哪些最基本的问题呢？这一个问题，既是我们本章学习的重点，同时也是难点。

我们都知道，每个人的人生各有不同，选择不同、道路不同、判断也不同，但即使是各式不同的人生，也有一些基本的问题是每个人都会面对，都需要认真把握的。这些最基本的问题，揭示了做人的原则和奥秘，也是我们在《人生的青春之问》这一章中要重点学习的内容。

那么，人生到底包含哪些最基本的问题呢？提炼一下，大致可以梳理为以下三个：第一，什么是人生观；第二，什么是正确的人生观；第三，如何创造有意义的人生。总的来看，这三个问题系统和深入地阐述了马克思主义的人生观、价值观理论，可以帮助我们掌握用马克思主义理论理解和说明人生问题的基本立场和主要观点，为我们科学认识和正确解决人生实践中遇到的问题提供方法论的指导，并最终帮助我们树立正确的人生观。

---

① 中共中央文献研究室：《习近平关于社会主义文化建设论述摘编》，北京：中央文献出版社 2017 年版，第 117 页。

首先，我们来看看什么是人生观。本课程以马克思主义人的本质理论为出发点，阐述了个人与社会的辩证关系，科学界定了人生观的内涵和主要内容。而人生观就是人们关于人生目的、人生态度、人生价值等问题的总观点和总看法。这就告诉我们，一个人的人生观主要包括人生目的、人生态度、人生价值三个基本问题。人生目的，主要回答“人为什么活着”这一问题；人生态度，主要回答“人怎样活着”的问题；人生价值主要回答“人活着是否有意义”的问题。它们相互联系，相辅相成，统一为一个有机整体。

其次，什么是正确的人生观。大学时期是一个人世界观、人生观、价值观形成的关键时期。面对多彩复杂、充满矛盾的人生过程，年轻的学子们要深入领会马克思主义关于人生问题的基本理论，准确掌握面对和解决人生问题的科学方法，树立正确的人生观。那么什么是正确的人生观呢？从人生目的的角度来看，就是要确立科学高尚的人生追求；从人生态度的角度来看，就是要保持认真务实、乐观向上、积极进取；从人生价值的角度来看，就是要正确认识人生的自我价值与社会价值的关系，以“服务人民、奉献社会”作为衡量人生价值的标准。在人生观的三个基本问题中，人生价值的评判与追求是一个相对复杂的问题，因此也是我们在学习这一章的内容时遇到的最大难点。

最后，如何创造有意义的人生。美好的人生目标最终还是要靠我们的双手才能转化为现实。在这个过程中，大学生们不仅要学会辩证对待人生的各种矛盾，树立正确的幸福观、得失观、苦乐观、顺逆观、生死观和荣辱观，还要在此基础之上，辨别并抵制各种形形色色的错误的人生观，努力提升人生的境界，才能最终成就自己出彩的人生。

学生：哦，老师，您这么讲了之后，我对这一章的基本内容和我们应该掌握的知识点就有了大致的了解。不过，我怎么把它们串起来，这些内容之间又有怎样的一个逻辑关系呢？

教师：这个问题问得好！揭晓这个问题，对于同学们掌握整个章节的知识架构，建立起一个完整的知识网络非常有帮助。人生哲学理论一般具有比较强的系统性和思辨性，但本章的内容却没有过于追求这一特点，而是从年轻的大学生们在人生观、价值观方面普遍面临的理论和实际问题入手，阐释了什么是人生观，什么是正确的人生观，如何创造有意义的人生，实际是按照依次回答“是什么”“为什么”“怎么样”这样三个基本问题的逻辑，系统陈述了马克思主义理论在人生观问题上的基本思想，并最终论证了服务人民、奉献社会的人生观是我们青年大学生在中国特色社会主义新时代的正确的选择。这也是本章的中心思想。

以这一中心思想为核心，本章所有其他内容皆围绕它而展开。屏幕上呈现的知识结构图可以让我们很清晰地看到各个知识点之间的内在逻辑联系。本章第一节论及人的本质、世界观与人生观的关系、个人与社会的关系等观点，侧重于从理论角度进行分析，为阐明这一中心思想做好了理论准备；第二节运用价值哲学的理论和方法对正确的科学的人生观从人生目的、人生态度、人生价值三个维度进行了论证；第三节进一步阐明马克思主义的人生观如何指引我们认识和处理人生的各种矛盾，抵制错误人生观，并明确给出了方法论的指导，是本章中心思想的延伸。

学生：嗯，我明白了，老师。谢谢您的解答。

教师：好，以上呢就是第一章导学部分要解答的全部问题，后续课程我们会逐一讲解各个知识点，请大家继续学习。谢谢大家，也谢谢同学今天的参与。

（二）正确认识人的本质

教师：欢迎大家来到今天的慕课。同学好，今天我们来探讨一下人的本质是什么这个问题。在开始今天的学习之前，我先问问你：听说过斯芬克斯之谜吗？

学生：是的，听说过。

教师：那请你给我们讲讲吧。

学生：斯芬克斯是古希腊神话中狮身人面的怪兽，它坐在忒拜城附近的悬崖上，向路人提出一个谜语："什么东西早晨用四条腿走路，中午用两条腿走路，晚上用三条腿走路？"如果路人猜不出来，就难逃被吃掉的命运。后来，忒拜王子俄狄浦斯凭借过人的智慧猜中了谜底，这个谜底就是人。斯芬克斯因为谜底揭晓而羞愧，最后跳下了悬崖。

教师：对，这则古希腊的传说流传已久，在传说背后，反映出我们人类对自身是什么的早期反思。从那以后，斯芬克斯之谜永恒地吸引并考验着无数哲人的智慧，千百年来，人们对它的阐释也构成了一道人类自我意识和认知的亮丽风景。

时至今日，我们依然在追问：人是什么？可能有的同学会问，我们为什么要追究这个问题呢？会不会是自寻烦恼？我想说，不是。如果用这个问题来问我，我的回答是：人活在世上有许多的困惑，这一困惑是最基本的，只有了解了人的本质，才能抛弃对于增益人的本质属性毫无用处的一切杂念，才能在人生道路的探索上心无旁骛，最终确立正确的人生观，领略人生的真谛。

学生：哦，我明白了。人的本质问题是我们认识、把握人生的理论前提和基础。如果人们对人的本质的认识不一样的话，人生观就会大相径庭。当人们的人生观出现问题的时候，追根溯源，就有可能是在对这一问题的回答上出现了偏差。那么，老师，人的本质到底是什么呢？我感觉这个问题好难回答。

教师：是的，“人的本质到底是什么？”说法不一。在马克思之前，就有许多思想家给出了自己的答案，不过，这些答案囿于立场和观点的不同，其局限性非常明显。我们首先来看看这些观点是什么？它们的局限性在哪儿？

中国人关于人是什么的探讨从春秋战国时期就开始了，我们的祖先对这个问题的回答不外乎自然人性论和伦理人性论两个大宗：第一个，自然人性论。源自于先秦的道家，将人的本质归结于自然的人，如老庄所言，“性者，生之质也”，天地人物都具有与生俱来的自然之质。第二个，伦理人性论。主要源自儒家，在承认人有自然性的同时，特别强调社会道德对人类自然情欲的制约和改铸作用，比如我们熟知的孟子的性善论，“人性之善也，犹水之就下也”，认为仁、义、礼、智四大善性是人所独有的；荀子的性恶论，“人之性恶，其善者伪也”，人性原本是恶的，需要后天的教化来化性起伪；董仲舒的性三品论，将人性分为斗筲之性、中民之性和圣人之性。圣人之性天生完美、中民之性可以教化、斗筲之性却只能役使；程朱理学主张本体人性论，将人性分为天命之性、即先验的理性，和气质之性、即人生来就有的感情欲望，“理与气合，所以有人”，天理是善的，而人欲有恶的一面，所以要“存天理而灭人欲”，进一步回答了为什么人性分善恶，造成善恶的根源又是什么。

西方思想史中关于人的学说自文艺复兴后渐成系统，大体上分为自然主义人性论、理性主义人性论、人本主义人性论三种：第一个，自然主义人性论。主张人性源于人的本能和生理需要等自然属性。霍布斯曾说，人与人之间像狼一样争斗，以保存自我；霍尔巴赫也认为，人类所固有的本性，归结起来全都是对于安乐的向往，对于痛苦的畏惧。自然主义人性论片面强调人的自然属性，忽略了人的社会属性，因而具有局限性。第二个，理性主义人性论。自柏拉图到康德、黑格尔，皆将理性视为人的本质所在，正如笛卡尔所言“人是有理性的灵魂”。理性人性论重视人的理性，对于人摆脱神性的束缚，恢复人的尊严有积极的意义，但它从先验的观念的角度来考察人的本质问题，是唯心主义和主观主义的，归根结底，还是一种抽象的人性论；第三个，人本主义人性论。依旧主张人的本质在于其自然性质。就像费尔巴哈说的，人的本质有时是人赖以生存的物质条件，有时是人头脑活动的产物——理性、意志、心，等等。人本主义人性论站在唯物主义的立场，将现实的、肉体的人作为研究对象是很大的进步，但它仍未涉及人的社会属性问题，仍然未能对人的本质做出科学的判断。

学生：老师，与这些观点相比较，马克思如何解释人的本质？他的观点的科学性在哪里呢？

教师：我们看到，马克思在《关于费尔巴哈的提纲》中写下了极负盛名的诊断："人的本质不是单个人所固有的抽象物，在其现实性上，它是一切社会关系的总和。"①这就是马克思关于人的本质问题的回答。怎么理解这一句话呢？我们要注意把握以下几点：

第一，人的本质在于它的社会属性。人从动物进化而来，带有许多和动物类似的生物属性和本能，如呼吸饮食、生存繁衍、趋利避害、自我保存，等等，这些称之为人的自然属性。人的自然属性虽与动物共享，不过也鲜明地打上了社会的烙印，已经是社会化了的自然属性，比如，同样是饮食，动物追求的是果腹、是生存，而人在美食之上还赋予了文化、交际等社会内容。但要依靠自然属性将人与动物分来，说服力显然还是不够的。那靠什么标准才能将人与一般动物彻底区别开来呢？恐怕还是得看人在从事物质生产、社会交往等活动中表现出来的一些独有的属性，如劳动、自觉、社会联系，等等，这就是人的社会属性。只有这些社会属性才能将人与其他动物完全区分开来，因而，人的本质属性只能从人的社会属性当中去寻找。第二，人的本质不是虚幻抽象的，而是现实具体、随着历史发展而发展的。我们每一个人都是生活在一定社会中的活生生的人，考察人的本质必须把人放在特定的历史背景和具体的社会关系中，因为，人只有在一定的社会关系中才能生存和发展，才能发展和完善自己的本质。所以，人的本质并非固定不变的，而是随着历史的发展而发展，不同社会形态的社会关系不同，人的本质也不同。这一点不仅得到了科学理论的支持，也得到了人类历史的确证。第三，人的本质不是单一社会关系的产物，而是由一切社会关系的总和共同规定的。一个社会人，面临的社会关系是多种多样的，包括生产关系、政治关系、法律关系、道德关系等等，不同的社会关系规定着人的不同的本质属性，组合起来，概括出具有复杂性和多样性的人的本质。因而从这个意义上说，苏格拉底所言人是理性的动物、亚里士多德所言人是政治的动物，都有一定的道理，但又都不全面。

马克思主义关于人的本质的理论，吸取了以往关于人的学说的优秀的理论成果，

---

① 《马克思恩格斯选集》第1卷，北京：人民出版社2012年版，第139页。

在直接批判费尔巴哈的观点的过程当中形成。马克思与费尔巴哈最大的对立就在于，马克思反对抽象地理解人的本质，主张从现实的具体的个人去理解。站在前人的肩膀上，马克思提出了关于“人的本质是一切社会关系的总和”的科学论断，这一论断是对人的本质问题的经典性论述，它超越了以往论述的局限性，对我们年轻的大学生正确理解人的本质，澄清我们人生观、价值观问题上的是是非非，都很有帮助。

说到这儿啊，我想起来法国著名思想家卢梭发出的感叹，那就是人类的各种知识中最有用而又最不完备的，就是关于人的知识。所以，斯芬克斯之谜还可以继续问下去，人对自身的探索也永无止境。不过由于时间的关系，对于你今天提出的问题，我的回答就到这儿了。谢谢你的参与。

学生：也谢谢老师，让我对人的本质问题有了一个深入和全面的认识。

（三）正确认识个人与社会的辩证关系

教师：大家好，欢迎来到今天的慕课，也欢迎同学一起参与讨论。今天的话题是，如何正确认识个人与社会的辩证关系。

学生：老师好。在我们日常的生活中经常会遇到涉及个人与社会关系的问题，但是说实在的，它们之间到底是怎样的一个关系，我现在还真说不上来。

教师：好，那我们今天就来理一理。

首先，我们来看看，什么是个人？什么是社会？所谓个人，有时候我们也称之为个体，一般指一个人或是一个群体中的特定的主体。所谓社会，是指互相联系的有组织的个人集合体。这两个概念是相对应的，其中，到底什么是个人，对我们后续理解个人与社会的关系尤为重要。

那么，什么是个人呢？个人是与人类群体相区别的个别概念，它是一种特指，指这个人与那个人的个体差异，反映的是这个人所独具的特质，即只有这个人才具有的个体特征，一般包括性别、年龄、相貌、身材、智慧、能力、气质、性格、思想等各种品质，以及造成这些品质的特殊自然原因、社会因素和个体主观因素。不过，在这儿呢，我要强调一点，只使用这些特质来界定个人概念是远远不够的，我们还应该注意到，个人这个概念还具有严格的社会规定性。怎么理解这个社会规定性呢？换一句话说，个人是人类中的个体，但并不是任何人类个体都可以称为个人。可以称为个人的人类个体除了是个自然人之外，更重要的是，他还是个社会人。他必须具有严格确定的社会属性，具备完整的社会人格；他既是一定社会关系的产物，也是一定社会关系的维持者和承担者；他必须充当一定的社会角色，具备一定的社会身份，承担一定的社会责任。总而言之，只有不但具备了人的本质属性，而且具备了社会人格，即人的个性特征并为社会所认可的人类个体，才能称为个人，像媒体曾经报道过的狼孩啊，等等，都不能称为个人，只是客观存在的一个人类个体而已。

学生：哦，这么说来，我除了是一个乐观、开朗、具有好奇心的同学之外，更重要的是，我还是父母的开心果，班级里的百事通，热爱武大的珞珈人。那老师，个人与社会之间到底是什么样的关系呢？

教师：个人与社会的关系问题啊，是哲学家和思想家们一直讨论的话题。我们对这个关系的认识，经历了从无知到有知、从肤浅到深刻、从片面到科学的漫长的历史过程。西方政治思想发展史上，关于个人与社会的关系，主要有两派对立的观点：一派主张，个人是社会的客体、社会的工具和仆人。在社会面前，个人不可能具有独立的个性、意志和生活，只能驯服地任凭社会摆布。比如，黑格尔等人。这个观点，我想坐在我对面的你，应该不会完全认同。另一派观点呢？又恰恰与之相反，正如普罗泰戈拉所说“人是万物的尺度”，他们主张，人应该置于至尊的位置，个人的意志是绝对的，个人就是目的本身，人可以完全脱离并独立于自然和社会，能根据自己的意志为所欲为。

这两派观点看似繁杂多变、矛盾冲突，但透过外在表象分析其实质，却存在一个共同的弊病，那就是，西方学者们在思想方法上都直接或间接、明了或曲折、自觉或不自觉地把个人与社会割裂开来，成为没有内在共同点的相互隔离，乃至互不相容的两个方面。而马克思主义反对这一点，并以此为出发点，来阐释个人与社会的关系。

要清楚地理解个人与社会之间的关系，我们要把握以下两点：第一，个人与社会是对立统一的关系，两者相互依存、相互制约、相互促进。社会是生命有机体，个人是细胞，无论是有机体、还是细胞，都相互离不开。社会离开了个人无法存在，个人离开了社会也无法生活。我们肯定个人是社会的主体，意味着个人在面对社会时，有主动的适应、利用、选择和改造，也就是说是可以充分发挥主观能动性的。比如，欧洲文艺复兴时期文化、经济、社会的进步，其真正的基础就在于个人的解放和独立。但与此同时，我们更应该看到，尽管社会是由一个个个人组成，但社会一经形成，便铸就了其非常稳固的结构，其运行是有规律的，力量是无与伦比的，仅以单个人的力量要撼动社会这棵大树几乎不可能，所以，从这个意义上说，个人对社会的依赖又是绝对的。爱因斯坦曾经说过一段话，就很明确地揭示了这一点：“个人之所以成为个人，以及他的生存之所以有意义，与其说是靠着他个人的力量，不如说是由于他是伟大人类社会的一个成员，从生到死，社会都支配着他的物质生活和精神生活。”

第二，个人与社会的关系，最根本的还是个人利益与社会利益的关系，个人利益与社会利益孰轻孰重，要处理好。我们都知道，个人与社会都有生存和发展的需要，个人生存和发展的需要体现在社会关系中就是个人利益，社会生存和发展的需要体现在社会关系中就是社会利益。正如个人与社会的辩证关系一样，个人利益、社会利益相互无法离开。虽然在社会主义社会，个人利益与社会利益从根本上讲是一致的。但是，在现实社会和现阶段，只要有利益的存在，还是会有冲突的可能。当社会利益与个人利益发生冲突时，我们又如何取舍呢？一贯以来，我们都提倡当两者发生冲突时，以社会利益为重。那又是为什么呢？我提两个理由，你看看有没有道理啊。第一个理由，个人的社会规定性决定了人只有在推动社会进步的过程中，才能实现自我的发展。如果我们人人都只是关心自己的利益，甚至以损害他人利益、社会利益的方式来满足一己的私利，人们赖以生存的社会就无以为继了，最终会因为私欲的膨胀而崩溃。第二个理由，社会利益确实是由个人利益组成，但它不是个人利益的简单相加，而是所有人利益的有机统一。社会利益体现了作为社会成员的个人的根本利益和长远利益，是个人利益得以实现的前提和基础，同时它也保障着个人利益的实现。明白了这个，我们每一个个人在面对和保障社会利益实现时，应该具备的责任和担当，也就是必然的了。

学生：嗯，听起来很有道理。看来，我们大学生在思考人生问题时，个人与社会的关系一定要处理好。在个人奋斗的过程中，同时甚至优先考虑到历史的进程和社会的发展，才能最终把小我与大我更好地统一起来。

教师：好，那我们今天的课就到这儿了，谢谢你的参与，也谢谢大家。

（四）人生目的是人生观的根本问题

学生：老师好。您前面的课程当中提到，人生目的回答的是“人为什么活着”这个问题。的确，一谈到人生观，“我为什么活着”这个问题可能是我们最容易想到的。我们大家，往往都在自觉或者不自觉地思考，我活着到底是为了什么？

教师：对呀，不同的人对这个问题也有不同的答案。有的人是为了个人享受，及时行乐；有的人是为了出人头地、声名显赫；有的人是为了追求爱情、照顾家人；有的人则是为了造福人民、改变社会。凡此种种，不一而足。虽然追求各有不同，不过我想，大多数人还是认同，人生在世，总还是要有一个目的的。如果把人生活在世界上比作一只船在茫茫大海中航行，那么最重要的就是我们要辨清它前进的方向，也就是要有一只指南针。人生目的就是我们一生的指南针，它指出了人生的理想愿景和奋斗目标，决定着人生的道路选择、意义创造和价值追寻，是人生观当中最根本的问题。

学生：那是为什么呢？我记得您曾经说过，人生的三大基本问题是人生目的、人生态度和人生价值。在这三个问题中，为什么只有人生目的是人生观的根本问题？而不是人生态度和人生价值呢？

教师：要回答你这个问题呀，我可以提供以下三点理由：

第一个理由，人生目的决定人生道路的选择。

每个人的一生都走过了与众不同的只属于自己一个人的生命道路。人生道路对于每个鲜活的生命个体而言，既在路上前行，又在路上选择，更在路上坚守。人们通过选择一定的人生道路、一定的实践方式来实现自己的人生目的，并赋予自己所从事的社会实践活动以鲜明的个人特征，形成区别于他人的人生轨迹。而人生道路的选择，人生轨迹的描绘，都是由人生目的来定向和导航的。人生的道路怎么走，取决于人生要通往的人生方向，取决于要达到的人生目标。

人生目的之所以具有这样的导向功能，主要是因为人是有自我意识的存在，我们每一个人在开始自我的社会实践活动之前，都预先在头脑里形成了一定的目的或计划，正如马克思所说的这样一段话："蜜蜂建筑蜂房的本领使人间的许多建筑师感到惭愧。但是，最蹩脚的建筑师从一开始就比最灵巧的蜜蜂高明的地方，是他在用蜂蜡建筑蜂房以前，已经在自己的头脑中把它建成了。劳动过程结束时得到的结果，在这个过程开始时就已经在劳动者的表象中存在着，即已经观念地存在着。"① 人生目的就是这样一种"观念地存在着"的计划性意识，它一经确立就会指引人们沿着其规划的人生目标和奋斗方向选择实现途径。正确、高远、稳定的人生目的是人们选择科学、光明、美好人生道路的必要条件。说到这儿，我想起了著名的科学家居里夫人。她正是由于在很年轻的时候就确立了"摘取天上星星"的科学梦想，才选择只身一人去巴黎求学，并在日后漫长的人生岁月中始终克服各种困难，坚持行走在科学的道路上。而我们年轻的学子们正处于独立选择人生道路的关键时期，当以居里夫人为榜样，树立一个正确、高远和稳定的人生目标，并在我们未来的人生之路中始终保持自己行走的方向。

---

① 《马克思恩格斯文集》第5卷，北京：人民出版社2009年版，第208页。

学生：那老师，第二个理由是什么呢？

教师：第二个理由是，人生目的决定人生态度的确立。

人生态度，是对“人究竟应该怎样活着”这一人生问题的回答。人生态度作为人生观的主要内容，是直接表现和反映一个人人生观的晴雨表。这个晴雨表由什么来左右呢？那就是我们每个人的人生目的。人生目的与人生态度之间的这种直接联系，可以用法国作家、诺贝尔文学奖获得者莫里亚克的一句话来精辟地概括，“一个从不怀疑生活方向和目标的人，绝对不会绝望”。由此可见，不同的人生目的引导人们开始独特的人生之旅，形成不同的人生态度。有的人，持有健康向上的人生目的，他就能够在寻找和创造、品味与体验中感受生命的真谛；有些人，拥有消极平庸甚至低劣的人生目的，他就可能会长久地沉迷于生命悲剧之中不能自拔。

在这儿，我们和大家一起分享一下欧洲17世纪伟大的画家伦勃朗的故事。画家的一生热爱绘画，执著于更高境界的艺术追求，正是这一高尚而又坚定的人生目标，使得伦勃朗在年少得志、声名鹊起之时没有沾沾自喜、在艺术的道路上停步不前，而是不断探索新的艺术表现形式；也正是这一人生目标，使得伦勃朗在命运逆转、众人不解、生活艰难之时始终坚持自己的艺术主张和创作方法，他胜不骄、败不馁，坚持自我，不仅开辟了一条新的艺术创作道路，而且也给我们后人留存了大量的艺术珍品。由此可见，有什么样的人生目的就有什么样的人生态度，人生目的越科学、越坚定，人便越是能够激发出积极向上、顽强进取的人生态度，勇于直面各种人生挫折和困难，并最终达成人生的新境界和新高度。

学生：人生态度的确立也依赖于人生目的。那第三个理由呢？是不是人生目的还会影响人生价值的判断？

教师：对，这也是最后一个理由，人生目的决定人生价值的标准。

人生价值回答的是“人活着是否有意义”的问题。“为什么活”往往决定了“人活着是否有意义”。人生目的有高下之分，拥有高尚的人生目的的人，往往更多地考虑为他人而活，他们关心他人的命运，勇于承担自身的责任，尽力为更多的人服务。这一类人更看重人生价值中社会价值的实现，会更多地懂得人生的价值在于奉献，在为他人服务的坚定步伐中将自己的人生之路越走越宽。但同时，也还有另外一类人，他们的人生目的相对平庸，他们更多的是为自己活，为自我的生存、享受、发展和创造而活，这一类人更看重人生价值中自我价值的实现，他们较少关注他人，甚至还会有少部分人变得狭隘自负，不问自己为他人带来了多少，而只问他人给自己带来了多少，最终将自己淹没在利己主义的漩涡之中而无法解脱。因而，我们完全可以说，对人生目的不同层次的追求，直接影响人们对不同层次的人生价值的追求，也影响着人们对人生价值标准的选择和判断。

让我们都记住科学巨匠爱因斯坦的一句话，“人只有献身社会，才能找到那实际上是短暂而有风险的生命意义”。作为未来的建设中国特色社会主义的时代新人，我们的大学生们不能仅仅把获得个人美好的生活作为自己人生的唯一目标，而是应该确立更高的人生追求，心系祖国和人民，在服务他人、奉献社会的过程中完善自己的人生选择和价值判断。

学生：老师，我明白了，人生目的不仅决定了我们将来会走什么样的人生道路，还会影响我们的人生态度和人生价值判断。因此，它就成为我们探讨人生观所必须要思考的一个根本性问题。谢谢您今天的讲解。

教师：好，那我们今天关于人生目的的话题就聊到这儿，谢谢你的参与，也谢谢大家。

（五）正确认识人生的自我价值与社会价值的关系

教师：今天我们讨论的主题是正确认识人生的自我价值与社会价值的关系。

学生：老师好！前一段我看了一部名叫《无问西东》的电影，影片中的主人公，清华大学工程物理系的学霸陈鹏，在20世纪60年代面临着一个艰难的选择，到底是要留在家乡陪着心爱的姑娘，还是该听从祖国的召唤远赴大西北的荒漠进行核弹研发？我们该怎么去理解他选择时的艰难呢？

教师：他的这种艰难啊，其实是因为，他在内心探索一件事情——什么样的人生才更有价值？我们都知道，人生价值是由自我价值和社会价值来共同构成。一般人在对人生价值进行判断时，都会遇到人生的自我价值与社会价值的关系问题，到底是以自我价值为重，还是以社会价值为重呢？这是我们每一个人在进行人生价值判断时，遇到的首要的也是最重要的问题，正是这个问题导致了陈鹏选择时的艰难。

学生：嗯，是的。我们正处于人生观形成的关键时期，确实应该花些时间好好思考这个人生价值判断中的重要问题，其实，它也是我经常感到困惑的问题。

教师：对，自我价值与社会价值的关系问题，历来都很受关注。特别是改革开放以来，随着中国经济社会的不断发展，人们的主体意识不断提升，如何更加明确个人与社会的定位，如何能够做到，既能以一己之力为社会的进步做贡献，同时又能实现自身的全面发展，确实是个难题。这也是《无问西东》里的主人公在思考“个人价值为重”还是“社会价值为重”时的取舍，能引起社会公众尤其是年轻人共鸣的根本原因。

学生：那老师，自我价值与社会价值的关系到底应该如何把握呢？特别是，作为年轻人，在处理二者关系时，首先强调自我价值到底应不应该呢？

教师：这个问题不能简单地用“应该”或是“不应该”来回答。《中国青年报》曾经在2017年年初的一篇报道中提到，说中国的“90后”，尤其是“95后”们越来越多地关注自我，个体的自主意识更强。有人担心，这样下去，会不会影响到年轻人对社会应尽的责任和担当？尤其是现在，“00后”也已经踏入大学校园，这一现象会不会越演越烈呢？其实，在我看来，我们不妨从积极的角度来分析这一现象。马克思曾经说过：“全部人类历史的第一个前提无疑是有生命的个人的存在。”① 我们每一个人，都凭借自己丰富多彩的生命活动，不断创造各种物质和精神产品，在这个过程中实现人生的自我价值。人生的自我价值是个体为社会创造更大价值的前提。离开了它，我们自己都会觉得自己的人生没有存在感，容易对人生产生迷惘和悲观，也就更谈不上用自己来照亮他人，为社会做出贡献了。因而，我们每一个人，当然也包括像你一样的“95后”和“00后”们，都可以理直气壮地关注和追求自己对自己的价值期待，不断反思生命的意义，保持初心，追寻自己的理想。

学生：听老师您这么一说，我可不可以理解为：我的人生，就是走自己的路，让别人说去吧，只关注自我价值的实现就可以了？

教师：那可不能这么说！别忘了我们在追逐人生自我价值实现的时候，还有人生价值的另外一个更为重要的组成部分——人生的社会价值。马克思还说过：“人的本质不是单个人所固有的抽象物，在其现实性上，它是一切社会关系的总和。”② 这就告诉我们，人终究还是社会和时代的产物，在个人与社会的关系上，社会是主导，个人离开社会毫无价值可言，甚至无法生存。所以，自我价值与社会价值虽然共同组成一个人完整的人生价值，但相对于自我价值而言，社会价值才是人生价值的最基本的内容，是人生价值的核心。

没有了社会价值，人生的自我价值就失去了参照系，无法存在，就像一艘小船在大海中航行，没有了罗盘，它就会失去方向；没有了社会价值，个人的自我价值与社

① 《马克思恩格斯全集》第1卷，北京：人民出版社2012年版，第146页。

② 《马克思恩格斯全集》第1卷，北京：人民出版社2012年版，第139页。

会价值就无法衔接，自我价值也无法呈现，就像一棵树苗缺少了森林为它提供的风，光，水，热，土，还有同伴，就难以成材。所以呀，纯粹关注和片面追求自我价值实现的人生，还是褊狭自私的、不完整的，因而不可取。你刚才提到的那句话，“走自己的路，让别人说去吧”，我个人以为还得加上一个前提，那就是：这条路，得是正确的道路。何谓正确的道路呢？我给它加一个注解就是，奉献社会的道路。

学生：有道理！所以，老师，我终于明白了，《无问西东》里陈鹏最终选择离开心爱的姑娘和家乡，远赴大西北投身祖国的核弹事业，为什么能让我感到强烈的内心震动了，那是因为，他选择在奉献社会的过程中实现个人价值，在关键时刻，舍弃了“小我”，成全了“大我”。这样的人生才是有温度，有情怀的。

教师：对呀，其实这些人不仅仅在电影中，也存在于我们的身边。比如，2014 年全国十大最美村官方月萍，原本是华东理工大学 2005 级硕士研究生。她放弃了上海户口和待遇不错的研发工作，到江西奉新县的一个小村庄做起了村官。她带领当地村民组建合作社，开办副业，用几年全身心的投入让大家的日子红火了起来，并号召越来越多的大学生投入村官的行列。方月萍说：“在赤田村的农田里，我找到了自己的价值。”

像方月萍一样的年轻学子们用自己的人生实践告诉了我们，人生的自我价值和社会价值的关系，是一个既相互区别、又密切联系、相互依存的统一体，作为一个有责任、有担当的年轻人，应该以奉献社会为己任，在创造自我价值的同时创造社会价值，在实现社会价值的同时实现自我价值。

你们这一代人处于建设中国特色社会主义的新时代，有更多的领域、更多的途径，更多的机会，去实现自己的人生价值。在这个过程中可能会有迷茫，也可能会有挫折，但只要把握住自我价值与社会价值的关系，在进行人生价值选择时以社会价值为重，保持正确的方向不走偏，就一定会创造出自己有价值的人生！期待你们撸起袖子加油干！

学生：嗯，我懂了。一定不辜负老师的期待！老师今天的分享让我思考良多，我会在自己今后的人生之路上不断思索这个问题，并给出我自己的答案。谢谢老师。

教师：也谢谢你今天参与讨论，谢谢大家，再见。

（六）树立正确的幸福观

教师：今天我们来认识一下什么是幸福。

学生：老师好，我对幸福这个话题特别感兴趣，我和大多数人一样都想过上幸福的生活，都有对于幸福的幻想。

教师：是的，追求幸福应该是人类永恒的主题了。古希腊的哲人亚里士多德曾经说过："行为所能达到的一切善的顶点又是什么呢？从名称上说，几乎大多数人都会同意这是幸福。"因此，幸福也就成为了古今中外思想家们共同探讨的话题。不过众说纷纭，幸福到底是什么呢？人们对这一问题的回答始终存有争议。

学生：是啊，幸福到底是什么呢？有些人认为幸福等同于快乐，有些人认为幸福等同于财富，有些人认为幸福等同于荣誉。老师，古今中外的学者们对于幸福有什么样的解释呢？

教师：好的。在马克思主义以前，中外思想家们对于幸福是什么有不同的解答。中国思想家们在人生哲学和道德伦理中论及幸福，儒家较为推崇积极进取的人生，它将人的感性生活与道德修养分开，认为只有内外兼修的人生才是幸福人生，拥有德性修养就能拥有幸福；道家将无为视为人生的理想境界，强调清心寡欲、顺其自然的幸福；佛家则主张人生并无幸福可言，只有消除贪念及欲望，修行念佛才能称之为幸福。

西方思想家们在谈到幸福时，主要有以下几种具有代表性的观点。一种偏向于感性主义，认为幸福在本质上是种尘世生活的快乐，即现时的各种物欲的满足，比较强调寻求感官上的快乐。比如伊壁鸠鲁就认为，我们的一切取舍都从快乐出发，我们的最终目的乃是得到快乐。费尔巴哈则认为人的本性就是追求幸福和感官快乐的欲望，所以他喊出了"我欲故我在"。另一种呢，则偏向于理性主义，认为是否具有理性以及能否运用理性，是人与其他动物的根本区别，因此他们强调人的精神幸福，鄙视物质层次上的享受和满足，主张一个人要想获得真正的幸福，就必须用智慧和德行去追求美德和至善。此外，还有基督教神学的幸福观，认为人只有在对上帝的热爱和追求中才能达到幸福的境界，只有通过德行才能摆脱尘世的痛苦，获得最终的彼岸的幸福。

学生：老师，您介绍的几种幸福观，我觉得它们有一定的合理性，但总觉得他们的幸福讲得和我理想中的幸福还有很远的距离，比如，感性主义的幸福观偏重物质和感官快乐，理性主义的幸福观则又比较排斥物质享受，我觉得，它们好像都没能完整地解释幸福的真正涵义。马克思主义，又是如何理解幸福的呢？

教师：在马克思主义看来，幸福观是人们对幸福的根本看法和观点，它是我们人生观的一部分。马克思主义幸福观破除了以往各种幸福观所带有的阶级性和片面性，总结和超越了前人的论述，是科学辩证、多维度的幸福观。它主张，我们在诠释幸福的内涵时实现主观与客观、物质生活与精神生活、劳动与享受、个人幸福与社会幸福的有机统一。下面，我来详细地解释一下。

第一，马克思主义认为，幸福是主观和客观的统一。从主观意义上说，幸福是个人对于生活状况和社会环境的一种情绪化体验，它以快乐为代表，这些都反映了幸福的主观性。从客观意义上说，一个社会的人，他的幸福不可能脱离特定的社会经济关系、生活条件以及相应的实践活动，它必定脱胎于特定的时代背景，折射出特定社会的发展要求和价值诉求。因而，在马克思主义看来，缺少了客观内容的主观快乐、离开了精神财富的物质满足都不是真正的幸福，只有实现了主观与客观的统一，才是真正的幸福。它既承认了幸福的主观性表现——快乐，同时也告诉我们，只有与客观相统一的快乐，才是真实的幸福，从而也帮助我们将快乐与幸福区别开来。请大家记住莱布尼茨的一句话，“理性和意志引导我们走向幸福，而感觉和欲望只是把我们引向快乐”。

第二，幸福是精神生活与物质生活的统一。幸福，既不完全依赖于物质财富的获得，也并不单纯强调人的理性和精神观念。一方面，物质生活是获得幸福的基础，是人类生存发展的必要条件。离开了物质财富，人和社会都无法生存，幸福也就无从谈起了。所以，恩格斯并不讳言，“追求幸福的欲望只有极微小的一部分可以靠观念上的权利来满足，绝大部分却要靠物质手段来实现”①。另一方面，精神生活是对物质生活的升华，既是人类发展不可或缺的，也是构成幸福感的重要因素。经济学中有一个著名的“幸福悖论”，它发现，在 个国家中，富人的平均幸福水平高于穷人，但是涉及国与国之间的比较时，富裕国家的平均幸福水平却并不一定高于不富裕的国家，这说明物质财富的获得并不总是与幸福感受的增长成正比。只有实现了物质与精神的结合，才会产生真正的幸福。就像恩格斯说过的，“他需要和外部世界来往，需要满足这种欲望的手段：食物、异性、书籍、谈话、辩论、活动、消费品和操作对象。”因而，幸福的实现，既离不开物质生活的发展，也离不开精神生活的丰富，缺了任何一方，幸福都不完整。

第三，幸福是劳动与享受的统一。马克思主义认为，人的幸福的源泉是劳动，真正幸福的生活是不断劳动、不断创造、不断贡献的一个动态过程，而不是不愿付出、坐享其成的静态过程。就像我们在平时生活中所说的，“不求尽如人意，但求无愧于心”，结果怎样并不重要，经历本身就是幸福。不过，我们也应该同时看到，劳动是享

---

① 恩格斯：《路德维希·费尔巴哈和德国古典哲学的终结》，北京：人民出版社 2014 年版，第 56 页。

受的前提，享受则是劳动的结果。只有意识到结果幸福的重大意义，人才能在劳动过程中不断努力，创造性地享受这个哪怕有点艰辛和痛苦的过程。总而言之，幸福在本质上不是单个人的享受或满足，而是要通过劳动对所处时代、对社会、对他人能够有所创造和贡献。正如马克思曾经写过的，如果一个人只为自己劳动，他也许能够成为著名的学者、伟大的哲人、卓越的诗人，然而他永远不能成为完美的、真正伟大的人物。

第四，马克思主义幸福观强调个人幸福与社会幸福的统一。人的本质的社会性决定了幸福在本质上也具有社会性。即是说，个人幸福和社会幸福是不可分割的，个人幸福是社会幸福的基础，社会幸福是个人幸福的前提。一方面，社会幸福的不断发展是由每个个人奉献的，社会幸福的丰富和发展离不开个人幸福的形成。个人不参与，社会幸福就没有形成的力量；个人缺乏幸福的目标，社会幸福就没有发展的动力。另一方面，社会幸福也是个人幸福的前提。没有一定的社会财富，个人就无法形成创造幸福的能力；缺少合理的社会机制，个人也就没有了创造幸福的环境。这就意味着，只有把个人幸福和社会幸福紧密结合起来，科学地融为一体，才是人生幸福的最终归宿。正如马克思年轻时就悟出的道理：“如果我们选择了最能为人类而工作的职业，那么，重担就不能把我们压倒，因为这是为大家做出的牺牲；那时我们所享受的就是不是可怜的、有限的、自私的乐趣，我们的幸福将属于千百万人。”①

学生：老师，谢谢您，我想我终于明白了“幸福是什么”。

教师：也谢谢你的参与，谢谢大家，再见。

三、释疑解惑

※ 人的本质是自私的吗？

人的本质自私论古已有之。我国明末思想家李贽就曾说过：“夫私者，人之心也；人必有私而后其心才思，若无私，则无心矣。”这句话意思是说，自私的心人人都有，有私才有心，无私则无心，这是人的天然本性。在近代欧洲，一些哲学家如霍布斯、洛克、休谟等都主张自私自利是人类的本性。这一观点影响深远，非常容易造成我们在思想上的混乱，阻碍我们对马克思主义人的本质观点的理解，因而，应该予以解析和批判。

人的本质自私论的认识误区主要表现在哪儿呢？大体包括以下三个方面：第一，

① 《马克思恩格斯全集》第1卷，北京：人民出版社1995年版，第459页。

把人的自然属性当成人的本质属性，混淆了人与动物的根本界限。人的本质自私论将人和动物一样求生的吃、喝等自然本能归结为自私，并进而将这一本能混同为人的本质。但是它却没有意识到，人所具有的这些与动物相似的自然属性并非是人最后的和唯一的目的，如果我们承认了人的本质自私论的推理逻辑，那么，人与动物就无法真正地区别开来。第二，把追求个人利益与自私混为一谈。追求个人利益、个人需要和个人欲望是人生存和发展的必要条件，是客观的，其中凡属正当的利益和需要都是合理的。而自私则包含有道德评价和价值评价的意义，它是指个人将个人利益视为最高的目标，只顾自己的私利而不惜、甚至损害他人和集体的利益。如果把所有追求个人利益、需要和欲望的行为都视之为自私，并将其归结为人的本质，很显然是混淆了两者的概念，犯了逻辑上的又一个错误。第三，认为自私是绝对的、永恒的，也不符合人类社会发展的事实。从历史来看，在人类产生的漫长岁月中，自私作为一种私有观念，与社会分工和私有制相伴而生，迄今为止也不过三千多年。从现今来看，自私也不具有普遍性，一个社会中真正自私的人还是少数，大部分人在利我和利他之间寻找平衡，也总有那么一部分人为他人无私奉献。从未来来看，随着社会关系的变革和生产力的发展，当物质和文明都极大丰富的时候，自私也会日益遁形。

※“主观为自己，客观为他人”有道理吗？

20 世纪 80 年代初，随着中国国门的打开，西方的各种社会思潮也纷至沓来。围绕“人应该为谁活”这个话题，当时大学校园里的部分年轻人逐渐接纳了“主观为自己，客观为他人”的观点，并因而引发了一场聚焦人生观问题的“潘晓讨论”。时至今日，“主观为自己，客观为他人”仍然比较流行，有相当一部分人相信，个人在追求一己私利的时候，一只看不见的手会把个人引向为社会造福的轨道上来。

其实，理性思考一下，我们就可以发现，“主观为自己，客观为他人”是与人的本质自私论相关联的一种观点。站在人的本质是社会性的立场上，我们不难找到这一观点的诸多漏洞。

首先，从理论上讲，“主观为自己，客观为他人”是一种合理利己主义的观点。这种观点貌似合理，实则不合理。貌似合理，是指“主观为自己，客观为他人”是由人的本质是自然性与社会性的统一这一观点而来，这就给它自身打上了一个合理的旗号，使得它存有了一定的掩饰性，看起来是合理了。实则不合理，是指“主观为自己，客观为他人”归根结底还是以人的本质是自私的为其逻辑前提，正如法国哲学家霍尔巴赫曾经对合理利己主义做出的非常精辟的诠释——人为了利己的利益，应当爱其他人……爱别人，就是爱那些使我们自己幸福的手段。这段话道出了合理利己主义所谓的“主观为自己，客观为他人”应该解释为自己的需要永远是目的，而他人只是实现自己目的的手段。一旦二者发生矛盾冲突，合理利己主义者必然放弃为他人，选择为自己。因此，合理利己主义的所谓合理性本就虚幻，与极端利己主义往往也只有一步之遥。

其次，从现实生活中来看，“主观为自己”不一定能够推导出“客观为他人”。虽说为自己和为他人在有些情况下并不矛盾，但并不是说二者之间就没有矛盾。从个人和他人的定义上讲，个人与他人就是相对立的概念，个人利益与他人利益之间也常常会发生冲突。“主观为自己，客观为他人”既然核心是为自己，为他人只是处于一种从属和不确定的地位，那么，当“为自己”和“为他人”之间发生矛盾时，人若处于“主观为自己”的明确动机的支配，他所付诸的行动就并不必然产生利于他人的后果，可以利于他人，也可以不利于他人。所以，“主观为自己，客观为他人”并不能必然导出对他人和社会利益的重视，甚至会有极大的走向利己主义的风险。这就是为什么持有“主观为自己，客观为他人”观点的人，在当年的“潘晓讨论”中会发出“人生的道路为什么越走越窄”这一感叹的根本原因。

四、理论前沿

（一）人生意义探寻之意义

人生意义的问题是人们不断探索与讨论的古老而又永恒的话题。人与动物最大的区别，恐怕是他精神性的存在。人永远不满足于生存本身，而是时刻思索并探寻人生的意义，寻找灵魂的归宿。对个人而言，每一个人对“我是谁?”“我从哪里来?”“我要到哪里去?”这些问题的回答，诠释了自我的存在感，从而达成积极的人生意义体验，并最终获得人生幸福；对社会而言，个体对人生意义的探寻又广泛而深远地塑造着人的精神面貌，影响着人的价值选择，并最终关系到一个社会的生存、稳定与发展。

自古以来，中西方学者们对于“人生意义”的探究就从未停止。在西方，宗教的影响源远流长。各派宗教大多主张注重彼岸、超越生死的生命意义论，将人生的意义寄托于为诸神服务；也有的主张注重现实群体生活的生命意义论，如犹太教就倡导建立一种现实秩序化的、群体性的人生意义。西方哲学对人生意义的探索也独树一帜。

亚里士多德主张以幸福作为人生的最高追求；康德对人生意义的解答具有思辨色彩，他注重对道德理想的追求，认为人生的意义不是追求单纯的物质幸福或享乐，而在于在幸福面前没有愧疚。尼采、叔本华则是悲观主义的代表，他们认为人生没有价值、生命本无意义；海德格尔认为人的存在方式表现为人对人生意义的领悟；加缪则说，人生的意义就像西西弗斯推巨石一样，周而复始归于荒谬。在中国，佛家将一切众生归于平等，追求个体生命在彼岸成佛；道家则追求超越生死、获得自由自在的人生意义；儒家从人类社会的生存出发，以人为中心、以宗法传统为核心，将个人的人生意义融入群体意义之中。

带着前人的智慧，我们进入全球化与东西文明大融合的当代社会。西方社会随着科学的发展、宗教的衰落，虚无主义开始弥漫，人们的精神世界陷入迷茫，开始担忧和焦虑人生意义的失落。当代的中国，也正处于社会飞速发展时期，面对多元化的思想和价值观念的冲击、物欲的异化、虚拟世界的侵袭、社会矛盾的凸显，很多人也开始迷失于对“人生意义”的思考。其中，大学生作为教育背景良好、承载了未来更多社会责任的群体，他们对人生意义的思考更是引发了人们极大的关注。不过，就目前来看，这些关注中大多是感叹和担忧。《中国青年报》2016 年 11 月 29 日第 2 版就刊发了一篇文章《寻找人生意义不要落入虚无的陷阱》。文中提到，北大新生入学心理测试中，有 40. 4%的人认为人生活得没有意义。年长一些的人肯定还记得 20 世纪 80 年代初的“潘晓讨论”。一位署名为“潘晓”的女孩给当时的《中国青年》杂志投出一封“人生的路为什么越走越窄”的长信，表达了自己在解答人生意义过程中的困惑和苦闷，并进而引发了全国范围内不仅仅是来自高校的年轻人对人生意义的不舍追问和深刻讨论。如今，时间已经过去了 30 多年，现在的年轻人已经很少再追忆起当年的学长们对人生意义的探索，倒是多了很多嚷嚷着看透人生、无欲无求、消极避世的“佛系”青年。这一转变其实透露出当今年轻大学生们青春的迷茫。这一代年轻的大学生们生活在一个日益国际化、物质化、虚拟化、个人化的时代，翻滚在中国巨大社会变局的潮头，如何在这样一个大变化的时代中找到自己人生的归属和定位，确实是一个颇具挑战性的问题。

怎么解决这一问题呢？对年轻的大学生来说，解决之道就是把对人生意义的有价值的探索持续下去。这主要是因为人本来就是追求意义的存在。人虽与动物有相同之处，但人的存在方式毕竟与动物有根本的不同，人不仅仅只是实体的存在，更是意义性的存在，除了肉体之外，人还追求比自己活着更有意义的意义。这是人的本能，也是人活在世无法回避的问题。大学生们如果真正理解了这一点，在探究人生真谛之时，避而远之就真不如迎而解之了。对于人生意义探寻之意义的解答，我国当代著名哲学家冯友兰先生有一个词用得好，这就是“无用之大用”。对人生意义的探寻看似无用，实则却有大用。年轻大学生们可以踏着前人的步伐，汲取他们的智慧，在当今时代继续探寻我们自己对人生意义的新的思考。唯其如此，我们才能最终成为自己人生的真正的主人。

（二）大学生如何应对拜金主义的影响

说到拜金主义，多年前的一部老电影《百万英镑》将其刻画得惟妙惟肖。影片讲述了这样一个故事。一对英国的富翁兄弟从银行开出了一张面值百万英镑的支票，打了一个赌，赌一个贫穷的人会因为这张支票而过上上等人的生活。亨利原本只是一个流浪汉，机缘巧合拿到了这张支票，从此，他的命运发生了戏剧性的变化。手握支票时，亨利遇到的每一个人都拼命巴结拉拢他，并无偿提供给他奢华的生活；可当支票无法兑现的谣言传播开来时，每一个人又都立刻嘲弄攻击他，并无情地抛弃了他。亨利遇到的这些不同人物在百万英镑面前的种种丑态，真是将拜金主义表现得淋漓尽致。那么，拜金主义究竟是怎样的一种人生观？我们为什么要反对它？当代大学生在面对拜金主义的影响时应该怎么做呢？

何谓拜金主义？莎士比亚在其作品《雅典的泰门》中曾写道，“黄黄的、发光的、富贵的金子！这东西，只这一点点儿，就可以使黑的变成白的，丑的变成美的，错的变成对的，卑贱的变成尊贵的，老人变成少年，懦夫变成勇士。”“使每一个人唯命是从”。这就是拜金主义者眼中金钱的魔力。拜金主义认为金钱可以主宰一切，信奉金钱至上，金钱万能，把追求金钱作为人生至高的目的。拜金主义的存在，与商品经济的发展相联系。马克思早在资本主义发展之初，就深刻地揭示了拜金主义产生的社会根源。商品生产产生了商品拜物教，当商品越来越多地用货币来衡量时，货币成为了致富欲望的唯一对象。这种欲望演变为万恶的求金欲。资本家把金钱看成最高的生活目的，他们只为金钱而活，为金钱而奋斗，因而，马克思也将他们的人生观形象地称为“货币拜物教”。拜金主义与享乐主义之间有着千丝万缕的联系，追求金钱的人生很大程度上是为了更好地享受、满足物质欲求，而为了满足享乐的需要就必须最大限度地追求金钱。当然，拜金主义与享乐主义还是有一定区别的，拜金主义者在某种程度上可以只为追求金钱，而不过度地享乐，因为过度的享乐可能就无法获得更多的金钱，比如葛朗台。今天的中国，面临市场经济的冲击，拜金主义的人生观逐渐为一些人所信奉。

那么，为什么要反对拜金主义呢？理由主要有两个：第一，拜金主义的理论基础和价值立场有误。拜金主义代表的是一种错误的人生观，它忽视或否认社会性是人的存在和活动的本质属性，讨论人生问题的出发点和落脚点都是为了满足一己之私利，它对人的需要的理解是片面的，夸大了人生的物质需要，而无视人的全面性和人的需要的全面性。第二，无论在什么社会，"金钱万能"都是行不通的。在前面提到的电影《百万英镑》中，主人公亨利最后获得了工作和爱情，也不是靠的那张百万英镑的支票，而是自身的诚信和品格。在现代社会，钱是获得必要的物质生活资料的基本条件，没有钱是不行的，但是，金钱绝非万能，精神一类抽象的、无形的财富就不能用金钱来衡量，钱能买得到房屋，但买不到家；钱能买得到药品，但买不到健康；钱能买得到肉体，但买不到灵魂。所以，金钱至上的拜金主义要不得。不过需要说明的是，我们并不反对人们对金钱的合理拥有，更不是反对货币本身，我们只是反对将金钱看做人生的主要目的甚至是唯一目的，反对使人变成金钱的奴隶。

那当代大学生在面对拜金主义的影响时应该怎么做呢？随着金钱和物质对人生活影响的加大，当前有越来越多的大学生们热衷于淘宝、微信赚钱，羡慕电影《小时代》中的生活，梦想变成高富帅和白富美。"找工作看钱途"，"毕业就嫁人，嫁人就嫁有钱人"等观点也在大学生中引起反响，因而，社会上产生了一些微词，指称拜金主义在大学生中蔓延。当然，这种评价有一点夸张，但它确实提醒了我们年轻的大学生，面对拜金主义的消极影响，要树立正确的金钱观，积极应对拜金主义的挑战。什么是正确的金钱观呢？第一，就是要正确认识金钱。身处象牙塔中的年青学子也经常受到社会上流行的各种观点的影响，比如，前一段时间在坊间引起轩然大波的某相亲节目女嘉宾的话，用一哭一笑的对比，毫不掩饰某些年轻人对物质的欲望和对金钱的看法。不过，我们应该意识到，金钱确实有用，但过分夸大金钱的力量却是不对的，金钱并非万能，它由人所创造并为人服务，人应当是金钱的主人，而不是金钱的奴隶。第二，正确获取金钱。在经济高度发达的今天，金钱在我们的生活中扮演了越来越重要的角色，年轻人对金钱的适度追求完全可以理解，不过无论何时，我们都不要忘了，"君子爱财，取之有道"。这个道，就是指，我们要走正道去赚钱，通过诚实劳动和合法经营致富；我们要在自己获取金钱的同时，不损害他人的利益，尽可能地照顾他人的利益，并承担更多的社会责任。第三，正确消费金钱。会赚钱，还要会花钱，这就涉及一个消费观的问题。随着物质生活水平的普遍提高，以及西方消费主义价值观的影响，现在的大学校园里，奢侈消费、攀比消费、炫耀消费等现象屡见不鲜。这提醒我们，在校园当中形成一种科学、健康、文明的消费观有多么重要。对于我们大学生们来说，在消费的时候就应当量入为出，适度消费、理性消费、绿色消费，更重要的是，在追求物质消费的同时，更加看重精神的消费，注重精神的丰富和升华。

五、学习测试

（一）单项选择题

1. 人的本质属性是：（ ）

A. 本能　　B. 自然属性　　C. 社会属性　　D. 思维属性

答案：C

2. 人生观的核心是：（ ）

A. 人生目的　　B. 人生价值　　C. 人生信仰　　D. 人生态度

答案：A

3. 在当今社会变革，利益关系调整和各种文化思潮碰撞激荡给人们思想观念带来深刻影响的社会条件下，人生观呈现复杂多变、多元多样状态，下面人生观正确的是：（ ）

A. 人生观决定世界观

B. 世界观决定人生观

C. 具有唯心主义世界观，人生观一定是不正确的

D. 极端个人主义的人生观

答案：B

4. 为人民服务的人生观能够实现下面哪些关系的有机统一：（ ）

A. 个人与家庭　　B. 家庭与社会　　C. 集体与社会　　D. 个人与社会

答案：D

5. 任何一个健康的人都应有自己的人生态度，但并非所有人的人生态度都是正确的。下面哪些行为反映的是不正确的人生态度：（ ）

A. 与时俱进，开拓创新

B. 浑浑噩噩，及时行乐

C. 勇于拼搏，艰苦创业

D. 知难而进，乐观向上

答案：B

6. 人生价值是一种特殊的价值，是人的生活实践对于社会和个人所具有的作用和意义，它主要回答了：（　　）

A. 人为什么活着

B. 世界的本源是什么

C. 人应该怎样对待生活

D. 什么样的人生才有意义

答案：D

7. 个人与社会关系中的个人是指：（　　）

A. 在历史上起过重大作用的人物

B. 生活在社会中的人类的个体

C. 脱离时代抽象出来的人类共性

D. 非具体的人、抽象的人

答案：B

8. 世界观是：（　　）

A. 人们认识主观世界改造客观世界的根本方法

B. 人们对整个世界最根本的看法和观点的总和

C. 对人生目的和人生价值的根本看法

D. 科学的人生态度

答案：B

9. 个人与社会的关系中，最根本的哪二者之间的关系：（　　）

A. 个人利益与集体利益

B. 个人利益与国家利益

C. 个人利益与社会利益

D. 个人利益与他人利益

答案：C

10. 价值观的内容不包括：（　　）

A. 价值取向　　B. 价值追求　　C. 价值尺度　　D. 价值诉求

答案：D

11. 人生价值包括自我价值和社会价值两个方面，其中衡量一个人社会价值的标准是：(　　)

A. 个人拥有财富的多少

B. 个人所从事的职业是否重要

C. 个人对社会奉献的多少

D. 个人的行为动机是否高尚

答案：C

12. 人生的根本价值在于：(　　)

A. 个人的自我实现

B. 社会对个人的尊重和满足

C. 个人的实践对于自身的意义

D. 个人的实践对于社会和他人的意义

答案：D

13. 中国古代圣贤向来注重荣与辱，并通过“知耻”来进行道德评价和判断。“礼义廉耻，国之四维”是下面哪个人物提出来的：(　　)

A. 孔子　　B. 管仲　　C. 孟子　　D. 老子

答案：B

14. 毛泽东在《七律·长征》里面形象而生动地描述了下面哪二者之间的辩证统一关系：(　　)

A. 生与死　　B. 苦与乐　　C. 顺与逆　　D. 得与失

答案：B

15. 爱因斯坦说：“一个人对社会的价值，首先取决于他的感情、思想和行动对增进人类利益有多大作用，而不应看他取得什么。”这句话的意思是说，一个人社会价值的实质是：(　　)

A. 贡献　　B. 索取　　C. 存在　　D. 享用

答案：A

16. 错误人生观的出发点和落脚点都是一己私利，它们忽视或否认的哪个方面是人存在和活动的本质属性：(　　)

A. 自然性 B. 社会性 C. 政治性 D. 意识性

答案：B

（二）多项选择题

1. 下列关于“人的本质不是单个人所固有的抽象物，在其现实性上，人的本质是一切社会关系的总和”的正确理解是：（ ）

A. 人的本质是现实的、具体的

B. 人的本质是随着历史的发展而不断发展的

C. 人的本质是由社会关系决定的

D. 人的本质是一切社会关系的总和

答案：ABCD

2. 大学生在确立人生目的、端正人生态度、实现人生价值的过程中，还要正确认识人生面对的各种矛盾和问题，树立正确的：（ ）

A. 生死观 B. 荣辱观 C. 幸福观 D. 得失观

答案：ABCD

3. 人生态度是人们通过生活实践所形成的对人生问题的一种稳定的心理倾向和精神状态，它既具有态度的一般共性，又有自己的特点：（ ）

A. 具有社会性 B. 具有内在性 C. 具有针对性 D. 具有相对稳定性

答案：ABCD

4. 人生目的是生活在一定历史条件下的人对“人为什么活着”这一人生根本问题的认识和回答，它决定着：（ ）

A. 人生道路 B. 人生态度 C. 人生价值标准 D. 人生信仰

答案：ABC

5. 客观、公正、准确评价社会成员人生价值大小，要做到：（ ）

A. 坚持能力大小与贡献须尽力相统一

B. 坚持物质贡献与精神贡献相统一

C. 坚持完善自身与贡献社会相统一

D. 坚持动机与效果相统一

答案：ABCD

6. 大学生在实现自己人生价值上应当做到：（ ）

A. 走与人民群众相结合的道路

B. 走科技创新与文化创新相结合的道路

C. 走与社会实践相结合的道路

D. 走制度创新与体制创新相结合的道路

答案：AC

7. 个人主义指的是：(　　)

A. 强调个人中心地位，个人是目的社会是手段

B. 强调个人尊严、个人的自由与平等

C. 强调个人权利和个人利益至上

D. 强调个人与集体的双向互动

答案：ABC

8. 人们在实践中努力实现自己的人生价值，正确把握人生价值的实现条件和方法至关重要。人生价值的实现条件有：(　　)

A. 社会条件　　B. 政治条件　　C. 自然条件　　D. 自身条件

答案：AD

9. 积极进取的人生态度包括下面哪些要素：(　　)

A. 认真　　B. 务实　　C. 乐观　　D. 进取

答案：ABCD

10. 幸福是一个总体性范畴，它意味着人总体上生活得美好，以下哪些是幸福的重要因素：(　　)

A. 家庭和睦　　B. 职业成功　　C. 行为正当　　D. 人格完善

答案：ABCD

11. 树立正确的得失观要求大学生不要惧怕一时的失，也不要满足一时的得，下面态度错误的是：(　　)

A. 因循守旧　　B. 勇于创新　　C. 不思进取　　D. 坐享其成

答案：ACD

12. 青年锻炼成长的有效途径是社会实践，它是实现人生价值的必由之路，下面哪些行为体现了这一点：(　　)

A. 脚踏实地　　B. 贪图安逸　　C. 畏惧劳苦　　D. 埋头苦干

答案：AD

（三）简答题

1. 如何理解“人的本质并不是单个人所固有的抽象物。在其现实性上，它是一切社会关系的总和”这段话？

答：这句话是马克思运用辩证唯物主义和历史唯物主义的立场、观点和方法揭开了人的本质之谜。这一论断使人的本质问题在人类历史上第一次得到了科学的说明。

首先，人的本质在于其社会属性：人具有其和动物类似的自然属性，但是这是已经社会化的自然属性，人在从事物质生产社会交往等活动中表现出来的独有属性，如劳动、社会联系，就是人的社会属性，人的本质属性只能从人的社会属性当中去寻找。

其次，人的本质不是虚幻抽象的，而是现实具体的，随着历史发展而发展的。考察人的本质必须放在特定的历史背景和社会关系中，人只有在一定的社会关系中实践与创造，才能发展和完善自己的本质。

最后，人的本质不是单一社会关系的产物，而是由一切的社会关系的总和共同规定的。

2. 简述人生自我价值和社会价值的辩证关系。

答：人生的自我价值和社会价值，既相互区别，又密切联系、相互依存，共同构成人生价值的矛盾统一体。一方面，人生的自我价值是个体生存和发展的必要条件，人生自我价值的实现是个体为社会创造更大价值的前提。另一方面，人生的社会价值是社会存在和发展的必然要求，人生社会价值的实现是个体自我完善、全面发展的保障。没有社会价值，人生的自我价值就无法存在。

3. 如何理解“人生目的是人生观的核心”这一观点？

答：人生目的是指生活在一定历史条件下的人对“人为什么活着”这一人生根本问题的认识和回答，是人在人生实践中关于自身行为的根本指向和人生追求，在人生实践中具有重要作用。首先，人生目的决定人生道路。人生目的规定了人生的方向，对人们所从事的具体活动起着定向的作用。确立正确的人生目的能使人们在面对人生的一系列重大课题时，能做出正确的选择，始终朝着正确的人生发展方向前进。其次，人生目的决定人生态度。不同的人生目的会使人持有不同的人生态度。确立正确的人生目的能使人们以昂扬乐观的人生态度正确对待人生道路上的顺逆曲直。再次，人生目的决定人生价值选择。正确的人生目的能使人懂得人生的价值首先在于奉献，使人们能够在个人与社会的平衡统一中更好地实现自我的人生价值。

（四）讨论题

1. 大学生如何用科学高尚的人生观指引人生，从而防止错误和腐朽的人生观？

答：第一，大学生应当自觉以为人民服务的人生观指引人生，在服务人民、奉献社会的实践中创造人生的价值。

第二，要科学认识人生目的，切实把人民利益放在首位，以人民利益为重，坚持把实现个人追求与实现党和国家的奋斗目标、人民利益紧密联系起来。

第三，以正确的人生态度对待人生、对待生活，始终对祖国和人民具有高度的责任感，在服务人民奉献社会中实现自己的人生价值。

第四，以积极的心态看待人生，胸怀远大理想，积极投身社会实践。

第五，坚决抵制各种错误思想的影响。

2. 大学生如何在实践中创造有价值的人生？

答：第一，走与人民群众相结合的道路，向人民群众学习、从人民群众中吸取营养、做中国最广大人民利益的维护者。

第二，走与社会实践相结合的道路；社会实践是知识创新的源泉，是检验真理的试金石，也是青年学生锻炼成长的有效途径。

第三，在社会实践中全面认识自己，不断提升自己的能力，创造出属于自己的有价值的人生。

六、拓展阅读

1. 胡适：《人生有何意义》，九州出版社 2013 年版。

【导读】胡适（1891—1962），安徽绩溪人，中国自由主义的先驱、新文化运动的领袖之一，同时也是著名的学者、诗人、历史学家、文学家、哲学家。《人生有何意义》是胡适的演讲集，分为"人生有何意义""为什么读书""青年人的苦闷""不老不朽"四章，其中包含了许多胡适对人生的感悟。近百年前胡适对人生意义探寻的执著与真挚，以及他在这一过程中表现出来的独立之精神、自由之灵魂、理性之思考，对当前的年轻人仍然有很大的启发意义。

2. 梁漱溟：《人生的艺术》，陕西师范大学出版社 2010 年版。

【导读】梁漱溟（1893—1988），中国现代著名的思想家、教育家、社会活动家，现代新儒家的早期代表人物之一。梁漱溟先生生前著有大量探讨人生、治学等方面的文章，本书则从中精选出数十篇集结成册。书中文章的笔触细腻坦诚，一位艰难跋涉探求人生、治学、社会等问题之解决途径的大儒形象呼之欲出，也充分展示出梁漱溟先生九十多年人生中学习之历程、思想之嬗变以及以天下兴亡为己任的精神，读来引人深思。

3. ［美］海伦·杜卡斯、［美］巴纳希·霍夫曼：《爱因斯坦谈人生》，高志凯译，复旦大学出版社 2013 年版。

【导读】这本书篇幅不长，收集和摘录了爱因斯坦与普通人之间的书信往来及信笔而成的一些文字片段。此书不仅展示了这位世界闻名的大科学家在科学上的极高造诣，显露了他不俗的文字功力，更充分表现了这位伟大人物对人生的深刻洞见。全书文字略带随性，读来有趣，处处闪烁着爱因斯坦人性的光辉和智慧的火花。

4. 路遥：《平凡的世界》，北京十月文艺出版社 2013 年版。

【导读】《平凡的世界》是中国当代著名作家路遥创作的一部百万字的小说，1986 年 12 月首次出版。这部作品共分三部，全景式地表现了中国当代城乡社会生活。这部伟大的作品以中国 20 世纪 70 年代中期到 80 年代中期十年间为背景，以孙家两兄弟为中心，刻画了当时社会各阶层众多普通人的形象，深刻地展示了普通人在大时代历史进程中所走过的艰难曲折的道路和坚韧不拔的奋斗精神。作品运用现实主义的表达方式，将劳动与爱情、挫折与追求、痛苦与欢乐、日常生活与巨大社会冲突纷繁地交织在一起，传达出一种温暖的情怀。最为难能可贵的是，作品不仅仅限于描绘苦难，更将苦难转化为一种前行的精神动力，传达出对中华民族“自强不息、厚德载物”精神传统的自觉继承。

第二章
坚定理想信念

一、学习基本要求

（一）学习目的

通过本章的学习，使大学生掌握理想信念的科学内涵及其重要性；确立以马克思主义为指导的崇高理想信念，坚持中国特色社会主义共同理想；引导大学生在坚持理想与现实、个人理想与社会理想的辩证统一中，开辟将理想转化为现实的实践之路，坚定大学生在实现中国梦的实践中放飞青春梦想的信心与决心。

（二）学习要求

（1）掌握理想与信念的内涵、特征及重要性，正确把握理想与信念的基本关系，确立科学的理想信念。

（2）深刻理解为什么要树立马克思主义信仰，为中国特色社会主义共同理想而奋斗，胸怀共产主义远大理想，学会树立崇高的理想信念。

（3）科学认识理想与现实辩证关系，能够正确处理理想与现实的矛盾，正确看待个人理想与社会理想的基本关系，把握为实现中国梦注入青春能量的基本途径。

（三）主要内容

大学期间是人生的关键时期，青年大学生未来的专业学习、职业发展、人生道路的选择、社会适应和生活境界都与理想信念密切相关。大学生个人的发展和命运也关系祖国的繁荣兴盛，党和国家殷切期盼大学生能坚定理想信念，成为中华民族伟大复兴的生力军。围绕这一主题，本章主要安排了三节内容进行展开：

第一节，聚焦回答“什么是理想与信念”这一问题。本课程在分述理想、信念的科学内涵及其特征的基础上，阐明了理想与信念的关系，使概念分析进一步深化。以“精神之‘钙’”为喻，概括了理想信念的重要意义，并从昭示奋斗目标、提供前进动力、提高精神境界等方面对理想信念的重要意义进行了深入阐释。

第二节，聚焦回答“应该树立什么样的理想信念”这一问题。本课程在这部分又通过对“为什么要信仰马克思主义”“为什么中国特色社会主义是我们的共同理想”“为什么要胸怀共产主义远大理想”三个问题的回答，为大学生指引树立崇高理想信念的方向。

第三节，聚焦回答“为了实现理想信念应该如何做”的问题。在这一节中，本课程通过对“理想与现实”“个人理想与社会理想”两对关系的解读，分析和指导大学生解决在实现理想、坚守信念的过程中遇到的矛盾与困难，指明了大学生为实现中国梦注入青春能量的基本途径。

第二章的三节内容遵循从理论阐释转向实践指引的基本逻辑，主要内容如图 3 所示：

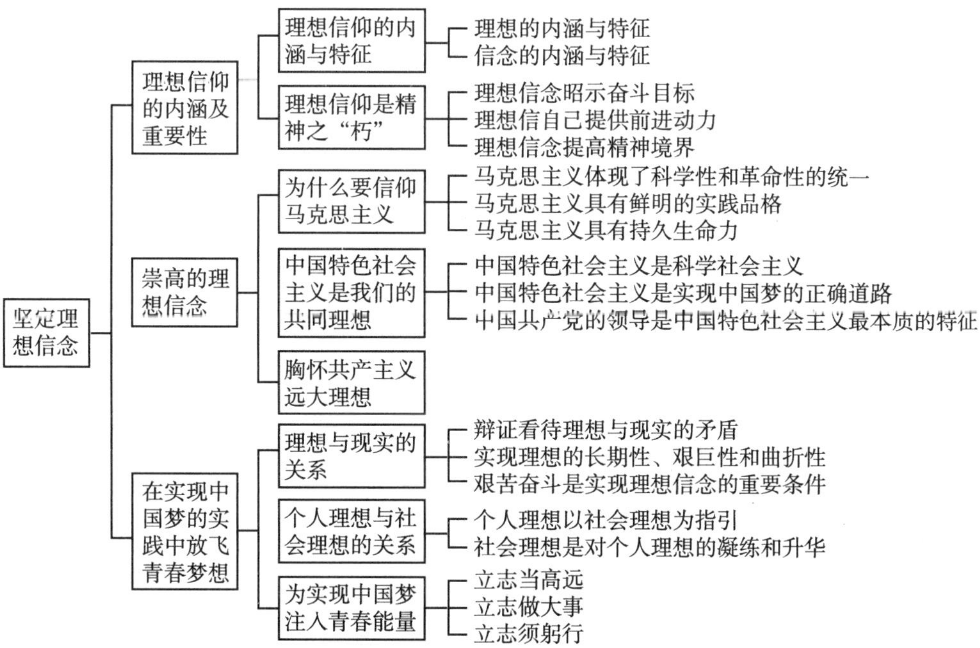

图 3 第二章主要内容

（四）重点和难点

（1）理解理想、信念的内涵、特征及重要性，把握理想与信念的区别与联系。

（2）学会树立科学的理想信念。

（3）正确认识理想与现实的关系，正确把握与处理个人理想与社会理想的关系。

（4）能够正确认识大学生“成才之梦”与中华民族“复兴之梦”的结合，在实现中国梦的实践中放飞青春梦想。

二、慕课学习

（一）本章导学

教师：各位同学你们好！今天我们来学习探讨“坚定理想信念”。

学生：老师，“理想与信念”在生活中是个被常常提及的话题，但是作为学习内容进行专门的教学还真的不多。那么，我们大学阶段为什么要学习理想信念的相关知识呢？

教师：同学们进入大学后，站在人生的新起点上，要追求远大的理想，坚定崇高的信念，要在为实现中国特色社会主义共同理想而奋斗的过程中实现个人理想，这既是大学生自身成长成才的现实需要，也是国家和人民的殷切期盼。进入大学深造，无论学习什么专业，本质上都是追求真理，而追求真理的目的，就是满足自身发展需要和社会发展需要。张闻天先生说过，生活的理想，就是为了理想的生活。理想追求的过程应该是快乐的过程，充满希望的过程。古希腊哲学家苏格拉底有句名言叫世界上最快乐的事，莫过于为理想而奋斗。上大学本身就是确立自己的理想，并为自己的理想而奋斗的开始。

学生：我们怎么来理解理想信念的重要意义呢？您能给我们深入讲讲吗？

教师：我们可以从三个方面来进行理解：第一点，理想信念关涉一个人的精神生活及其所追求的人生境界。理想信念帮助人们在追求自己的人生目的的过程中从自发状态到自觉状态，从迷惑状态到明晰状态，从精神萎靡状态转入追求精神高地的积极状态。在基础教育阶段，同学们主要是在家长和老师的引导下学习基础知识，最直接的目的是考上一所理想的大学，部分同学已经有了明确的专业兴趣和未来职业规划。理想的大学、理想的专业、理想的职业、理想的生活，这些可能都是处于自发的追求理想的状态。随着大家对自己的专业知识的了解和对未来职场的认识的加深，将逐渐把个人理想同社会理想结合起来，并进而产生一种使命感、责任感。这个过程就是由自发追求理想到自觉追求理想的转变过程。

理想的确立也是需要经历一个由迷惑状态到清晰状态的过程，大学生大多并非开始就有非常明晰的追求目标，往往需要接受包括理想教育在内的教育后，才逐渐形成科学的、崇高的理想信念，进入充满内动力的学习生活状态之中。部分同学经历高考竞争，实现了高中所追求的大学梦想，远离父母，很容易放松对更高、更大、更长远的目标追求。甚至还有一些同学开始放纵自己，贪图安逸和享受，没有奋斗目标，没有精神追求，常感叹空虚无聊。培根认为，毫无理想而又优柔寡断是一种可悲的心理。因而我们讲，理想信念关涉大学生的精神生活状态和他所追求的人生境界。

第二点，理想信念关涉大学生成长成才成功。大学生学习生活和未来职业发展都离不开实际的行为，尤其是在正确认知指导下的行为、在科学理论指导下的高效能的行为。美国新行为主义代表人物爱德华·托尔曼认为，人类的整体行为具有四个基本特征，一是趋向或者避开某个目标；二是利用环境和条件达到某个目标，具有认知的特征；三是遵循最小努力原则；四是具有可教性。这些观点说明，通过理想信念教育是可以塑造大学生高效能学习和职业行为，达到成长成才的目的。现代心理学研究成果表明，心理资本可以带来决定性的竞争优势。拥有过人的心理资本的个人，能承受挑战和变革的压力，可以成为优秀的员工、管理者和创业者，从逆境走向顺境，从顺境走向更大的成就。自信、乐观、坚韧的人，勇于创新，敢于创新，能够因地制宜地将知识和技能发挥到最大限度，成就自己也成就事业。人的这种根据自身的需要、兴趣、动机，确立自己的目标，制订计划，选择科学的手段和方法，体现着人类独特的、具有创造性的、高贵的生活。

第三点，理想信念更是关涉国家富强、民族振兴的大事。大学生是祖国的未来和民族的希望，是国家富强、民族复兴的生力军，是中国梦的圆梦者和见证者。习近平总书记指出："中国梦是历史的、现实的，也是未来的。中国梦凝结着无数仁人志士的不懈努力，承载着全体中华儿女的共同向往，昭示着国家富强、民族振兴、人民幸福的美好前景。"① "中国梦是国家的、民族的，也是每一个中国人的。国家好、民族好，大家才会好。只有每个人都为美好梦想而奋斗，才能汇聚起实现中国梦的磅礴力量。"② "中国梦是我们的，更是你们青年一代的。中华民族伟大复兴终将在广大青年的接力奋斗中变为现实。"③ 大学生应该用积极主动的行为响应总书记的号召，自觉把个人的梦想和祖国繁荣富强的伟大梦想结合起来。

学生：老师，我明白了，理想信念不仅关乎个人的精神追求与我们自身的成长成才，更关系到我们国家富强、民族振兴。看来我们大学生学习理想信念确实很有必要。那么，在这一章中，我们需要学习的重点和难点又是什么呢？

教师：本章学习的重点是：理想、信念的内涵，树立马克思主义信仰，理想与现实辩证关系，个人理想与社会理想辩证关系。本章学习的难点聚焦在对三个问题的回答上：一是，大学生如何树立马克思主义信仰；二是，大学生如何正确对待理想实现过程中的顺境与逆境？三是，大学生如何做到"成才之梦"与中华民族"复兴之梦"的结合？

学生：我们学习这一章节的内容需要达到什么样的基本要求呢？

教师：老师想给大家提出五点要求：第一是要理解、掌握理想信念基本概念，领悟理想信念对大学生的作用，确立马克思主义科学的理想信念，树立中国特色社会主义共同理想。第二是内化马克思主义科学信仰和中国特色社会主义信念。第三是要反思与讨论如何把个人的生活理想、职业理想、道德理想、政治理想结合起来。第四是能够在教学、观摩、反思与讨论中，运用理想信念的知识，指导自己逐渐确立科学的理想信念。第五是要拓展知识面，进行课外阅读、思考励志名言警句、马克思主义经典著作、名人传记等，目的在于观摩和学习一些伟人、成功人士在理想信念追求过程中的经验。

（二）理想信念的含义

学生：老师，我觉得有些疑惑，究竟什么是理想？尤其是理想与空想和幻想到底

---

① 中共中央文献研究室：《习近平关于实现中华民族伟大复兴的中国梦论述摘编》，北京：中央文献出版社 2013 年版，第 16 页。

② 中共中央文献研究室：《习近平关于实现中华民族伟大复兴的中国梦论述摘编》，北京：中央文献出版社 2013 年版，第 26 页。

③ 中共中央文献研究室：《习近平关于青少年和共青团工作论述摘编》，北京：中央文献出版社 2017 年版，第 24 页。

有怎样的区别呢？

教师：有位叫流沙河的诗人说："理想是石，敲出星星之火；理想是火，点燃熄灭的灯；理想是灯，照亮夜行的路；理想是路，引你走到黎明。"理想是人生无穷动力的源泉。既然理想这么重要，那究竟什么是理想呢？理想是人们在实践中形成的、有实现可能性的、对未来社会和自身发展目标的向往与追求，是人们的世界观、人生观和价值观在奋斗目标上的集中体现。

理想同空想和幻想不同，空想和幻想是脱离社会现实的想象，超越社会历史条件。比如我国东晋时期诗人陶渊明所描绘的"桃花源"，这种美好而又虚幻的社会状态只能出现在文学作品的想象里。16 世纪英国人莫尔的《乌托邦》，意大利康帕内拉的《太阳城》，以及后来欧洲的三大空想社会主义思想家罗伯特·欧文、亨利·圣西门、沙利·傅立叶等提出的"空想社会主义"，都因缺乏实践和现实的历史条件，只能停留在"乌有"境地。还有历史上无数幻想狂人致力发明"永动机"，最后都因违背能量守恒定律不断被宣布为骗局。当然幻想也有其积极的意义，如果基于一定科学原理的想象，也能催生发明创造，只是人们界定为科学幻想。

学生：原来是这样，那么，理想怎么分类呢？

教师：按照主体不同划分，可分为个人理想和社会理想；按照性质不同可以划分为：科学理想和非科学理想；按照内容划分，可分为政治理想、道德理想、职业理想和生活理想。

学生：原来理想有这么多的类别，所以我们常常说的理想一词，根据不同的分类标准，它也有不同的具体内容。那么，理想有哪些基本特征呢？

教师：理想的基本特征有三点：超越性、实践性和时代性。理想的超越性是指理想不仅源于现实，而且超越现实，理想可以基于客观和科学的逻辑预见未来的现实。一方面，理想是人们一定社会实践的产物，同时它又超越了今天的实践；另一方面，理想必须通过人们的实践活动才能实现，同时它又指明了进一步实践的方向。实践产生理想，理想指引实践，理想与实践的相互作用推动着人们立足现实，着眼未来，在奋斗中追求，在追求中奋斗。

理想的实践性是指，理想源于实践，又指导着实践。理想在现实中产生，但它不是对现实的简单描绘，而是与奋斗目标相联系的未来的现实，是人们的要求和期望的集中表达。理想的内涵包含三个基本条件：其一，看它是否符合客观规律和社会发展趋势；其二，与现实比较，是否先进，具有追求的价值；其三，是否具备实行它的社会历史条件。否则就是空想。

理想的时代性是指，理想带有时代的烙印，在阶级社会里，还必然带有特定阶级的烙印。理想不仅受时代条件的制约，而且随时代的发展而发展。“饥饿的年代，理想是温饱；温饱的年代，理想是文明；离乱的年代，理想是安定；安定的年代，理想是繁荣。”诗人流沙河这几句诗就生动地描述了理想的时代性。

学生：老师，我们这一章的标题是“坚定理想信念”，那信念又是什么呢？

教师：信念是认知、情感和意志的有机统一体，是人们在一定的认识基础上确立的对某种思想或事物坚信不疑并身体力行的心理态度和精神状态。

学生：信念的基本特征又有哪些呢？

教师：信念具有执著性和多样性两个基本特征。执著性是指信念一旦形成就不会轻易改变，指引自己身心投入，高度专注、行动坚定不移地执行下去；多样性是指信念类型的多样性和信念层次的多样性。个体由于社会环境、思想观念、利益需要、人生经历和性格特征等方面的差异，会形成不同类型的信念。信念有高层次和低层次之分，并形成一个信念体系，高层次信念决定低层次信念，最高层次信念就是信仰，具有最大的统摄力。

学生：我们经常听到理想信念连贯在一起，我很好奇，理想信念是不是可以作为一个专有的合成词？

教师：是的，理想信念在思想政治教育领域是一个合成词，是最高层次的理想和最高层次的信念的统一，不是指一般意义的生活理想或职业理想。其内涵是指对马克思主义科学的信仰和坚定社会主义理想信念。新时代的具体要求就是，在中国共产党领导下走中国特色社会主义道路、实现中华民族伟大复兴。

学生：您刚刚提到最高层次信念就是信仰，那什么是信仰呢？

教师：信仰是信念最集中、最高层次的表现形式。一般表现为科学信仰和非科学信仰。科学信仰是基于科学认识世界和人类社会发展规律所形成的真理性认识，并始终不渝地追求。非科学信仰是基于虚幻的世界、不切实际的观念、荒谬理论的迷信和狂热崇拜，是一种盲目信仰。

学生：我知道了，老师，那共产主义理想与社会主义理想又是什么关系呢？

教师：我们可以从长远理想和近期理想的联系与比较来理解共产主义理想与社会主义理想之间的关系。共产主义理想是当下我们国家的长远理想，也叫远大理想、崇高理想、科学理想，是人类社会追求的最高社会理想。共产主义社会是马克思恩格斯研究人类社会历史发展规律后揭示的一种必然实现的最高级的社会形态。在共产主义社会，将是物质财富极大丰富、实现按需分配、人民精神境界极大提高，每个人自由而全面发展的社会。共产主义是一种理想、一种学说、一种制度，更是一种实践，需要千百万人和一代又一代不懈努力才能实现的远大理想。是人类社会远大而又崇高的社会理想。我国的近期理想就是共同理想，共同理想跟长远理想是一致的。我们的共同理想就是中国特色社会主义．就是在中国共产党领导下，走中国特色社会主义道路，坚持和发展中国特色社会主义，实现中华民族伟大复兴。共同理想具体内涵，要求我们坚定对中国共产党的信任。中国共产党是中国工人阶级的先锋队，同时也是中国人民和中华民族的先锋队，是中国特色社会主义事业的领导核心。是全心全意为人民服务的政党，具有敢于坚持真理、勇于修正错误的坚毅品格和博大胸怀。

新时代坚持和发展中国特色社会主义，总任务是实现社会主义现代化和中华民族伟大复兴，在全面建成小康社会的基础上，分两步走在21世纪中叶建成富强民主文明和谐美丽的社会主义强国。事实证明，只有社会主义才能够救中国，只有中国特色社会主义才能发展中国。中国特色社会主义是当代中国发展进步的根本方向，是发展中国、稳定中国的必由之路。共同理想也还要求我们坚定实现中华民族伟大复兴的信心。实现中华民族的伟大复兴是近现代无数华夏儿女共同的心愿和梦想。现在，我们比历史上任何时期都更接近实现中华民族伟大复兴的目标，比历史上任何时期都更有信心、更有能力实现这个目标。

（三）理想信念的作用

学生：都说理想信念有重要作用，那么这些重要作用究竟体现在哪些方面呢？

教师：理想信念是人们的精神动支柱，是人们的精神之“钙”具体作用主要体现在二个方面：

其一，理想信念昭示奋斗目标。理想信念犹如大海上的航标，远涉沙漠里的指南针，给人们指明前进的方向。托尔斯泰有句名言：“理想是指路明灯。没有理想，就没有坚定的方向；没有方向，就没有生活。”理想使人们有明确的人生目标和方向，信念促进人们内在坚韧地迈向目标。

其二，理想信念提供前进动力。正如恩格斯指出的：“推动人去从事活动的一切，都要通过人的头脑……外部世界对人的影响表现在人的头脑中，反映在人的头脑中，成为感觉、思想、动机、意志，总之，成为‘理想的意图’，并且以这种形态变成‘理想的力量’。”① 理想信念是人生前行的不竭精神动力，是一个人生命的加油站。

其三，理想信念提高精神境界。理想信念是人的精神世界的核心，也是标志着人的境界的重要标尺。人的精神世界建构是一个非常复杂的过程，既需要确立认识奋斗目标方向，也需要循序渐进系统构建，其间还会遇到各种诱惑、迷茫、空虚，没有理想信念也许会堕落或变节。精神世界持久的充实与幸福就是理想信念重要的功能，人们通过不断朝自己设想的目标努力奋斗，每向前迈进一步就会带来精神心理成功的愉悦感，人的精神境界就得到一层的提升。

学生：老师，我知道有一本世界畅销书叫《信仰的力量》，您讲理想信念的力量是否跟这本书讲的观点一样？

教师：基本原理一样，但是内涵有差异。19世纪英国社会改革家塞缪尔·斯迈尔斯所著《信仰的力量》一书畅销一百多年，被誉为改变和影响西方道德文明的著作。他阐述了精神力量的来源是信仰，但是没有揭示科学的理想信念的力量才是人类走向光明和幸福的力量源泉。心理学研究表明，通过“信仰”来控制社会性的行为，是可以用人为操作的办法来加以实现的。千万人同一信仰，便会形成统一行动的巨大力量，所以信仰是对群体行为控制的最高层次的方法。但是，信与不信是一回事，所信孰真孰假又是另一回事。所信属真可以形成惊人的社会建设力量，所信若谬则可以变为可怕的社会破坏力量。所以一些反动组织或邪教组织也会通过虚幻的所谓的“神”的信仰，操纵被洗脑的信徒对抗政府和文明社会，也能形成一股破坏性的力量，甚至会出现反人类的行动。

学生：那我们怎么才能汇聚理想信念的力量呢？

教师：汇聚理想信念的力量就是通过理想信念教育来实现。马克思曾指出：“批判的武器当然不能代替武器的批判，物质力量只能用物质力量来摧毁。但是理论一经掌握群众，也会变成物质力量。理论只要说服人，就能掌握群众；而理论只要彻底，就能说服人。所谓彻底，就是抓住事物的根本。但是，人的根本就是人本身。”② 马克思这段精辟的论述也充分揭示了新时代中国特色社会主义伟大实践的根本动力和实现的策略，只要我们抓住了社会进步以及同人民群众生存和发展息息相关的问题，就能说服群众，从而掌握群众，并转化为群众实践的物质力量，并因此而改变世界。理想信

---

① 恩格斯：《路德维希·费尔巴哈和德国古典哲学的终结》，北京：人民出版社2014年版，第33页。

② 《马克思恩格斯选集》第1卷，北京：人民出版社1995年版，第9页。

念教育就是汇聚人民群众力量的根本途径。习近平总书记在庆祝中国共产党成立95周年大会上强调指出："坚持不忘初心、继续前进，就要坚信党的根基在人民、党的力量在人民，坚持一切为了人民、一切依靠人民，充分发挥广大人民群众积极性、主动性、创造性，不断把为人民造福事业推向前进。"中国共产党领导的有中国特色的社会主义伟大实践的根本目的，是为了最广大的人民群众的利益和满足人民美好生活的需要，通过对人民的理想信念教育才能充分动员群众自觉投身到社会主义伟大实践中去。

学生：理想信念拥有强大的力量，那如何才能让群众感受到这种力量的强大呢？

教师：一个最生动的例子，就是长征精神对群众的汇聚和感召。习近平总书记在纪念红军长征胜利80周年大会上的讲话中指出："长征胜利启示我们：心中有信仰，脚下有力量；没有牢不可破的理想信念，没有崇高理想信念的有力支撑，要取得长征胜利是不可想象的。"

学生：是啊，中华民族的伟大复兴事业任务很艰巨，社会主义的发展也会有曲折，不能汇聚强大理想信念的力量，几代中国人的梦想就会落空。

教师：人民有信仰，国家有力量，民族有希望。十九大报告讲得很真切啊！一定要通过理想信念教育来开发好这股力量。人民是历史的创造者，是决定党和国家前途命运的根本力量。发挥好这股力量的作用，伟大的梦想和伟大的事业的实现就是指日可待了啊！

（四）树立马克思主义的科学信仰

学生：老师您说过，信仰是信念的最高层次，感觉信仰似乎有点"高冷"呢。

教师：信仰是信念的最高层次，但是它并不是一个"高冷"的存在，分享一个关于信仰的生动故事给你听。1920年的春夜，浙江义乌分水塘村一间久未修葺的柴屋，两张长凳架起一块木板，既是床铺，又是书桌。桌前，有一个人在奋笔疾书。他的母亲在屋外喊："红糖够不够，要不要我再给你添些？"儿子应声答道："够甜，够甜的了！"谁知，当母亲进来收拾碗筷时，却发现儿子的嘴里满是墨汁，红糖却一点儿也没动。原来，儿子竟然是蘸着墨汁吃掉粽子的！他叫陈望道，他翻译的册子叫《共产党宣言》。墨汁为什么那样甜？原来，因为陈望道对马克思主义的信仰也是有味道的，甚至比红糖更甜。这是被习近平总书记五次点赞的《信仰的味道》的故事。信仰激发起人们内心强烈的、坚定不移的信念，它不高冷，反而更直戳人心、更紧扣心弦，正因为这种无以言喻的精神之甘、信仰之甜，使得无数的革命先辈情愿吃百般苦、甘心受千般难。

学生：我们为什么要树立马克思主义信仰呢？

教师：其一，马克思主义是科学性和革命性的统一。马克思主义深刻揭示了自然界、人类社会、人类思维发展的普遍规律，他创建了唯物史观和剩余价值学说，揭示了人类社会发展的一般规律，揭示了资本主义运行的特殊规律，为人类指明了从必然王国向自由王国飞跃的途径，为人民指明了实现自由和解放的道路。恩格斯说过，马克思首先是一个革命家。习近平总书记在纪念马克思200周年诞辰大会上的讲话指出：“马克思的一生，是为推翻旧世界、建立新世界而不息战斗的一生。”马克思主义是一种科学性、革命性和崇高性相统一的思想体系，是工人阶级和人民群众争取自身解放的力量源泉。

其二是马克思主义具有鲜明的实践品格。马克思主义以改造世界为己任，指引着人民改造世界的行动。170多年来，在马克思主义的指导下，社会主义由空想变成科学，由科学理论转变为社会实践。社会主义国家的诞生，深刻改变着人类历史的走向，也深刻地改变了中国，中国共产党人把马克思主义基本原理同中国革命、建设和改革开放的具体实际结合起来，事实证明了只有社会主义才能救中国，只有中国特色社会主义才能发展中国。当今，马克思主义同新时代中国具体实际结合起来，将再次以铁一般的事实证明，只有坚持和发展中国特色社会主义才能实现中华民族伟大复兴！站起来、富起来、强起来都离不开马克思主义理论的指导。对马克思主义的信仰能产生巨大的社会力量，其通过一种情绪化的表现形式规范人的行为，也可以动员社会成员产生巨大的能量。

其三是马克思主义具有持久的生命力。这种理论具有与时俱进的理论品格和持久的生命力。马克思主义发展史，就是马克思、恩格斯以及他们的后继者不断根据时代、实践、认识发展而发展的历史，是不断吸收人类历史上一切优秀思想文化成果丰富自己的历史。《共产党宣言》发表170多年来的实践证明，马克思主义只有与中国国情相结合、与时代发展同进步、与人民群众共命运，才能焕发强大的生命力、创造力和感召力。马克思主义中国化就是这种结合的典范。我们要继续坚持用马克思主义观察时代、解读时代、引领时代，用鲜活丰富的当代中国实践来推动马克思主义发展。

学生：那我们要怎样确立马克思主义信仰？

教师：首先，要确信马克思主义理论是真理性的思想体系，马克思主义客观真实地揭示了人类社会发展的规律，并真诚信奉马克思主义理论作为自己的行为准则指南，真诚认同马克思主义所描绘的共产主义理想社会制度。

其次，要自觉以马克思主义世界观、方法论武装自己的头脑，树立马克思主义世界观、人生观、价值观，坚决与非马克思主义思潮和马克思主义“过时论”等思潮决裂。

最后，大学生还要用自己的实际行动践行马克思主义，参与到马克思主义所倡导的改造世界活动中去，汇集马克思主义理论的力量，推动社会全面进步。

(五) 理想与现实——理想很丰满，现实很骨感

学生：老师，我感觉理想与现实还是存在差距呢，就像最近很流行的一句调侃的话，叫做“理想很丰满，现实很骨感”，您怎么看?

教师：这就涉及关于理想与现实之间关系的探讨了。我从三个问题来展开对理想与现实关系的分析：理想与现实的关系是什么、理想如何转化为现实、怎样排除动摇理想信念的现实干扰。

第一个问题：理想与现实是什么样的关系？理想与现实是对立统一的。对立表现在：理想高于现实，是现实的升华，现实跟理想有一定的差距。理想是指向未来的，总是比现实更美好，所以人们说，理想很丰满，现实很骨感。人们往往容易拿理想来否定现实，如果只看到对立一面，由此会产生错误的认识：理想太遥远，不如“现实”一点好。统一的一面表现在：现实是理想的基础，理想是未来的现实。一方面，现实中包含有理想的因素，孕育着理想，在一定条件下，现实必定转化为理想。另一方面，理想中包含着现实，既包含着现实中必然发展的因素，又包含着由理想转化为现实的条件，在一定条件下，理想可以转化为未来的现实。脱离现实而谈理想，理想就会成为空想。

第二个问题：理想如何转化为现实？答案是毋庸置疑的：第一点，也是首要的一点，实践，只有实践，才是通往理想彼岸的桥梁。社会理想靠一代又一代的社会人去实践，个人理想靠自己坚持不懈的行动去实现，而且个人只有把自己的行动同社会实践结合起来，才是顺应历史的发展，最终达到自己的奋斗目标。在社会主义革命时期，无数革命先烈就是依靠坚定的理想信念，甚至不怕牺牲，用自己的实际行动去实现伟大的理想，夏明翰就是那个时代的英雄代表——“砍头不要紧，只要主义真。杀了夏明翰，还有后来人。”面对国民党反动军警的屠刀，写下了这千古绝唱的就义诗，激励后来无数革命者前赴后继，终于缔造了社会主义的中华人民共和国，结束了民族危亡

和民族落后的历史。如果每个人都想轻轻松松，明哲保身，社会不可能进步，民族不可能兴旺，国家不可能富强。目前我国的社会实践是中国特色社会主义的伟大实践，各族人民、各界精英都在中国共产党的领导下，努力着参与到实现中华民族的伟大复兴的实践中，每个人都在奉献自己的力量。建设事业虽然没有了战争时期的腥风血雨，但是历史清楚地告诉我们，落后就要挨打，发展就是硬道理。

要想实现自己的理想，必须有积极的行动，并为将来走进职场打拼创造条件。陈毅元帅在《赠郭沫若同志》的文章中说过："我们如果没有理想，我们的头脑将陷于昏沉；我们如果不从事劳动，我们的理想又怎样实现？我们是世界上最大的理想主义者！我们是世界上最大的行动主义者！我们是世界上最大的理想与行动的综合者！"青年学生要把理想转化为现实，必须具备科学的世界观、人生观、价值观，这是确立和指导理想信念的重要前提。其次要努力掌握现代科学知识和技能，塑造良好的综合素质和创新能力，这是作为知识群体实现自己理想的看家本领；第三，实现自己的理想，需要培养自己坚强的意志和乐观的态度；第四，就是需要具备敢于拼搏的胆略和勇于奉献的精神。

学生：老师，您讲到这里，让我想起诗人艾青说过的一句话："梦里走了许多路，醒来还是在床上。"这句话太形象了。有理想但无实践，就会裹足不前，这种现象在一些青年大学生身上也不乏显现。把实践作为理想转化为现实的首要途径，这是必然结论。除此之外还应该注意什么呢？

教师：这就是我要说的两点：第一，应该认识到，实现理想是一个长期的、艰巨的和曲折的实践过程。实现理想，创造未来，必须有战胜种种艰难险阻的坚定不移的信心和坚韧不拔的毅力。理想变为现实不是一蹴而就，一帆风顺的，往往会遭遇波澜和坎坷。迎高潮而快上，乘顺风而勇进，这是身处顺境的学问，是善于抓住机遇不断丰富与完善自己的方式；处低谷而力争，受磨难而奋进，这是身处逆境的学问，是将压力变动力之所为。处顺境时切莫得意忘形，因为顺境可能只是一时的，必须做好遇到逆境的心理准备；当身处逆境时，也不要悲观失望，只要勇于战胜逆境，顺境就在前面。勇于正视顺境和战胜逆境，远大的理想就一定能够实现。第二，应该注意，艰苦奋斗是实现理想的重要条件。在实现理想的过程中，没有艰苦奋斗的精神，理想是不会自动转化为现实的。2013 年五四青年节，习近平总书记在同各界优秀青年代表座谈时的讲话中指出："广大青年一定要矢志艰苦奋斗。'宝剑锋从磨砺出，梅花香自苦寒来。'人类的美好理想，都不可能唾手可得，都离不开筚路蓝缕、手胼足胝的艰苦奋斗。我们的国家，我们的民族，从积贫积弱一步一步走到今天的发展繁荣，靠的就是一代又一代人的顽强拼搏，靠的就是中华民族自强不息的奋斗精神。”

学生：怎样排除动摇理想信念的现实干扰呢？

教师：对理想与现实关系的分析从三个问题展开：一是理想与现实的关系是什么，二是理想如何转化为现实，三是怎样排除动摇理想信念的现实干扰。面对科学的理想信念，往往也会有怀疑、质疑的声音。现代社会是一个开放的社会，各种文化信息交织在一起，自由化思潮、民粹主义思潮、复古主义等思潮也时常侵蚀、干扰着人们科学理想信念的确立。如果没有坚定的信念和鉴别力，这些思潮会动摇人们的理想信念，甚至断送中华民族复兴伟业，青年要自觉抵御这些错误思潮的危害。面对现实生活中的问题和一些丑恶社会现象也不能丧失信心。我们毕竟还处于社会主义初级阶段，在经济生活中存在一些发展不平衡和不协调的问题；在人口发展上也存在着很大的压力；在人民的健康和社会保障上还有很多需要改进的方面；在党风和社会风气上还要加强建设。但这些都只是发展中的问题，都不能否定中国特色社会主义建设事业取得的伟大成就，也不是我们丧失信仰、信念、信心的充分的理由。

（六）坚持个人理想和社会理想的统一——天下兴亡，匹夫有责

学生：老师，您之前讲到，在理想的分类中，按照主体不同划分，可分为个人理想和社会理想。那么，个人理想与社会理想的关系是什么呢？

教师：所谓个人理想是指处于一定历史条件和社会关系中的个体对于自己未来的物质生活、精神生活所产生的种种向往和追求。而社会理想是指社会集体乃至社会全体成员的共同理想。反映着这个社会占统治阶级的利益和共同愿望。两者之间的关系实际上是个人与社会关系在理想层面的反映。理解两者之间的关系就要认识如下两点：

第一点，社会理想规定、指引个人理想。在整个理想体系中，社会理想是最根本、最重要的，而个人理想从属于社会思想。也就是说，个人理想的确立要以社会理想为引导，个人理想的实现，依赖于社会理想的实现。个人理想只有同国家的前途、民族的命运相结合，个人的向往和追求只有同社会的需要和人民的利益相一致，才能变为现实。

第二点，社会理想是对社会成员个人理想的凝练和升华。社会是个人的联合体，社会理想与个人理想密不可分。社会理想不是凭空产生的，也不是外在力量强加的，而是建立在无数个人理想基础上的，是对社会成员个人理想的凝练和升华。社会理想

的实现归根结底要靠社会成员的共同努力，并体现在实现个人理想的具体实践之中。

学生：那共同理想是又怎么形成的？为什么要坚持中国特色社会主义共同理想？

教师：第一点，共同理想的形成是一个历史的过程。深植根于时代、历史和现实之中，是一种历史的必然，不以人们的主观意志为转移。中华民族是一个历史悠久的伟大民族，有着五千多年的历史文明，为人类发展和进步作出了举世瞩目的贡献。但是近代以来，中国沦为半殖民地、半封建国家，国家积贫积弱，人民饱受磨难，为拯救民族危亡，中国人民进行了长期探索和斗争，许多仁人志士为之流血牺牲，但并没有改变中国人民的悲惨命运。是中国共产党在历史紧要关头担负起了实现中华民族伟大复兴的庄严使命，团结和带领全国各族人民完成了民族独立，人民解放的历史任务，为实现民族复兴奠定了最重要的基础。

社会主义制度在我国确立，开启了在社会主义道路上实现中华民族伟大复兴的征程。党的十一届三中全会以后，我们找到了建设和发展中国特色社会主义的道路，实现民族的伟大复兴事业获得了强大的生机，社会主义建设事业取得了举世瞩目的成就，中华民族的伟大复兴展现出前所未有的光明前景。1949 年以前半殖民地半封建的社会性质，决定了各族人民的共同理想是推翻“三座大山”。中国共产党把人民紧紧地团结起来，组织起来，开展革命斗争，才取得了新民主主义革命的伟大胜利。在长期的奋斗中，中国人民认识到只有社会主义才能救中国。中华人民共和国成立后，中国共产党领导全国各族人民进行社会主义建设，得到了广大人民群众的拥护。中国特色社会主义建设的伟大实践需要科学的理论体系指导，包括毛泽东思想、邓小平理论、“三个代表”重要思想和科学发展观在内的科学理论体系。党的十八大以来，习近平发表了一系列重要讲话，特别是“四个全面”战略布局，开拓了马克思主义发展的新境界，实现了马克思主义思想的又一理论飞跃——习近平新时代中国特色社会主义思想。

第二点，中国特色社会主义共同理想凝聚着党、国家、民族、个人利益和愿望。集中代表了中国工人、农民、知识分子和其他劳动者、建设者、爱国者的利益和愿望，具有广泛社会共识，具有令人信服的必然性、广泛性和包容性，能获得最大的民族认同感，能激发最广大的人民智慧和力量。

第三点，中国特色社会主义共同理想是马克思主义科学理论同中国国情和具体实际结合起来形成的最成功的理想典范。是党和人民九十多年奋斗、创造、积累的根本成就，必须加倍珍惜、始终坚持、不断发展；我们要坚定这样的道路自信、理论自信、制度自信！

学生：那我们要如何处理个人理想和社会理想之间的关系呢？

教师：第一点，个人理想应该主动融入社会理想。没有国家的前途，就没有青年的前途。国家和民族的希望也都寄托在青年身上。毛泽东同志在 1957 年访问苏联时，于莫斯科大学接见中国留学生时说道："世界是你们的，也是我们的，但是归根结底是你们的。你们青年人朝气蓬勃，正在兴旺时期，好像早晨八九点钟的太阳。希望寄托在你们身上。"青年大学生只有把个人理想同国家的需要结合起来才大有作为，把个人的命运同人民的命运结合起来，民族才能兴旺。

第二点，社会理想不会压制个人理想。大学生对未来生活的追求和向往，不能脱离当代中国的社会理想。坚持和发展中国特色社会主义，实现民族的伟大复兴，这是当代中国最大的理想。这一社会理想具有极大的包容性和方向指导性，能够指导每一个人根据自己的特点和需要，形成自己在生活、职业、道德等方面的理想信念。那种认为社会理想与个人理想无关，甚至认为社会理想压制个人理想的看法是完全错误的。

第三点，大学生把自己的专业知识和能力奉献给社会，就是实现了个人理想与社会理想的统一。选择了自己的大学专业之后，你将依靠在大学所学到的专业成就自己的事业，未来的事业正是社会所需，民族所望，这就实现了个人理想与社会理想的统一。

三、释疑解惑

※ 理想信念是属于少数人的课题吗？

理想信念不是少数人青睐的奢侈品，而是所有人民群众都应修炼的重要课题。马克思、恩格斯指出："过去的一切运动都是少数人的，或者为少数人谋利益的运动。无产阶级的运动是绝大多数人的，为绝大多数人谋利益的独立的运动。"① 中华人民共和国是中国共产党领导的广大人民群众取得伟大胜利后成立的社会主义国家，实现人民民主专政，把共产主义作为最崇高的理想和奋斗目标，最广大的人民群众成为国家的主人，还需要在中国共产党的领导下人民大众广泛参与和奋斗，这不是少数人的理想和奋斗目标。革命先烈和前辈用鲜血和生命找到的真理，我辈要不忘初心，继承先辈遗志，踏着先辈的足迹，沿着中国特色社会主义道路共同前进，每个人都要做到不掉队、不跑偏，既要珍惜来之不易和平发展机遇，又要胸怀共产主义理想，坚定中国特

① 《马克思恩格斯选集》第 1 卷，北京：人民出版社 2012 年版，第 411 页。

色社会主义信念，矢志不渝奔向民族复兴，国家富强，人民幸福的美好未来。为人民谋幸福，为民族谋复兴，是一代又一代中华儿女的共同责任。

对理想信念矢志不渝的也许开始是少数人，但如果始终只是少数人的，那么伟大的解放事业、中华人民共和国的建设事业，以及改革开放的伟大成就是无法完成的。过去也正是这些少数，影响带动大多数，才成就了中华民族苦难中的成长。这个“少数”与“多数”不是对立的关系，而必须是统一的，“少数”产生于“多数”，带动“多数”，脱离“多数”的“少数”是注定会失败的。抓关键“少数”的理想信念，是极其重要的，同时把“多数”的人民群众理想信念构筑起来，才能完成人民的共同使命。

※ 如何看待“没有理想信念不是照样活吗?”

理想是人类本性的表现，是区别于动物的一个重要属性，一个健全的人很难说没有任何理想。“没有理想信念不是照样活吗?”这种观点本身就是矛盾的，也是没有真正理解理想信念科学内涵的错误认识。大学生应该清楚我们所生活的是建设有中国特色的社会主义新时代，我们所处的环境是文化多元、竞争日趋激烈的信息环境。个人的生活理想不能脱离社会大环境，不能超脱于所处的时代。理想信念正是要把个人的理想同社会的理想结合起来，真实地生活在现在，生活在这里。自私的、狭隘的、片面的追求个人生活理想，注定是痛苦的没有灵魂的异化的人生。理想信念是人生必需的坐标，是人的精神支柱和精神动力，是一个人安身立命的基石。

大学时代是人生观形成的关键时期，认知存在一定局限性可以理解。但是当代大学生不能停留在肤浅的自我认识的程度和境界而拒绝成长，必须把人的精神追求这样的根本性问题作为自己重要的学习任务和课题进行深邃思考，坚定科学的理想信念，明智地选择人生健康发展的道路，消除精神心理的迷茫困惑，排除消极腐朽思想的干扰，努力把生活理想、职业理想、道德理想和政治理想结合起来，把个人理想与社会理想结合起来，把理想与现实结合起来。这样的人生才会少走弯路或不走弯路，这样的精神才会少些痛苦，这样的生活才不会脱离现实。

※ 马克思主义信仰是不是宗教信仰?

马克思主义信仰就是对社会主义和共产主义的信仰，对未来美好社会和美好生活的向往。理想社会需要调动人的主观能动性，积极参与社会实践，在认识自己、认识规律、认识世界的过程中改造世界，让这个世界更加美好。

马克思主义具有科学性的本质特征，对马克思主义的信仰就是尊重科学，注重实证和人的理性，这与宗教信仰有着根本区别。马克思主义是唯物论和辩证法的统一，是唯物主义自然观和历史观的统一。科学地揭示客观世界、人类社会发展的规律，这些规律都是不以人的意志为转移的客观存在。这使得马克思主义本身是可以客观的接受批评，接受新的内涵的，具有巨大的生命力。

马克思主义的信仰是批判世界、改造世界、改造社会的信仰，马克思主义哲学、政治经济学、科学社会主义都是以客观事实为依据，是来源于实践又指导实践的真理。这是马克思主义理论本身的实践性所决定的，不是纯粹精神世界的自我救赎。

马克思主义信仰是代表绝大多数劳动人民的信仰。其辩证唯物主义，让人们明白看待世界的方式更加客观，不再排斥其他有用的理论。其科学社会主义理论，揭示了广大劳动大众用自己的智慧和劳动推动社会不断向前发展。马克思主义信仰，相信真理一经掌握了群众就会给群众巨大的力量，给人民群众创造美好的生活。

马克思主义者的信仰心态是一种乐观的、奋斗的、自信的心理精神状态，一种积极入世的精神状态，与一些宗教信仰不同，她不是抑郁的、依赖的、悲观认命的、悲天悯人的精神状态。习近平总书记倡导在中国特色社会主义建设道路上，坚持“四个自信”，充分展示了中国马克思主义者积极的奋斗者的心态。

四、理论前沿

（一）新时代理想信念的极端重要性

2012 年 11 月 17 日，习近平在中共中央政治局第一次集体学习时强调：理想信念就是共产党人精神上的“钙”，没有理想信念，理想信念不坚定，精神上就会“缺钙”，就会得“软骨病”。党员干部如此，一个执政党领导的一个国家、一个民族亦如此。国家兴旺，民族复兴，都需要人民有精神，有骨气，通过人民的共同努力奋斗，才能达到理想的彼岸。习近平总书记的讲话精神振奋了理论界研究热情。只有坚定理想信念，才能把握正确方向。只有坚持正确的政治方向，最重要的是保持对马克思主义的坚定信仰，对共产主义理想的坚定信念，对中国特色社会主义的坚定信心。只有这样，站位才会高，眼界才会宽，心胸才会开阔。只有坚定理想信念，才能增强不竭动力，伟大的事业才会成功。当前，国际形势风云变幻，世情、国情、党情也发生着深刻的变化，我们党面临的执政考验、改革开放考验、市场经济考验、外部环境考验是复杂的、严峻的，精神懈怠危险、能力不足危险、脱离群众危险、消极不廉洁危险更加尖锐地摆在全党面前。只有坚定理想信念，才能应对风险挑战，才能巩固党的执政地位、完成党的执政使命，经受住“四大考验”，消除“四大危险”。

（二）理想信念动摇是最危险的动摇

在建设中国特色社会主义的新时代，习近平总书记警示全党，理想信念动摇是最危险的动摇，理想信念滑坡是最危险的滑坡。一个政党的衰落，往往从理想信念的丧失或缺失开始。历史上，“东欧剧变”就是因为丧失了理想信念最后导致苏联精神世界和社会主义事业的崩塌。敌对势力始终是不希望中国发展壮大的，一个分裂动乱、软弱涣散的中国才符合他们的利益。他们以意识形态领域为突破口，进行政治信仰上的颠覆、价值观念上的渗透、生活方式上的侵蚀，手段不断翻新、形式更加隐蔽。目的就是要动摇我们的理想信念，策划“颜色革命”，颠覆中国共产党领导和我国社会主义制度。从不遗余力搞“和平演变”，到大肆鼓吹历史虚无主义、“宪政民主”和“普世价值”等错误思潮，再到极力推销新自由主义、质疑改革开放，敌对势力对我国实施西化、分化战略，从未消停过。我们党是否坚强有力，既要看全党在理想信念上是否坚定不移，更要看每一位党员在理想信念上是否坚定不移。

五、学习测试

（一）单项选择题

1. 人们在一定的认识基础上确立的、对某种思想或事物坚信不疑并身体力行的精神状态是：（　　）

A. 信念　　B. 理想　　C. 情感　　D. 意志

答案：A

2. 人们在实践中形成的、有实现可能性的、对未来社会和自身发展目标的向往与追求，是人们的世界观、人生观和价值观在奋斗目标上的集中体现的精神现象是：（　　）

A. 信念　　B. 意志　　C. 情感　　D. 理想

答案：D

3. 从本质上讲，理想和信念都是人类在(　　)的基础上产生的一种特殊的社会意识和精神现象：(　　)

A. 社会实践　　B. 哲学思维　　C. 思想发展　　D. 科学研究

答案：A

4. 下列关于大学生树立中国特色社会主义共同理想的说法，错误的是：(　　)

A. 坚定对中国共产党的信任

B. 坚定中国特色社会主义信念

C. 坚定实现中华民族伟大复兴的信心

D. 坚决排斥其他信仰

答案：D

5. 党的十八大提出了与实现中华民族伟大复兴“中国梦”相辅相成的“两个一百年”奋斗目标：“到中国共产党成立100年时全面建成小康社会的目标一定能实现；到中华人民共和国成立100年时建成富强、民主、文明、和谐的社会主义现代化国家。”——“两个一百年”奋斗目标是理想(　　)特征的集中体现。

A. 阶级性　　B. 现实性　　C. 超越性　　D. 社会性

答案：C

6. “饥寒的年代里，理想是温饱；温饱的年代里，理想是文明。离乱的年代里，理想是安定；安定的年代里，理想是繁荣。”这一句诗体现了理想的(　　)特征：

A. 超越性　　B. 实践性　　C. 时代性　　D. 阶级性

答案：C

7. 个人理想与社会理想的关系实质是：(　　)

A. 个人与社会矛盾的体现

B. 社会对个人的支撑体现

C. 个人与社会的关系在理想层面的反映

D. 社会与个人互动关系的体现

答案：C

8. 理想信念是人精神上的“钙”。没有理想信念，理想信念不坚定，精神上就会“缺钙”，就会得“软骨病”。关于理想信念，下列说法错误的是：(　　)

A. 理想是对信念坚信不疑的追求

B. 信念是追求理想的强大动力

C. 理想和信念既区别又联系

D. 理想是信念的根据和前提

答案：A

9. 信念最集中、最高的表现形式是：(　　)

A. 意志　　B. 理想　　C. 情感　　D. 信仰

答案：D

10. 社会主义运动的历史进程，充分印证了社会理想实现的道路是长期、艰巨和曲折的。但是社会主义和共产主义的理想与实践不仅没有进入历史博物馆，反而在长期的艰辛探索中焕发出更强大的生命力，展现出更加光明的前景。这是因为社会主义和共产主义的社会理想：(　　)

A. 与现实不存在冲突

B. 比资本主义的社会理想出现时间更早

C. 体现了科学性和革命性的统一

D. 在实践中战胜了其他一切性质的社会理想

答案：C

11. 如果说现实是此岸，理想是彼岸，那么唯有(　　)才能架起联通二者的桥梁：

A. 意志　　B. 实践　　C. 执著　　D. 信念

答案：B

12. 下列表述对理想与现实的关系作出正确概括的是：(　　)

A. 对立统一　　B. 相互否定　　C. 比较竞争　　D. 互不干涉

答案：A

13. 理想的实现是一个过程，以下关于这个过程特征的错误概括是：(　　)

A. 长期性　　B. 曲折性　　C. 艰巨性　　D. 反复性

答案：D

(二) 多项选择题

1. 关于理想，下列说法正确的是：(　　)

A. 理想是一种精神现象

B. 理想是对现实的超脱

C. 理想是人们的世界观、人生观、价值观在奋斗目标上的集中体现

D. 理想受到时代条件的制约

答案：ACD

2. 关于理想特征的判断，以下概括正确的是：（ ）

A. 时代性 B. 实践性 C. 超脱性 D. 超越性

答案：ABD

3. 大学生只有确立马克思主义的科学信仰，坚持马克思主义的立场、观点和方法，坚持用马克思主义中国化最新成果武装头脑，才能在错综复杂的社会现象中看清本质、明确方向，这是因为：（ ）

A. 马克思主义是科学真理

B. 马克思主义是科学性、革命性和崇高性相统一的思想体系

C. 马克思主义是我们立党立国的根本指导思想

D. 马克思主义具有与时俱进的理论品格和持久生命力

E. 马克思主义科学预见了人类社会的发展方向

答案：ABCDE

4. 关于信念的特征，以下概括正确的是：（ ）

A. 多变性 B. 精神性 C. 执著性 D. 多样性

答案：CD

5. 不同的人由于社会环境、思想观念、利益需要、人生经历和性格特征等方面的差异，会形成截然不同乃至截然相反的信念。即使是同一个人，也会形成关于社会生活不同方面的信念。这说明：（ ）

A. 信念有不同的层次和类型 B. 信念的多样性是正常现象

C. 信念具有分散性 D. 信念具有执著性

答案：AB

6. 现阶段我国各族人民的共同理想，就是在中国共产党的领导下：（ ）

A. 建立共产主义社会 B. 坚持和发展中国特色社会主义

C. 实现中华民族伟大复兴 D. 达到总体小康

答案：BC

7. 关于中国特色社会主义共同理想，下列说法正确的是：（ ）

A. 是民族、国家与个人共同愿望的有机结合

B. 符合所有人的个人理想

C. 有着广泛的社会共识

D. 由我国特殊的历史与国情决定形成

答案：ACD

8. 我国著名诗人流沙河这样描述理想：“世界上总有人抛弃了理想，理想却从来不抛弃任何人。给罪人新生，理想是还魂的仙草；唤浪子回头，理想是慈爱的母亲。”这说明理想对人生具有(　　)的作用：

A. 提供前进动力　　B. 昭示奋斗目标

C. 决定能否成功　　D. 提高精神境界

答案：ABD

9. 有人喜欢感叹“理想很丰满，现实很骨感”，大学生在追求理想的过程中也往往容易对思想与现实的矛盾产生困惑。正确理解理想与现实的关系，应认识到：(　　)

A. 理想与现实的冲突属于“应然”与“实然”的矛盾

B. 理想受现实的规定和制约

C. 理想是未来的现实

D. 现实是理想的基础

答案：ABCD

10. 有人在实现理想的过程中遇到困难时，觉得理想遥不可及，还是“现实”一点好，丧失为理想而奋斗的信心和勇气，直至最终放弃理想。这种认识反映了在理想与现实关系问题上(　　)的错误倾向：

A. 用理想来否定现实　　B. 用现实来否定理想

C. 扩大理想与现实的对立　　D. 扩大理想与现实的统一

答案：BC

11. 大学生应正确分析自己的特点，认清自己的优势和劣势，根据实际情况，制定“跳一跳”能够达到的目标，才能扬长避短、不断进步，顺利实现自己的理想。这说明：(　　)

A. 现实是理想的基础　　B. 现实与理想高度一致

C. 理想高于现实　　D. 理想与现实既对立又统一

答案：ACD

12. 以辩证的思想方法来看待和处理理想与现实的矛盾，对“理想中包含着现实”

这一表述的正确理解是：(　　)

A. 理想中包含着现实中必然发展的因素

B. 理想中包含着由理想转化为现实的条件

C. 不能脱离现实而空谈理想

D. 在一定条件下理想可以转化成未来的现实

答案：ABCD

13. 司马迁说："文王拘而演《周易》；仲尼厄而作《春秋》；屈原放逐，乃赋《离骚》；左丘失明，厥有《国语》；孙子膑脚，兵法修列；不韦迁蜀，世传《吕览》；韩非囚秦，《说难》《孤愤》；《诗》三百篇，大抵圣贤发愤之所为作也。"这段话说明：(　　)

A. 逆境消除了实现理想目标的可能性

B. 逆境是实现理想的必要条件

C. 努力克服逆境可以激发人追求理想的潜能

D. 在逆境中仍需坚持为理想而奋斗的精神动力

答案：CD

14. 理想必须通过实践才能转变为现实，在实践的过程中必须坚持艰苦奋斗的"传家宝"，这是因为：(　　)

A. 理想不会自动转化为现实

B. 艰苦奋斗是实现理想的权宜之计

C. 新时代赋予艰苦奋斗以新的时代内涵和实践要求

D. 艰苦奋斗可以避免对物质利益的要求

答案：AC

15. 下列关于个人理想与社会理想的关系，表述正确的有：(　　)

A. 社会理想指引个人理想

B. 社会理想是对社会成员个人理想的凝练和升华

C. 个人理想的具体实践体现社会理想的实现

D. 个人理想的实现依托社会理想的实现

答案：ABCD

16. "得其大者可以兼其小。"这句话说明在个人理想与社会理想的关系中：(　　)

A. 社会理想凝练和升华了个人理想

B. 社会理想就是每个人理想的总和

C. 社会理想为个人理想提供方向性指导

D. 社会理想为个人理想的实现提供条件

答案：ACD

17. 大学生在中国梦的实践中放飞青春梦想，应该做到：(　　)

A. 立志当高远　　B. 立志做大事

C. 立志须躬行　　D. 立志应从己

答案：ABC

18. 2013 年 5 月 4 日，习近平在同各界优秀青年代表座谈时的讲话中指出：“中国梦是全国各族人民的共同理想，也是青年一代应该牢固树立的远大理想。”青年大学生的个人梦与中国梦紧紧联系在一起，表明了：(　　)

A. 中华民族的振兴之梦也是大学生的成才之梦

B. 大学生与祖国共享出彩机会、共同成长与进步

C. 大学生成才梦想须与中国梦同步实现

D. 中国梦需要在广大青年的接力奋斗中变为现实

答案：ABD

(三) 简答题

1. 谈谈理想信念对大学生成长成才的重要意义。

答题要点：

(1) 大学生要用理想信念指引未来的奋斗目标；

(2) 理想信念为大学生提供前进动力；

(3) 理想信念为大学生提高精神境界。

2. 如何认识中国特色社会主义共同理想与共产主义远大理想的关系？

答题要点：

(1) 共产主义理想是长远理想，也叫远大理想、崇高理想、科学理想，是人类社会追求的最高社会理想。共产主义社会是马克思恩格斯研究人类社会历史发展规律后揭示的一种必然实现的最高级的社会形态。在共产主义社会，将是物质财富极大丰富、实现按需分配、人民精神境界极大提高，每个人自由而全面发展的社会。

（2）共同理想具体内涵，要求我们坚定对中国共产党的信任。

新时代坚持和发展中国特色社会主义，实现社会主义现代化和中华民族伟大复兴，在全面建成小康社会的基础上，分两步走，在21世纪中叶建成富强民主文明和谐美丽的社会主义强国。

（3）我国的近期理想就是共同理想，共同理想跟长远理想是一致的。

3. 结合自身实际，谈谈在实现中华民族伟大复兴进程中大学生肩负的责任。

答题要点：

（1）大学生要坚定理想信念，把实现中国梦作为自己未来奋斗的个人梦想结合起来，坚持“四个自信”，有担当地把国家的富强人民的幸福跟自己的奋斗目标结合起来；

（2）大学生要立志高远；

（3）大学生立志做大事；

（4）立志须躬行。

（四）讨论题

1. 诗人流沙河在一首诗中写道：“饥饿的年代，理想是温饱；温饱的年代，理想是文明；离乱的年代，理想是安定；安定的年代，理想是繁荣。”

2012年11月29日，习近平在参观《复兴之路》展览时的讲话中指出：“每个人都有理想和追求，都有自己的梦想。现在，大家都在讨论中国梦，我以为，实现中华民族伟大复兴，就是中华民族近代以来最伟大的梦想。这个梦想，凝聚了几代中国人的夙愿，体现了中华民族和中国人民的整体利益，是每一个中华儿女的共同期盼。历史告诉我们，每个人的前途命运都与国家和民族的前途命运紧密相连。国家好，民族好，大家才会好。”

请结合以上材料，谈一谈：

（1）理想有何特征？

（2）基于对理想特征的把握，试分析当前实现中华民族伟大复兴中国梦的重要意义。

（1）**答题要点：**

理想具有时代性，在阶级社会里还有阶级性；理想具有超越性，理想来源于现实，又高于现实；理想还具有实践性。

（2）**答题要点：**

①实现全面建成小康社会、建成富强、民主、文明、和谐的社会主义现代化国家的奋斗目标，实现中华民族伟大复兴的中国梦，就是要实现国家富强、民族振兴、人民幸福。这一目标既深深体现了今天中国人的理想，也深深反映了我们先人们不懈追求进步的光荣传统。

②从国家层面看，中国梦就是强国梦。从民族层面看，中国梦就是民族复兴梦。从人民层面看，中国梦就是每个中国人的梦。实现中国梦也需要每一个人的努力。

③大学生要积极参与到新时代中国特色社会主义建设实践中去，把个人的梦同中国梦结合起来，为实现“两个一百年”奋斗目标奉献自己的青春和才华。

2. 联系历史与现实，谈一谈你对实现理想的长期性、艰巨性和曲折性的认识。

答题要点：

（1）要认识到理想的实现是一个长期的、艰巨的、复杂的过程，要有艰苦奋斗的思想和心理准备，认识到幸福是奋斗出来的；

（2）实现理想过程中遇到顺境应该迎高潮而快上，乘顺风而勇进，防止自满自足，意志衰退；

（3）实现理想过程中遇到逆境应该处低谷而力争，受磨难而奋斗，防止悲观失望，动摇信念。

六、拓展阅读

1. 毛泽东：《青年运动的方向》，《毛泽东选集》第2卷，人民出版社1991年版。

【导读】《青年运动的方向》是毛泽东在延安青年群众举行的“五四运动”二十周年纪念会上的演说。毛泽东在该文中围绕知识分子、青年学生必须与工农群众相结合这个主题，在对中国国情的系统考察和综合研究的基础上，发展了关于中国革命问题的思想，正确地评价了青年运动在中国革命中的地位和作用，总结了“五四运动”以来中国青年运动的历史经验教训，指明了中国青年运动的方向。《青年运动的方向》是指导中国青年运动的纲领性文献，在中国青年运动史上产生过重大作用和深远的积极影响。

2. 邓小平：《一靠理想二靠纪律才能团结起来》，《邓小平文选》第3卷，人民出版社1993年版。

【导读】1985年3月7日，邓小平同志在全国科技工作会议上作《改革科技体制是为了解放生产力》的讲话后，又即席作了一次重要讲话。针对改革开放初期，各类思潮涌入国门，对人们思想观念形成的冲击，邓小平深刻指出："我们这么大一个国家，怎样才能团结起来、组织起来呢？一靠理想，二靠纪律。"今天读来，这篇文献仍然可以给予我们诸多深刻启示。

3. 江泽民：《在纪念中国共产主义青年团成立八十周年大会上的讲话》，《江泽民文选》第3卷，人民出版社2006年版。

【导读】2002年5月15日，纪念中国共产主义青年团成立80周年大会在北京人民大会堂隆重举行。江泽民同志在大会上指出，中国青年运动80年的实践告诉我们，一切有理想有抱负的青年，只有在中国共产党的领导下，同人民紧密结合，为祖国奉献青春，才能大有作为。在全面建设小康社会，加快推进社会主义现代化的新的发展阶段，全国各族人民正在为实现现代化建设的第三步战略目标而努力奋斗。青年一代要承担起这个历史责任，就要坚持学习科学文化与加强思想修养，学习书本知识与投身社会实践，实现自身价值与服务祖国人民，树立远大理想与进行艰苦奋斗的四个统一，努力成长为有理想、有道德、有文化、有纪律的人，成长为对党和国家、对人民有所建树的人。

4. 习近平：《在同各界优秀青年代表座谈时的讲话》，《十八大以来重要文献选编》(上)，中央文献出版社2014年版。

【导读】2013年5月4日，中共中央总书记、国家主席、中央军委主席习近平来到中国航天科技集团公司中国空间技术研究院，同各界优秀青年代表座谈并发表重要讲话。习近平强调，青年最富有朝气、最富有梦想，青年兴则国家兴，青年强则国家强。广大青年要坚定理想信念，练就过硬本领，勇于创新创造，矢志艰苦奋斗，锤炼高尚品格，在实现中国梦的生动实践中放飞青春梦想，在为人民利益的不懈奋斗中书写人生华章。

5. 习近平：《在纪念红军长征胜利80周年大会上的讲话》，人民出版社2016年版。

【导读】2016年10月21日，纪念红军长征胜利80周年大会在北京人民大会堂隆重举行。习近平同志在会上发表重要讲话强调："心中有信仰，脚下有力量；没有牢不可破的理想信念，没有崇高理想信念的有力支撑，要取得长征胜利是不可想象的。"他指出，历史是不断向前的，要达到理想的彼岸，就要沿着我们确定的道路不断前进。每一代人有每一代人的长征路，每一代人都要走好自己的长征路。

6. 习近平：《在纪念五四运动100周年大会上的讲话》，人民出版社2019年版。

【导读】习近平总书记在纪念“五四运动”100周年大会上发表重要讲话，明确提出了新时代发扬五四精神的重要要求，深情寄语当代青年，鼓舞了全国各界青年积极拥抱新时代、奋进新时代的坚定信心。他指出，青年的理想信念关乎国家未来，勉励新时代的中国青年要树立远大理想、树立对马克思主义的信仰、对中国特色社会主义的信念、对中华民族伟大复兴中国梦的信心，鼓励广大青年要到人民群众中去，到新时代新天地中去，让理想信念在创业奋斗中升华，让青春在创新创造中闪光！

第三章
弘扬中国精神

实现中华民族伟大复兴的中国梦，必须弘扬中国精神，这就是以爱国主义为核心的民族精神和以改革创新为核心的时代精神。当代大学生担当者民族复兴的时代使命，要努力做忠诚的爱国者和走在时代前列的奋进者，用实际行动展现出中国精神的青春风采。

一、学习基本要求

（一）学习目的

深刻认识中国精神是兴国强国之魂，充分认识爱国主义的基本内涵及其时代要求，做忠诚的爱国者，并让改革创新成为青春远航的动力。

（二）学习要求

（1）要深入学习和理解重精神是中华民族的优秀传统，中国共产党是中华民族重精神优秀传统的忠实继承者和坚定弘扬者。重点领会中国精神是民族精神和时代精神的辩证统一，实现中国梦必须弘扬中国精神。

（2）要深入学习和把握爱国主义的基本内涵和新时代爱国主义的基本要求。理解爱国既需要情感的基础，也需要理性的认识，更需要实际的行动。只有把国家的安全、荣誉和利益放在高于一切的地位，始终做到爱国的深厚情感、理性认识和实际行动相一致，才是真正的爱国者。

（3）要充分认识创新创造是中华民族最深沉的民族禀赋。理解当代中国的社会发展离不开改革创新，坚持改革创新是新时代的迫切要求。新时代的大学生置身于实现中华民族伟大复兴的时代洪流之中，应当以时代使命为己任，勇做改革创新的生力军。

（三）学习主要内容

围绕“弘扬中国精神”这一主题，深入了解以爱国主义为核心的民族精神和以改革创新为核心的时代精神的基本内涵和时代要求。继承爱国主义的光荣传统，担当起民族复兴的历史重任，维护民族团结，促进祖国统一，努力做忠诚的爱国者和勇于创新的实践者，用实际行动展现出弘扬中国精神的青春风采。本章的主要内容见图4：

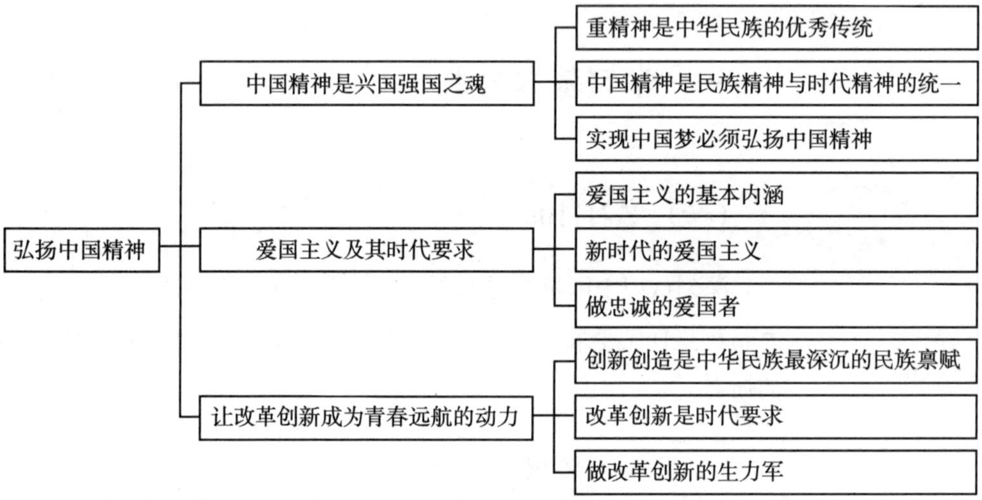

图4　第三章主要内容

1. 中国精神是兴国强国之魂

（1）在漫漫的历史进程中，中华民族不仅创造了光辉灿烂、享誉世界的中华文明，也塑造了独特的精神气质和精神品格，形成了崇尚精神的优秀传统。这一传统贯穿在中华民族筚路蓝缕的奋斗历程中，推动着中华民族的一路向前、发展壮大，是中华民族重要的精神标志。

（2）以爱国主义为核心的民族精神和以改革创新为核心的时代精神，构成了中国精神的基本内容。大力弘扬中国精神，培育中华民族共同的精神家园，既需要大力弘扬以爱国主义为核心的伟大民族精神，也需要大力弘扬以改革创新为核心的伟大时代精神。民族精神和时代精神共同构成了我们当今时代的中国精神。民族精神赋予中国精神以民族特征，是中华民族的精神独立性得以保持的重要保证；时代精神赋予中国精神以时代内涵，是中国精神引领时代前行、拥有鲜明时代性和强大生命力的重要根源。民族精神和时代精神的交融汇通，使得中国精神既具有鲜明的民族性，又洋溢着强烈的时代性，成为中华民族共有的精神家园、奋力实现复兴的强大精神力量。

（3）中国精神是兴国强国之魂。实现中国梦，必须弘扬中国精神，以高扬的精神旗帜为指引，以强大的精神支柱为支撑，团结凝聚全体人民的智慧和力量，为实现中国梦而努力奋斗。

2. 爱国主义及其时代要求

（1）爱国主义体现了人们对自己祖国的深厚感情，揭示了个人对祖国的依存关系，是人们对自己家园以及民族和文化的归属感、认同感、尊严感与荣誉感的统一。它是调节个人与祖国之间关系的道德要求、政治原则和法律规范，也是中华民族精神的核心。爱国主义的基本内涵包括：爱祖国的大好河山，爱自己的骨肉同胞，爱祖国的灿烂文化，爱自己的国家。

（2）新时代的爱国主义，既承接了中华民族的爱国主义优良传统，又体现了鲜明的时代特征，内涵更加丰富。新时代的爱国主义基本要求是：坚持爱国主义和社会主义相统一、维护祖国统一和民族团结、尊重和传承中华民族历史和文化、坚持立足民族的同时面向世界。弘扬新时代的爱国主义，必须团结全体社会主义劳动者、社会主义事业的建设者、拥护社会主义的爱国者、拥护祖国统一和致力于中华民族伟大复兴的爱国者，汇集起实现中国梦的磅礴力量。

（3）做忠诚的爱国者要求：维护和推进祖国统一、促进民族团结和增强国家安全意识。

3. 让改革创新成为青春远航的动力

（1）中华民族是富有创新精神的民族。我们的先民很早就提出了“苟日新，又日新，日日新”，“穷则变，变则通，通则久”等与创新创造有关的思想观念。在历史的漫漫长河中，变通求新、因革损益、革故鼎新、与时俱进、与日偕新等思想观念逐渐积淀为中华民族最深沉的民族禀赋。

（2）在当代中国，社会发展离不开改革创新，改革创新是社会发展的重要动力，坚持改革创新是新时代的迫切要求。只有通过全面深化改革，才能加快转变经济发展方式，推进经济结构战略性调整，在全社会积极营造鼓励大胆创新、勇于创新、包容创新的良好氛围，把创新驱动的新引擎全速发动起来，为我国经济社会发展提供前所未有的强劲动力。

(3) 新时代的大学生置身于实现中华民族伟大复兴的时代洪流之中，应当以时代使命为己任，把握时代脉搏，迎接时代挑战，增强创新创造的能力和本领，勇做改革创新的实践者，将弘扬改革创新精神贯穿于实践中、体现在行动上。

(四) 重点和难点

(1) 如何正确认识中国精神的传承、内涵和时代价值，努力弘扬以爱国主义为核心的民族精神和以改革创新为核心的时代精神，将中国精神转化为青春行动。

(2) 如何正确认识新时代爱国主义的基本要求，坚持把国家的安全、荣誉和利益放在高于一切的地位，始终做到与祖国同呼吸、共命运。

二、慕课学习

(一) 本章导学

教师：同学们好！今天我们开始学习第三章：弘扬中国精神。上一章我们学习了坚定理想信念，希望同学们树立远大理想，坚定崇高信念。本章将对中国精神相关内容进行讲解。

学生：谈到精神，就觉得是很宽泛、很抽象的概念，请问什么是中国精神呢？

教师：鲁迅在《中国人失掉自信力了吗》一文中谈到：“我们从古以来，就有埋头苦干的人，有拼命硬干的人，有为民请命的人，有舍身求法的人，……虽是等于为帝王将相作家谱的所谓‘正史’，也往往掩不住他们的光耀，这就是中国的脊梁。”

鲁迅所说的“中国的脊梁”，就是中华民族的精神支撑和精神动力，孕育于中华民族悠久辉煌历史文化之中的伟大的中国精神。

中国精神是民族精神与时代精神的统一。以爱国主义为核心的民族精神和以改革创新为核心的时代精神，构成了中国精神的基本内容。爱国主义始终是把中华民族坚强团结在一起的精神纽带，改革创新始终是鞭策我们在改革开放中与时俱进的精神力量。当代大学生担当着民族复兴的时代使命，大学生要担当起民族复兴的历史重任，最根本就是要努力做忠诚的爱国者和勇于创新的实践者，用实际行动展现出弘扬中国精神的青春风采。

学生：老师，本章的主要内容有哪些呢？

教师：本章我们将主要讲授以下三点：

（1）为什么要弘扬中国精神。我们来谈谈中国精神内涵、价值和意义。

（2）爱国主义及时代价值。我们将讲授爱国主义的基本内涵、新时代的爱国主义，以及在新时代我们大学生如何做忠诚的爱国者。

（3）让改革创新成为青春远航的动力。这里会谈到改革创新是时代的要求，我们大学生如何在中国特色的社会主义新时代做改革创新的生力军。

首先，我们来看看为什么要弘扬中国精神。

中国精神是兴国强国之魂，是实现中华民族伟大复兴不可或缺的精神支撑和精神动力。2016 年 10 月 21 日，习近平总书记在纪念红军长征胜利 80 周年大会上的讲话中指出："人无精神则不立，国无精神则不强。精神是一个民族赖以长久生存的灵魂，唯有精神上达到一定的高度，这个民族才能在历史的洪流中屹立不倒、奋勇向前。"

中华民族在 5000 多年的历史进程中，不仅创造出辉煌灿烂、享誉世界的中华文明，也塑造出中华民族独特的精神气质和精神品格，形成了崇尚精神的优秀传统。

重精神是中华民族的优秀传统，表现在中国古人对道德理性的不懈追求，表现在中华民族高度重视道德修养和道德教化，表现在普遍重视人生境界和理想人格。中华民族悠久辉煌的历史文化孕育了中国精神，涵养了伟大的民族精神和时代精神。

中国共产党是中华民族重精神优秀传统的忠实继承者和坚定弘扬者。在革命、建设、改革各个历史时期，中国共产党都强调要处理好物质和精神的关系，重视发挥人的精神的能动作用，中华民族重精神的优秀传统得到进一步发扬光大。

学生：我明白了，就像习近平总书记指出的一样：实现中国梦，必须弘扬中国精神！我们大学生应该了解、学习、继承和弘扬中国精神！

教师：说得好！接下来，本章将讲授以爱国主义为核心的民族精神。

民族精神是指一个民族在长期共同生活和社会实践中形成的，以本民族大多数成员所认同的价值取向、思维方式、道德规范、精神气质的总和。中国人民在长期奋斗中培育、继承、发展起来的伟大民族精神，为中国发展和人类文明进步提供了强大精神动力。

爱国主义是民族精神的核心。正是出于对自己故土家园、骨肉同胞和灿烂文化的眷恋与热爱，中华民族才能求同存异、团结统一，在自己的国土上繁衍生息，共同劳动、共同生活、共同发展，创造了灿烂的中华文明。历史表明，爱国主义是贯穿中国历史发展的一条主线，是各族人民共同的精神支柱。季羡林说：我生平优点不多，但自谓爱国不敢后人，即使把我烧成了灰，每一粒灰也还是爱国的。在经济全球化的条件下，必须坚持和弘扬爱国主义精神，坚持爱国主义与爱社会主义的统一，把维护祖国统一放在突出位置。大学生要高扬爱国主义旗帜，推进祖国统一、促进民族团结、增强国防意识，做忠诚的爱国者。中华民族伟大的民族精神还包括伟大创造精神、伟大奋斗精神、伟大团结精神和伟大梦想精神。

本章最后，会讲授以改革创新为核心的时代精神。时代精神是民族精神在新的历史条件下形成和发展的，体现民族特质并顺应时代潮流的思想观念、行为方式、价值取向、精神风貌和社会风尚的总和，是一种对社会发展具有积极影响和推动作用的集体意识。改革创新精神是中国人民在改革开放伟大实践中体现出来的精神品格和精神特质。

改革开放40多年来，党带领人民在继承和弘扬伟大民族精神的基础上，立足新的时代条件，赋予民族精神以新的时代内涵，形成了以改革创新为核心的时代精神。以改革创新为核心的时代精神体现为突破陈规、勇于改革、大胆探索、敢于创造的思想观念，体现为不甘落后、奋勇争先、追求进步的责任感和使命感，体现为坚韧不拔、自强不息、锐意进取的精神状态，这一时代精神生动反映了中国人民推进改革开放的每一步实践过程中的精神风貌。

在当代中国，改革创新是进一步解放和发展生产力的必然要求，是全面深化改革、推进经济社会全面发展的重要条件，是建设社会主义创新国家的迫切需要。只有坚持弘扬以改革创新为核心的时代精神，才能使全体人民始终保持昂扬向上的精神状态，才能不断推进中国特色社会主义伟大事业。大学生应该以时代使命为己任，树立改革创新的自觉意识，培养改革创新的责任感，增强改革创新的能力本领，将弘扬改革创新精神贯彻于实践中，体现在行动上。

学生：好的，老师，我们大学生会不断增强改革创新的本领，为实现中华民族的伟大复兴而不懈努力！

教师：同学们，我们一起加油！今天的课程就讲到这里，再见！

（二）重精神是中华民族的优秀传统

教师：今天我们来谈谈中华民族重精神的优秀传统。首先，我们来看一个例子。

颜回是孔子最得意的弟子，极富学问。他家里贫寒，平时又不善言谈，一些富家弟子看不起他，有时还借故侮辱他。颜回从不和这些同学计较，只是一门心思用功读书。他是一个居于陋巷还能自得其乐的勤奋好学之人。孔子就夸赞他说：“一箪饭，一瓢水，住在简陋的小屋里，别人都忍受不了这种穷困清苦，颜回却没有改变他好学的乐趣。颜回的品质是多么高尚啊！”从这段颜回的故事中，你感受到了什么呢？

学生：我从颜回身上感受到一种甘于清贫却不失志趣的精神。这是古代知识分子身上呈现出的中国精神的一个侧面吧。

教师：对，中国精神的合理内核植根在我们中华民族几千年的历史和文化之中，成为中华文化发展的一种内在精神基因和集体意识，重视精神的培育是我们中华民族的优秀传统。

学生：那具体表现在哪些方面呢？

教师：中华民族崇尚精神的优秀传统，首先表现在对物质生活与精神生活相互关系的独到理解上。人与动物的最本质的区别在于人有道德，有精神追求。历代的文人雅士大多追求高尚的精神生活，强调用道德理性和精神品格对欲望进行引导和控制。比如《陋室铭》的作者刘禹锡，他被贬官后受到地方长官刁难，只给了一间简陋的房子，生活清苦。斯是陋室，惟吾德馨，还会宽慰自己“何陋之有”呢？孔子也说：不义且富且贵，于我如浮云。

学生：精神上的富足，淡化了现实生活的清苦，中华民族的先辈们是如此的重精神而轻物质。

教师：对，他们不只重视精神生活的丰富，还能够矢志不渝地坚守理想。对理想的不懈追求，也是先辈们重视精神的重要表现。孔子言“杀身成仁”，孟子讲“舍生取义”，墨子曰“兼爱非攻”，岳飞有“精忠报国”。他们都心怀天下，为了道义、为了理想上下求索。中华民族先辈们在对理想的追求上，把道德理想作为个体发展和社会进步的激励力量。树立崇高的理想信念。“为天地立心，为生民立命，为往圣继绝学，为万世开太平。”

学生：古人常说，修身、齐家、治国、平天下。除了治国、平天下的理想追求，修身养性应该也是对精神的重视吧。

教师：是的。我国古代崇尚精神的优秀传统，也表现在对道德修养和道德教化的重视上。《左传》记载春秋时鲁国大夫叔孙豹曰：“太上有立德，其次有立功，其次有立言”，这就是三不朽。你看，古人把立德放在第一位，可见有多重视道德修养了。他们不仅重视，还对提高道德修养提出了行之有效的具体方法，比如“慎独”“内省”“知行合一”等。

学生：老师，您提到“慎独”。慎独的关键是什么呢？我们怎么才能做到慎独呢？

教师：慎独。“慎”就是小心谨慎、随时戒备；“独”就是独处，独自行事。意思是说，严格控制自己的欲望，不靠别人监督，自觉控制自己的欲望。所以，慎独的关键在于自控。

教师：我们中华民族崇尚精神的优秀传统，还表现为重视人生境界和理想人格。中华民族先辈们十分注重个体崇高人格品质，“富贵不能淫，贫贱不能移，威武不能屈”的个人品格和“宁为玉碎不为瓦全”的民族气节。至于理想人格，儒家把“君子”“圣人”作为自己的理想人格，近代的梁启超呼吁“新民”的理想人格。这些理想人格虽时代不同、类型有别，但都关注了人的精神品格。

近代以来，中华民族重精神的优秀传统在我们党的奋斗历程中也体现得淋漓尽致。毛泽东本人就十分重视精神作用，他通过举解放战争时期战士宁可挨饿，也不去拿老百姓苹果的例子，说：“人是要有一点精神的，无产阶级的革命精神就是由这里头出来的。”①党的十八大以来，习近平总书记多次指出，实现中国梦，必须弘扬中国精神。用以爱国主义为核心的民族精神和以改革创新为核心的时代精神振奋起全民族的“精气神”。

从上述的讨论中我们可以看到，中华民族具有重精神的优良有优秀传统。首先我们的先辈们重视精神生活，其次他们对理想追求不懈，他们重视道德修养和道德教化，重视人生境界和理想人格。我们的党是中华民族重精神优秀传统的忠实继承者和坚定弘扬者。

当然，中国精神的传承不仅在共产党员身上，更在每一个中国人身上。那些匠人、士兵、环卫工人，各行各业努力奋斗的每个普通人，他们身上，都能折射出国家精神和气度。唯有推崇中国之精神，才能化为中国之力量！

大学生是民族的希望和祖国的未来，要努力弘扬中国精神，将中国精神转化为青春行动，勇做弘扬和践行中国精神的时代先锋，为国家富强、民族振兴、人民幸福贡献自己的智慧和力量。

学生：老师，听您这么讲，我迫切地想了解民族精神和时代精神，让伟大的中国

---

① 《毛泽东文集》第7卷，北京：人民出版社1999年版，第162页。

精神成为自己成长和奋斗的动力源泉，为实现伟大的中国梦贡献自己的力量。

教师：很好，在接下来的课程中，我们会具体来谈中国精神中的民族精神和时代精神。今天的课程就讲到这里，同学们再见！

（三）民族精神的新提炼

教师：今天我们来谈谈民族精神。在阐述今天的内容前，我们先来讲一个故事。1948 年 5 月 25 日，解放军攻打中华民国政府军驻守的隆化城。董存瑞所在连队负责守军防御重点隆化中学。在冲锋时，遭到一个桥型暗堡的猛烈火力封锁。董存瑞便抱起炸药包，准备进行爆破。冲至桥下后，发现桥型暗堡距地面过高，也没有地方可以放置炸药包。董存瑞便用手托起炸药包，拉燃导火索，与暗堡同归于尽。在这个故事中，体现了英雄董存瑞什么样的精神呢？

学生：为了国家不惜牺牲自己的伟大爱国主义精神！

教师：对的，这就是上一讲所讲的爱国主义伟大精神，爱国主义是民族精神核心。民族精神是一个民族在长期共同生活和社会实践中形成的，为本民族大多数成员所认同的价值取向、思维方式、道德规范、精神气质的总和，是一个民族赖以生存和发展的精神支柱。党的十九大报告中提出："更好构筑中国精神、中国价值、中国力量。"弘扬中国精神就是要弘扬民族精神和时代精神。

学生：老师，谈到民族精神我想到的就是以爱国主义为核心的民族精神。民族精神还有哪些内涵呢？

教师：民族精神的内涵包括伟大创造精神、伟大奋斗精神、伟大团结精神和伟大梦想精神。我们国家和人民在长期奋斗中培育、继承、发展起来的这些伟大民族精神，为我国发展和人类文明进步提供了强大精神动力。

学生：那具体都是什么呢？

教师：好的，首先，我们来可看伟大创造精神。我国著名画家齐白石，本是个木匠，靠着自学，成为画家，荣获世界和平奖。然而，面对已经取得的成功，他永不满足，而是不断汲取历代名画家的长处，改变自己作品的风格。他 60 岁以后、70 岁以后以及 80 岁以后的画，风格都不一样。齐白石的一生曾五易画风，正因为有他成功后的马不停蹄，所以他晚年的作品比早期的作品更为成熟，形成独特的流派与风格。

学生：这个故事是想告诉我们不要安于现状，要勇于开拓创新吗？

教师：你说得很对。在几千年历史长河中，中国人民辛勤劳作、发明创造，产生了老子、孔子、庄子、孟子、墨子、孙子、韩非子等闻名于世的伟大思想巨匠，发明了造纸术、火药、印刷术、指南针等深刻影响人类文明进程的伟大科技成果，创作了诗经、楚辞、汉赋、唐诗、宋词、元曲、明清小说等伟大文艺作品，传承了格萨尔王、玛纳斯、江格尔等震撼人心的伟大史诗，建设了万里长城、都江堰、大运河、故宫、布达拉宫等气势恢弘的伟大工程。这些都是体现我们的民族是一个锐意进取，具有不断开拓创新精神的民族。习近平总书记把创新发展作为新发展理念之首，精辟指出，“创新是引领发展的第一动力”①，创新是从根本上打开增长之锁的钥匙。

学生：老师，在创新的时候，是不是也体现了我们民族的伟大奋斗精神呢？

教师：是的。正是因为我们有着不畏险难的伟大奋斗精神，我们开发和建设了祖国辽阔秀丽的大好河山，开垦了物产丰富的广袤粮田，治理了桀骜不驯的千百条大江大河，战胜了数不清的自然灾害，发展了门类齐全的产业，有了今天我们多姿多彩的生活。习近平总书记在2018年春节团拜会上指出：“只有奋斗的人生才称得上幸福的人生；奋斗者是精神最为富足的人，也是最懂得幸福、最享受幸福的人；新时代是奋斗者的时代。”

学生：我明白了。那什么是伟大团结精神呢？

教师：在几千年历史长河中，中国人民始终团结一心、同舟共济，建立了统一多民族国家，发展了56个民族多元一体、交织交融的融洽民族关系，形成了守望相助的中华民族大家族。

我们来看看几则事例。邓稼先、钱学森等科学家及广大科技工作者团结奋进，使“两弹一星”成为20世纪中华民族最辉煌的伟业之一；老一代中国女排队员们团结拼搏，20世纪80年代荣获奥运会、世锦赛、世界杯赛“五连冠”，郎平、孙晋芳、张蓉芳、梁艳、杨锡兰等已成为当时中国体育的标志性人物；汶川大地震发生后，广大解放军、武警官兵与医疗救护人员及无数志愿者团结一心，全力战斗在抢险救灾第一线，有的还献出了宝贵生命。他们用实际行动证明：在大灾大难面前，中华民族是伟大的民族、团结的民族、永远不可战胜的民族。

学生：所以团结精神就是人民始终团结一心、同舟共济，形成守望相助的中华民族大家庭。团结就是力量，团结才能前进。

教师：说得很对，这就是伟大团结精神的内涵。接下来我们再来谈一谈伟大梦想精神。古有盘古开天、女娲补天、伏羲画卦、神农尝草、夸父追日、精卫填海、愚公

---

① 《习近平谈治国理政》第2卷，北京：外文出版社2017年版，第480页。

移山等神话，深刻反映了中国人民勇于追求和实现梦想的执著精神；近代以来，中华民族伟大复兴成为中华民族最伟大的梦想，中国人民百折不挠、坚韧不拔，为实现这个伟大梦想进行了 170 多年的持续奋斗。只要 13 亿多中国人民始终发扬这种伟大梦想精神，就一定能够实现中华民族伟大复兴！

学生：听到您讲的伟大民族精神，我感觉特别受鼓舞，充满了干劲。

教师：说得好！中华民族精神是中华各族人民社会生活的反映，是中华文化最本质、最集中的体现，是各民族生活方式、理想信仰、价值观念的文化浓缩，是中华民族赖以生存和发展的精神纽带、支撑和动力，是创新社会主义先进文化的民族灵魂。

今天就讨论到这里，谢谢大家！

（四）爱国主义的科学内涵

教师：今天我们来讲授爱国主义的科学内涵。先来看一个抗日战争时期著名的故事。川军战士王建堂在出川抗战前，他的父亲赠送了他一面写着一个斗大而苍劲有力的“死”字的旗帜。上面书写着：“我不愿你在我近前尽孝，只愿你在民族分上尽忠。国难当头，日寇狰狞。国家兴亡，匹夫有分。本欲服役，奈过年龄。幸吾有子，自觉请缨。赐旗一面，时刻随身。伤时拭血，死后裹身。勇往直前，勿忘本分！”这种爱国情怀令人动容。

学生：听到这个故事很感动。为了国家，父亲可以斩断父子之情送儿子上战场。

教师：我们很难想象得出近百年前，这位白发老父是在怎样的豪气下书写了这面“死”字大旗，也很难想象得出老父那只饱经沧桑的手充满着怎么样的感情！但是可以肯定，老父在写出“死”字和“死后裹身”的句子时，胸中肯定是：先有国再有家。这是爱国主义的光辉展现。

学生：老师，爱国主义的内涵是什么呢？

教师：爱国这个概念在我国“古已有之”，早在春秋时代的《战国策》中就出现了“爱国”一词；东汉荀悦的《汉纪》中就有“爱国如家”的说法。不少古代杰出的文学家都表现出浓烈的家国精神，即对乡土、国家执著的热爱。南宋伟大的爱国诗人陆游临终前在《示儿》中写道：“死去原知万事空，但悲不见九州同。王师北定中原日，家祭毋忘告乃翁。”他企盼国家统一的爱国情怀感人至深。尽管传统的爱国主义带有某种历史局限性，但在国荣我荣、国辱我辱、“位卑未敢忘忧国”意识的熏陶之下，涌现了众多民族英雄，创造了无数可歌可泣的爱国主义事迹，并将这种爱国深情升华为崇高的道德责任。屈原、岳飞、辛弃疾、文天祥是如此，郑成功、林则徐、邓世昌也是如此。

爱国主义是人们对个人与国家关系的观点和主张。爱国主义体现了人们对自己祖国的深厚感情，揭示了个人对祖国的依存关系，是人们对自己家园以及民族和文化的归属感、认同感、尊严感与荣誉感的统一。它是调节个人与祖国之间关系的道德要求、政治原则和法律规范，也是中华民族精神的核心。

孙中山说：“做人最大的事情是什么呢？就是要知道怎样爱国。”

学生：老师，爱国主义的具体表现在哪些方面呢？

爱国主义的具体表现有以下四个方面，这也是指导我们爱国的具体要求。

爱祖国的大好河山；爱自己的骨肉同胞；爱祖国的灿烂文化；爱自己的国家。

第一，爱祖国的大好河山。祖国的河山在人们的心中占据着至高无上的地位。祖国的山山水水滋养哺育着她的子子孙孙。当然，祖国的大好河山，不只是自然风光，还是主权、财富、民族发展和进步的基本载体。因此，领土完整涉及国家的重大核心利益，每一个爱国者都会把“保我国土”“爱我家乡”、维护祖国领土的完整和统一，作为自己的神圣使命和义不容辞的责任。

第二，爱自己的骨肉同胞。对骨肉同胞的爱，反映的是对整个民族利益共同体的自觉认同。爱自己的同胞就是爱人民群众。对人民群众感情的深浅程度，是检验一个人对祖国忠诚程度的试金石。爱自己的骨肉同胞，最主要的是培养对人民群众的深厚感情，坚持以人民为中心的立场，始终紧紧地同人民群众站在一起。

第三，爱祖国的灿烂文化。文化是一个国家、一个民族的灵魂。文化传统常常被称为国家和民族的胎记，是一个国家民族得以延续的精神基因，是培养民族心理、民族个性、民族精神的摇篮，是民族凝聚力的重要基础。在现实生活中，人们或许会背井离乡，或许会彼此隔绝，但对祖国灿烂文化和历史传统的认同总会把彼此的心连在一起。爱祖国的灿烂文化，就是要认真学习和真正了解祖国的历史，在充分理解和尊重的基础上，积极推动祖国优良历史文化传统的传承和发展。

第四，爱自己的国家。这里，我要讲时代楷模黄旭华的故事。2017 年 11 月 17 日，全国精神文明建设表彰大会在北京人民大会堂举行。这时习近平总书记邀请黄旭华、黄大发代表坐在自己身边合影。合影时，习近平总书记“挪椅子，扶老人，坐身边”的一连串动作，让网友们直呼“太帅了”。透过镜头，人们看到了尊长敬贤的情怀，也看到了以黄旭华、黄大发为代表的全国道德模范风采。这不是简单的“你请我让”，而是一种直击人心的精神力量。

精神力量从哪来？平凡人做不凡事，用个人行动诠释时代价值。黄旭华院士是我国第一代核潜艇总设计师，被称为“中国核潜艇之父”，为研制国之重器，他隐姓埋名30年。他的人生就像深海中的核潜艇，蕴藏着震撼人心的力量。他曾被家里的兄弟姐妹们埋怨“不要家、忘记养育他的父母的不孝儿子”，其实，他只是一直默默无闻地为国家做着件大事。“时时刻刻严守国家机密，不能泄露工作单位和任务；一辈子当无名英雄，隐姓埋名；进入这个领域就准备干一辈子，就算犯错误了，也只能留在单位里打扫卫生。”这是刚参加核潜艇研制工作时，领导给黄旭华提出的要求。黄旭华毫不犹豫地答应了，就此隐姓埋名30年未回家。

学生：黄旭华院士的故事让我很感动。让我想起了“先有国再有家”，“家是最小国，国是千万家”，“没有国哪有家，没有家哪有我”。

教师：确实，这些看似平常的话语，却道出了国家和个体之间相互依存、密不可分的关系，也道出了最深刻的爱国理由。祖国的大好河山，自己的骨肉同胞，民族的灿烂文化，都是同我们的国家联系在一起的，我们每个人的发展也都时刻同国家的发展进步紧密相连。失去国家的庇佑和保护，人们将失去成长和发展最基本的屏障和最坚实的依托。

学生：我们大学生要以爱国主义作为最高的民族情感，并在学习和生活的各个方面落实，为实现中国梦而挥洒自己的青春。

教师：说得好！习近平总书记强调，爱国主义始终是激昂的主旋律，始终是激励我国各族人民自强不息的强大力量。让我们一起努力，把祖国建设得更加美好！

今天的课程就讲到这里，谢谢大家！

（五）爱国主义的时代价值

教师：今天我们来谈谈爱国主义的时代价值。首先我们来看一个时代楷模的事例。2017年1月8日，黄大年先生因病逝世，非常令人惋惜。2009年，他放弃了在英国优厚的待遇，怀着一腔爱国热情返回祖国，出任吉林大学地球探测科学与技术学院教授。用了八年时间，带领团队在航空地球物理领域取得一系列成就。黄大年一直把邓稼先等老一辈留学报国的科学家作为自己学习的榜样。他说，他只是千千万万海归学者中的普通一员，他说，有好多兄弟为了祖国的事业已经倒下了，但这并不能阻挡后来者前进的决心，看着中国由大国向强国迈进，一切付出都是值得的。为了让祖国变得强大，这是黄大年的追梦人生。习近平总书记对此指示：“我们要以黄大年同志为榜样，学习他心有大我、至诚报国的爱国情怀。”

学生：黄大年先生的爱国之情令人赞叹。

教师：是的。对祖国的爱可以说是人类共同而永恒的情感，与生俱来，深入骨髓。千百年来，爱国主义传统已经深深融入民族意识之中，鼓舞着一代代勤劳勇敢的中华儿女艰苦奋斗，开创新的时代篇章。我们作为中华民族的一员，深感自豪的同时也应肩负起中华民族伟大复兴的历史重任。而爱国主义的时代价值也正在于此。

学生：爱国主义的时代价值，指的是什么呢？

教师：爱国主义的时代价值，包括以下四点：（1）爱国主义是中华民族继往开来的精神支柱。（2）爱国主义是维护祖国统一和民族团结的纽带。（3）爱国主义还是实现中华民族伟大复兴的动力。（4）爱国主义是个人实现人生价值的力量源泉。

首先，爱国主义是中华民族继往开来的精神支柱。中华民族在漫长的发展史上，屡经挫折而不屈，屡遭坎坷而不衰，一个重要的原因就是千百年来爱国主义传统从形成到不断地延续、积淀和发展，已深深地融入到我们的民族意识中。习近平总书记强调：“在中华民族几千年绵延发展的历史长河中，爱国主义始终是激昂的主旋律，始终是激励我国各族人民自强不息的强大力量。”① 爱国主义唤起了整个中华民族对祖国的挚爱并由此激发了强大的民族凝聚力和国家凝聚力，成为动员和鼓舞人民团结奋斗的一面旗帜。

其次，爱国主义是维护祖国统一和民族团结的纽带。中华民族的先天禀赋中似乎就蕴涵了强烈的群体精神，但一个不容否认的基本规律是，强盛的中国全部是统一时期，积贫积弱的中国全部是分裂内乱时期。这充分说明，团结统一始终是中国历史发展的主要趋向，而爱国主义则是维系这种趋向的强大动力和纽带。正如习总书记所言，“爱国主义始终是把中华民族坚强团结在一起的精神力量”②。

在抗日战争时期，杨靖宇、赵尚志、左权、彭雪枫、佟麟阁、赵登禹、张自忠、

---

① 《习近平谈治国理政》，北京：外文出版社 2014 年版，第 58 页。

② 中共中央文献研究室：《习近平关于社会主义文化建设论述摘编》，北京：中央文献出版社 2017 年版，第 3 页。

戴安澜等一批抗日将领，八路军“狼牙山五壮士”、新四军“刘老庄连”、东北抗联八位女战士、国民党军“八百壮士”等众多英雄群体，他们都是中国人民不畏强暴、以身殉国的杰出代表。2014 年 9 月 3 日，习近平总书记在纪念中国人民抗日战争暨世界反法西斯战争胜利 69 周年座谈会上强调：“爱国主义是中华民族精神的核心。面对民族存亡的空前危机，中国人民的爱国热情像火山一样迸发出来。全体中华儿女众志成城、共御外侮，为民族而战，为祖国而战，为尊严而战，汇聚起气势磅礴的力量。中国人民抱定了‘我们万众一心，冒着敌人的炮火前进’的决心，抱定了血战到底、抗战到底的信念，谱写了惊天地、泣鬼神的爱国主义篇章。”

学生：那爱国主义还有哪些时代价值呢？

教师：除此之外，爱国主义还是实现中华民族伟大复兴的动力。爱国主义依然是我们奔向 21 世纪的起跑线，事实证明，一个国家只有让爱国主义的思想传统深入每一个公民的灵魂，才能成为有生命力、有前途的国家和民族。

诚如习近平总书记在纪念孙中山先生诞辰 150 周年大会上的讲话中所指出的：“今天，我们要开创中华民族伟大复兴新局面，必须大力弘扬伟大的爱国主义精神，坚信中华民族有能力走出一条成功的复兴之路。”

教师：最后，爱国主义是个人实现人生价值的力量源泉。爱国主义体现了每一个中华儿女对祖国的责任，这种责任是社会发展的客观要求，也是每个人自身发展的客观需要。一个人能够成为什么人，应该成为什么人，在很大程度上要依赖于社会，依赖于生于斯、长于斯的祖国。

学生：这一点我深有体会。祖国哺育了我，培养了我。我的人生发展离不开祖国。

教师：是的，祖国给个人的成长发展创造条件，对个人的奋斗成果作出评价，为个人实现人生价值的征程指明方向。一个人对祖国爱得越深，历史责任感就越强烈，人生目标就越明确，人生信念就越坚定。我们应该像习总书记强调的那样，把爱国之情、报国之志融入祖国改革发展的伟大事业之中、融入人民创造历史的伟大奋斗之中，从自己做起，从本职岗位做起，为实现“两个一百年”奋斗目标、实现中华民族伟大复兴的中国梦贡献智慧和力量。

学生：感谢老师的讲解，我们新时代的大学生应当高扬爱国主义旗帜，把爱国之情、强国之志、报国之行统一起来，为国家作贡献。

教师：说得好！我们的前辈不惜抛头颅洒热血，赢得了一个新的中国。咱们新一代青年有责任接过他们的接力棒，为中国梦的实现而不懈奋斗！今天的课程到此结束。谢谢大家！

（六）改革创新是时代的要求

教师：今天我们来谈谈改革创新。先来看一则消息，我们武汉大学的校友、小米公司董事长雷军当选2017十大经济年度人物。主办方给出的颁奖词是：他是手机行业颠覆者，从巅峰到低谷再强势反弹，凭借对品质和技术创新的坚持，绘就全球化实体经济新蓝图。同学，你想一想，雷军身上反映了什么样的时代精神？

学生：是改革创新精神么？

教师：对的！反映了改革创新精神。改革开放40多年，党带领人民在继承和弘扬伟大民族精神的基础上，立足新的时代条件，赋予民族精神以新的时代内涵，形成了以改革创新为核心的时代精神。改革创新已经融入政治、经济、文化和生活的各个领域。雷军是科技与经济生活领域改革创新的具体表现。

学生：我们青年要像雷军一样坚持对品质和技术的创新，为国家的发展贡献智慧和力量。

教师：说得好！少年强中国强！具体地讲：中共十六届六中全会明确提出了“弘扬以改革创新为核心的时代精神。”党的十七大报告进一步强调指出：“用以爱国主义为核心的民族精神和以改革创新为核心的时代精神鼓舞斗志。”党的十八大报告指出，“改革开放是坚持和发展中国特色社会主义的必由之路。要始终把改革创新精神贯彻到治国理政各个环节。”

改革开放40多年来，我国取得了伟大成就。习近平总书记说“改革开放是决定当代中国命运的关键一招，也是决定实现‘两个一百年’奋斗目标、实现中华民族伟大复兴的关键一招。”① 总书记用“关键一招”这个富于中国文化传统而又生动鲜活的百姓话语，深刻表达出中国共产党人和亿万中国人民对改革开放的认识和感悟，宣示了当代中国坚定不移推进改革开放的信念和决心。正是靠着改革开放，不断打破束缚思想的桎梏、扫除阻碍发展的藩篱，我们成功开启了新的壮阔征程，开创了新的前进道路，开辟了新的发展空间，古老而又年轻的社会主义中国走向充满希望、充满生机的新天地。

习近平总书记指出：“实现梦想、应对挑战、创造未来，动力从哪里来？只能从发

---

① 中共中央文献研究室：《习近平关于全面深化改革论述摘编》，北京：中央文献出版社2014年版，第30页。

展中来、从改革中来、从创新中来。”①

在当代中国，社会发展离不开改革创新，改革创新是社会发展的重要动力，坚持改革创新是新时代的迫切要求。

学生：老师，改革创新是时代的要求具体表现在哪些方面呢？

教师：改革创新是时代的要求，表现在以下几个方面：（1）创新始终是推动人类社会发展的第一动力。（2）创新能力是当今国际竞争新优势的集中体现。（3）改革创新是我国赢得未来的必然要求。

第一，创新始终是推动人类社会发展的第一动力。16世纪以来，人类社会进入前所未有的创新活跃期，几百年里，人类在科学技术方面取得的创新成果超过过去几千年的总和。特别是18世纪以来，世界发生了几次重大科技革命，在此带动下，世界经济发生多次产业革命，如机械化、电气化、自动化、信息化。每一次科技和产业革命都深刻改变了世界发展面貌和力量格局。一些国家抓住了机遇，经济社会发展驶入快车道，经济实力、科技实力、军事实力迅速增强，甚至一跃成为世界强国。从某种意义上说，创新决定着世界政治经济力量对比的变化，也决定着各国各民族的前途命运。

第二，创新能力是当今国际竞争新优势的集中体现。习近平总书记指出，创新是一个民族进步的灵魂，是一个国家兴旺发达的不竭动力，也是中华民族最深沉的民族禀赋。在激烈的国际竞争中，惟创新者进，惟创新者强，惟创新者胜。

今天，国际竞争的新优势越来越集中体现在创新能力上。当前，全球新一轮科技革命和产业变革正在孕育兴起，谁在创新上先行一步，谁就能拥有引领发展的主动权。

第三，改革创新是我国赢得未来的必然要求。习近平总书记指出，综合国力竞争说到底是创新的竞争。目前，虽然我国经济总量跃居世界第二，但创新能力不强，科技发展水平总体不高，科技对经济社会发展的支撑能力不足，科技对经济增长的贡献率远低于发达国家水平。在新一轮科技革命和产业变革中，我国能否在未来发展中后来居上、弯道超车，主要就看能否在创新驱动发展上迈出实实在在的步伐。必须把创新作为引领发展的第一动力，把人才作为支撑发展的第一资源，把创新摆在国家发展全局的核心位置，把创新驱动发展战略作为国家重大战略，不断推进理论创新、制度创新、科技创新、文化创新等各方面创新，让创新贯穿党和国家一切工作，让创新在全

① 习近平：《让工程科技造福人类、创造未来——在2014年国际工程科技大会上的主旨演讲》，载《人民日报》2014年6月4日，第1版。

社会蔚然成风。

学生：老师，我明白了，改革创新是时代潮流，是当代中国的主旋律。我们大学生要培养创新意识、训练创新思维，提升创新本领，投身创新实践，为国家的发展和富强贡献自己的力量。

教师：说得好！当代大学生置身于全球新一轮的科技革命和产业变革的历史时期，这是天时，又置身于我国全面深化改革的伟大实践中，青年人往往朝气蓬勃、思维活跃、好奇心强，敢于尝试新生事物。因此，青年具备了各种创新的良好条件，老师看好你们！让我们一起“用富有时代气息的中国精神凝聚中国力量”，为实现中华民族伟大复兴的中国梦而不懈奋斗！

三、释疑解惑

※ 为什么新时代爱国主义必须坚持立足民族又面向世界？

爱国要立足民族，要爱自己国家的文化。一个不记得来路的民族，是没有出路的民族。在五千多年的文明历史长河中，中华民族创造了源远流长、博大精深的传统文化，在世界文明史上独树一帜。

中华优秀传统文化体现了中华民族自古以来在建设家园的奋斗中开展的精神活动、形成的理性思维、积淀的文化成果，是中华民族最根本的精神基因和独特的精神标志，是我们在世界文化激荡中卓然屹立的坚实根基。

在人类历史流变中，任何一个民族走过的路都不是一帆风顺的。中华民族能够在顺境中从容淡定、在逆境中奋进崛起，从根本上说，就是因为中华优秀传统文化的持久涵养。特别是贯穿其中的思想理念、传统美德、人文精神，为中华民族生生不息、发展壮大提供了强大精神支撑。思想理念是中华优秀传统文化的“骨骼”，从根本上决定着中华民族的思维方式、性格禀赋、民族特性，架构起中华儿女的心灵空间。道法自然、天人合一的整体性思维，“五行”相生、太虚即气的朴素唯物主义，阴阳相对、阳生阴长的朴素辩证法，苟日新日日新、与时俱进的世界观，尚和合、求大同的社会追求，实事求是、知行合一的实践观点等，已经深入中华儿女的思想意识深处。传统美德是中华优秀传统文化的“经络”，维系着千百年来中华民族的团结统一，维系着泱泱大国的社会秩序，维系着中华儿女的共同情感。在中华民族的价值体系中，天下兴亡、匹夫有责的担当意识，舍生取义、精忠报国的爱国情怀，崇德向善、见贤思齐的优良品格，孝悌忠信、礼义廉耻的荣辱观念，标注着传统文化的鲜明底色，为今天培育和践行社会主义核心价值观提供了丰富的思想道德资源。人文精神是中华优秀传统文化的“血肉”，极大激发了中华民族创新创造的活力，展现了中华民族生活世界的丰富性、多样性和独特性。崇尚仁爱、坚守正义的为人之道，求同存异、和而不同的处世方法，修齐治平、兼济天下的理想抱负，自强不息、厚德载物的进取精神，文以载道、以文化人的教化观念，兼收并蓄、开放包容的博大胸怀，形神兼备、情景交融的美学追求，俭约自守、中和泰和的生活理念等，滋养了中华民族独特丰富的文学艺术、科学技术、人文学术，为人类文明史增添了厚重的中国色彩和中国气质。可以说，思想理念、传统美德、人文精神这三个方面相互贯通、互为支撑，共同构成中华优秀传统文化的有机统一体。

今天，我们传承发展中华优秀传统文化，应当在这些主要内容上下工夫，用中华优秀传统文化的精髓精华滋养当代中国人的精神世界，用中华优秀传统文化的丰富智慧提振当代中国人的精神力量，增强中华儿女做中国人的骨气、志气和底气。

从历史的角度看，中华文化是在中国大地上产生的，也是在同其他国家、其他民族文化不断交流互鉴中发展的。张骞出使西域、玄奘西行、鉴真东渡、郑和下西洋等，都彰显了中华文化海纳百川、有容乃大的精神气度。近代以来，伴随民族兴衰和国运沉浮，传统文化遭遇空前危机，文化上“中”和“外”的关系变得复杂。当前主要存在两种错误倾向，一种是唯洋是举、唯洋是从，认为中华优秀传统文化过时落后，不如西方文化；另一种是故步自封、盲目排外，以复兴传统文化之名贬抑外来优秀文化、抵制外来优秀文化。

正确处理“中”和“外”的关系，必须以马克思主义为指导，不忘本来、吸收外来、面向未来，既立足本土，始终保持对自身文化的自信、耐力、定力；又面向世界，在汲取各种文明养分中实现创新发展。

首先，不忘本来，始终保持中华文化的民族性。越是民族的越是世界的。长期以来，中华优秀传统文化正是以与生俱来的民族特色，以独一无二的理念、智慧、气度、神韵，卓立于世界文化之林，绽放夺目的光彩。体现中国独特思想智慧的《论语》《道德经》《孙子兵法》等在海外有深远影响。中国传统戏曲，舞台上只有一桌二椅，却能够“三五步走遍天下，六七人千军万马”，这种写意的美学品格在世界上也是独树一帜的。在与世界不同文明对话中，我们必须坚定文化自信，坚持以我为主，保持中华文化的民族性，使中国精神、中国风格、中国气派在文化传承中生生不息。

其次，吸收外来，广泛借鉴各国文化优秀成果。文明因交流而多彩，文明因互鉴而丰富。每种文化都有自己的本色、长处、优点，都有值得学习借鉴的地方。佛教产生于古代印度，传入中国后，同儒家文化和道家文化逐步融合发展，最终形成了具有中国特色的佛教文化，给中国人的宗教信仰、哲学观念、文学艺术、礼仪习俗等留下深刻影响。近现代以来，中华文化和世界其他民族文化的交流互鉴更加广泛。从文艺领域看，中国近现代的绘画、电影、话剧等，既借鉴了国外的有益元素，又进行了民族化的创新，形成了独具特色的艺术风格。比如，著名画家徐悲鸿就是借鉴了西方油画的技法，讲求光线、造型和对人体解剖结构、骨骼的准确把握，开辟了中国画新的艺术境界。当今世界是开放的世界，当今中国是开放的中国，中外文化交流以前所未有的广度和深度展开。我们只有敞开胸襟、放眼世界，广泛借鉴吸收各国各民族思想文化中的有益成分，使其长处和精华为我所用，才能为中华优秀传统文化创新发展注入新的活力。

第三，面向未来，努力构建人类文明共同体。随着我国综合国力和国际地位的提高，中国在当今世界舞台上扮演着越来越重要的角色，在全球治理中越来越体现大国责任和担当，我们的发展道路、价值理念、制度模式影响日益增强，国际社会对创造“中国奇迹”的中华文化兴趣与日俱增。同时也要看到，中华文化的传播力影响力与我国经济实力和大国地位还不相称，文化走出去与经济走出去还没有形成相应的匹配。推动中华文化走出去，就应当不断提高文化对外开放水平，统筹好文化交流、文化传播、文化贸易，着力传播中国价值观念，打造中华文化品牌，让世界了解一个文化的中国、多彩的中国、博大的中国。中国作为一个文明大国，理应有高度的担当意识，有各美其美、美美与共的宽广胸襟，围绕破解人类社会共同难题和开创人类世界美好未来，把中华优秀传统文化中具有当代价值、世界意义的思想资源挖掘出来、传播出去，为全球治理贡献更多中国智慧、提供更多中国方案，与其他文化一道，携手推进人类文明发展进步。

古往今来，任何一个大国的发展进程，既是经济总量、科技力量等硬实力提高的过程，也是价值观念、思想文化等软实力提升的过程。当前，我国正处在由第一个百年奋斗目标向第二个百年奋斗目标迈进的关键时期，中华民族伟大复兴展现出前所未有的光明前景。我们只有坚定文化自信，扎根脚下这块生于斯、长于斯的土地，大力传承发展中华优秀传统文化，从延续中华文化血脉中开拓前进，才能做好今天的事业并朝气蓬勃迈向未来。

※ 为什么爱国主义与爱社会主义具有一致性？

2015 年 12 月 30 日，习近平总书记在主持中共中央政治局第二十九次集体学习时强调，弘扬爱国主义精神，必须坚持爱国主义和爱社会主义相统一，“只有坚持爱国主义和爱党、爱社会主义相统一，爱国主义才是鲜活的、真实的，这是当代中国爱国主义精神最重要的体现。今天我们讲爱国主义，这个道理要经常讲、反复讲”①。

国家不是一个抽象的概念，而是由具体社会形态、社会制度构成的实体。国家是与一定的社会形态紧密相连的。只有先进的社会制度，才能使人民幸福、国家发展。在当代中国，祖国的繁荣发展是与中国特色社会主义联系在一起的，爱国就应当爱中国特色社会主义。爱国主义不能停留在情感层面，需要从政治原则的高度加以审视。爱国主义首先体现在对社会主义中国的热爱上，这是中华人民共和国每一个公民必须坚持的立场和态度。爱国主义与爱社会主义、爱中国共产党、爱人民政府，具有深刻的内在一致性。邓小平同志曾一针见血地指出：“有人说不爱社会主义不等于不爱国。难道祖国是抽象的吗？不爱共产党领导的社会主义中华人民共和国，爱什么呢？”② 邓小平同志强调了爱国与爱社会主义的一致性。

当前，有人认为爱国主义和爱社会主义是分离的，出现这种错误观点的原因是：一是在社会主义建设和改革中，出现了一些腐败问题，导致人们对社会主义的信心不足；二是西方发达国家借助其先进的传播手段，不断鼓吹和宣扬西方思潮，同时利用我国在发展中存在的一些问题，攻击我国民主、人权，煽动人们对政府的不满。一些青年学生由于辨别力不足容易对社会主义制度产生质疑和动摇。其实，腐败只是极少数个人的腐败，是个别现象。通过个别现象推论整体，会犯以偏概全、一叶障目的错误。在中国共产党的领导下，中国特色社会主义不断取得的重大成就，意味着近代以来久经磨难的中华民族实现了从站起来、富起来到强起来的历史性飞跃。实践早已证明，没有共产党，就没有中华人民共和国；只有中国特色社会主义，才能发展中国。

祖国的命运和党的命运、社会主义的命运是密不可分的。只有坚持爱国和爱党、爱社会主义相统一，爱国主义才是鲜活的、真实的，这是当代中国爱国主义精神最重要的体现。在当代全球化的背景下，坚持爱国主义与爱社会主义相统一显得尤为必要，

---

① 习近平：《大力弘扬伟大爱国主义精神，为实现中国梦提供精神支柱》，载《人民日报》2015 年 12 月 31 日，第 1 版。

② 《邓小平文选》第 2 卷，人民出版社 1994 年版，第 392 页。

否定爱国主义与爱社会主义的一致性，实际上是对中国历史特别是中国近现代历史的否定，是对中国人民百年来的抗争与奋斗的否定；爱国主义不是空泛的抽象的，需要我们把关心和维护祖国的前途命运视为自己义不容辞的责任，把爱国主义和爱社会主义统一起来，坚定中国特色社会主义理论自信、道路自信、制度自信和文化自信。

※ 中华民族精神的形成和发展。

梁启超先生曾指出，中华民族的形成，是中华儿女在人类进化史上的一大奇迹。“须知以如此庞大之民族，散布于如此广漠之国土，数千年继继绳绳，日征月迈，在我国民视之若素，然以世界史的眼光观察之，实邈然更无匹俦。”① 可以说，中华民族的形成和与发展，是以汉族为主体，逐渐形成的多元一体的格局；与之相应，中华民族精神的形成与发展，也呈现出以汉民族文化为中坚，同时融合其他民族文化而共同发展的特点。

中华民族精神的萌芽始于原始社会，其源头是原始宗教文化信仰，主要包括卜、占、兆、数、图腾、崇拜、禁忌等。由于当时生产力水平低下，人们对自然、社会和自身的现象无法理解，于是把自然物和自然力神化起来，产生了自然崇拜、图腾崇拜、鬼神崇拜、祖先崇拜等。特别是祖先崇拜，成为此后中华民族注重血缘亲情、讲求家庭伦理的根基。中华民族精神真正开启于夏商周三代，伴随着华夏民族的诞生，“和合”“大一统”“自强不息”等观念始终贯穿在民族融合的过程之中，而这些观念也成为中华民族精神文化的基因。

西周末年史伯提出“夫和则生物，同则不继”（《国语·郑语》），这是“和合”理念最原始的解释。“和合”既反映了人生天地间的自我创造的使命，又托出了天地自然与人事活动“并育而不相害”“并行而不相悖”的原始命题。先秦诸子都崇尚“和合”，尽管他们的“和合”主张不一，但他们都深信天地自然、人与人、人与社会的相互依存关系，对人与自然规律和社会发展和谐共生的内在联系却有着殊途同归的看法。

中华民族精神的开启，既受益于“和合”理念主导的民族交往与融合，也得益于“大一统”观念。在春秋诸侯争霸的过程中，儒家的孔子、孟子、荀子和道家、墨家、法家都强调中央集权与思想统治的重要性。此外，《周易》讲“天行健，君子以自强不息”，主张君子应当效法大自然的生生不息来勉励自己苍劲雄健，不断进步。从此，中国历史上形成了自强不息的价值取向。我们可以看到，中华民族虽孕育于严酷的自然环境确不消极厌世，虽敬天却不听命于天，最终萌生出“人与天地参”“天道酬勤”作

① 梁启超：《饮冰室合集·文集》之三十六，中华书局1989年版，第32页。

为根本信念。同时，在儒学的主导下，希望通过唤醒个体道德自觉来凝聚群体的力量，从而成为历代中国人的人生态度和价值追求。

中华民族精神的形成是在秦汉时期。西汉将儒学定为一尊之后，中华民族精神作为一个相对独立的完整体系已基本完成，中华民族的主要精神品格也已大体凸显。首先，儒家思想构成了中华民族精神的支柱，主要包括仁爱观、礼让观、中和观、忠孝观和节义观。其次，道家思想进一步丰富了中华民族精神。“道”是宇宙万物的根源，万物都从“道”化生出来。由于“道”遵循自然无为的原则，因而顺应自然并回归自然成为人生的根本追求。道家以“自然”观照人，肯定人的生命价值，反对人为地损害生命，重视人的生命权，同时主张在人的生命体验中实现个体内在的精神超越。西汉董仲舒以儒家思想为主，吸纳了道家、法家、阴阳家等学说，架构了一套宏大的宇宙社会与人生体系的新儒学理论。这个理论围绕大一统的政治学说，统摄了神权与君权的关系、伦理秩序、文化秩序以及思想统一的意义等国家长治久安的大问题。经由汉武帝的采纳，儒家思想逐步拓展到社会各个领域与阶层，开始在民族心理、民族性格上打上了难以磨灭的印痕，并从此不易被外来势力所动摇，从而成为中华民族的共有文化资源与精神支柱。

从魏晋南北朝到隋唐，是中国历史由乱世到走向盛世的时期，也是中华民族精神从反抗虚伪礼教到儒、释、道三教的整合时期。正如英国历史学家汤因比所说：“就中国人来说，几千年来，比世界上任何民族都成功地把几亿民众，从政治文化上团结起来。他们显示出这种在政治、文化上统一的本领，具有无与伦比的成功经验。”①

魏晋南北朝时期随着东汉政权的败亡及曹魏政权的建立，儒学一统天下的局面结束了。在思想文化领域，一方面出现了文化多元的格局，另一方面则是以老庄解释儒学的玄学逐渐占据思想界的统治地位。整个社会和个人的精神生活出现了对儒学的信仰危机，人们力图摆脱各种纲常名教的约束，追求一种狂放、颓废、玄远、自由、自信的行为方式和精神境界，史称“魏晋风度”。

唐代中华民族文化日益高涨。在思想文化领域，佛学中国化，逐渐融入中国本土文化之中，并与儒学和道教互补共通，构成了“三教并重，归于崇儒”的文化格局。由于道教和佛教作为强大的社会存在已不容忽视，因此在统一、开放的社会背景下，统治者不断调整政策对宗教加以扶植，使得三教的合理性得以维持，三教的融合也日

① 汤因比、池田大作：《展望二十一世纪》，荀春生、朱继征、陈国梁译，国际文化出版公司1989年版，第294页。

趋凸显。比如从唐代起开始风行中国佛教界的禅宗就是一个典型的儒、释、道三教结合的派别。总体来看，从魏晋南北朝到隋唐时期，儒、释、道三种思想、宗教整合成为当时思想文化发展的主流。三者各自保持独立的形态，但在观念和思想方式上又不断交流与融合，从维护社会道德和政治统治的目的上展现其高度的一致性。其实质表现为儒学主导社会意识的影响力日益强大，促使三教在隋唐之后朝儒家倾向的势头也愈益明显。

宋元明清时期是中华民族大发展时期。在这一时期，民族发展和融合形成一个双向的过程，汉族与少数民族在曲折的历史过程中向前发展。民族的交流与融合、文化的冲突与学习使中华民族精神进入一个新的发展时期。

综合宋元明清时期思想文化上的变迁，中华民族精神的发展主要呈现出两个特点：第一，宋明理学即新儒学成为主流思潮。它以儒家思想为核心，批判继承了佛家和道家学说，以理欲之辨、穷理尽性、伦理纲常等为主要内容，成为当时中国封建社会的统治思想。宋明理学把自然界和人类社会结合在一起，从本体论的高度论证了封建伦理纲常、封建统治是永恒不变的“天理”。理学的产生不仅改变了儒学长期萎靡不振的局面，为儒学在新的历史条件下的复兴开辟了新的天地，而且改变了以往儒学那种繁琐经学形态，使之呈现出一种前所未有的精致、深邃、圆融的哲理思辨风貌。这种学术后世奉为官方哲学，并成为中国文化的主流，它把自然、人生、社会融为一体，在熔铸中华民族的民族精神、道德情操等方面起到了重大的作用。

第二，实学思潮的兴起和鼎盛彰显“实事求是”的理性精神。宋代永嘉学派的代表陈亮、叶适等人就提出了“功利之学”，成为哲学领域的新内容。明清之际，新的资本主义经济关系开始萌芽，社会的大动荡和大巨变促使一批先进的知识分子对传统道学进行批判，努力瓦解旧的价值观、认识论和思维方式。我们看到，明清之际的实学思潮，深刻地改变了中华民族精神的内容和走向。它打破了宋明理学一家独尊的局面，使荒芜已久的学术文化重新焕发勃勃生机。它冲破了封闭僵化的旧礼教、旧观念、旧伦理，动摇了传统儒家所提倡的“重义轻利”“重道轻器”“重农抑商”的旧价值观。它孕育出民主、平等、个性、法治、自由、科学等思想因素，成为近代中国思想发展的先声。它所提出的一系列经世致用的主张，在一定程度上培植出中华民族的求真精神、科学精神和实效精神。

1840 年鸦片战争之后，中国社会步入内忧外患都极为深重的时期，国家和人民被列强任意欺凌。在民族危机的刺激和西学东渐的影响下，中华民族的民族意识历经鸦片战争、甲午战争、五四运动和抗日战争全面觉醒和日益高涨，中华民族的民族精神以争取民族独立和国家富强为目标的革命精神昂然挺立于世界的东方。这种民族精神彰显为不怕牺牲、前赴后继、拯救民族、保卫祖国的强烈的爱国主义情怀。

真正继承和发扬了中华民族爱国主义精神的是中国共产党。1927 年，第一次国内革命战争失败，中国共产党人在白色恐怖笼罩下，没有被吓倒、被征服，他们从地上爬起来，揩干身上的血迹，掩埋好同伴的尸首，发动武装起义，创立了井冈山革命根据地，形成了“井冈山精神”。1934 年 10 月至 1936 年 10 月，面对数十万敌军的围追堵截，红军爬雪山、过草地，铁流万里奏凯歌，形成了“长征精神”。就在日本帝国主义疯狂侵略我国，中华民族到了最危险的时候，中国共产党人挺身而出，带领中国人民历经八年抗战，打败了日本侵略者，并形成了“延安精神”。当国民党反动派发动全面内战的时候，中国共产党人艰苦奋斗，用小米加步枪打败了美式装备的国民党军队，并形成了“西柏坡精神”。中华人民共和国成立后，在我们集中精力进行社会主义建设时期，帝国主义对我国实行全面封锁，我们发挥社会主义制度的优越性，独立自主，自力更生，试验成功了原子弹、氢弹和人造卫星。在新的历史时期，正是改革开放、经济起飞、国家统一、文化复兴这四股大潮汇聚在一起，中华民族的爱国主义激情更是空前高涨，达到一个新的历史高度。其鲜明的时代特征，就是把民族自信意识与民族忧患意识相结合，形成“万众一心、振兴中华、发愤图强、综合创新”的现代革新的中华民族精神。

回首近代以来中华民族曲折发展历史进程，正是以爱国主义为核心的民族精神的昂然挺立使这个民族获得独立、尊严并走向复兴。在中华民族现代复兴过程中，面对各种艰难困苦极其复杂局面，我们高扬起以改革创新为核心的时代精神，勇于担当、革故鼎新、披荆斩棘、攻坚克难，持续推进中华民族精神的现代转化。

总之，近代以来，从“道路自信”到“文化自信”，从“爱国主义”到“改革创新”，中华民族精神在磨难中傲然挺立，在奋斗中无畏高扬。追溯历史，中华优秀传统文化构成中华民族的精神命脉，它的形成绝非一朝一夕之功，而是各族人民在长期历史实践中互相交流融合，同时与其他文化不断借鉴而熔铸。中华民族精神作为中华优秀传统文化的核心与灵魂，在当今时代仍具有积极意义，不仅可以为中国特色社会主义事业发展提供精神动力，而且可以促进国际友好合作与世界和平。

四、理论前沿

（一）新冠肺炎重大疫情防控中我国伟大民族精神的有力彰显

习近平总书记在第十三届全国人民代表大会第一次会议的讲话中指出：“中国人民在长期奋斗中培育、继承、发展起来的伟大民族精神，为中国发展和人类文明进步提供了强大精神动力。”① 每一个时代的民族精神都是一种历史的产物，虽然形式和具体内容会有所不同，但其精神实质是一脉相承的。在面对2020年初爆发的新冠肺炎这一重大疫情时，中华儿女挺身而出，英勇无畏，有力地彰显了伟大的中华民族精神。

科学高效、依法有序的精神。疫情防控需要科学高效、依法有序。科学高效意味着向科学要方法要答案要效率。习近平总书记很早就提出了“坚定信心、同舟共济、科学防治、精准施策”的总要求。中国的科技工作者在最短的时间内就研究并公开了病毒的基因序列，相当短的时间内就在疫苗研究的领域取得了重大突破。疫苗研究还在分秒必争地进行。病毒检测试剂也在不断地革新换代以增强病毒检测能力。工程人员科学高效地建成了火神山、雷神山医院。这些都集中彰显了疫情防控中人们追求科学高效的精神面貌。依法有序是对疫情防控的秩序要求。法治是社会治理发展的趋势，国家治理现代化的重要体现。习近平总书记始终强调必须依法防控疫情：“疫情防控越是到最吃劲的时候，越要坚持依法防控，在法治轨道上统筹推进各项防控工作，保障疫情防控工作顺利开展。”② 各级党员干部积极运用法治思维和法治方式解决疫情防控难题，法律工作者、社区干部、防疫志愿者们为疫情防控依法有序做出了艰辛努力。科学高效、依法有序的内核是中国人民的伟大创造精神。

迎难而上、救死扶伤的精神。在每一个历史时期，中华民族都有“明知山有虎偏向虎山行”的人，如精忠报国的岳飞，如为革命流血的谭嗣同，如为抗震救灾而牺牲的子弟兵们。他们所彰显的，是历代传承的伟大奋斗精神。白衣执甲，逆行出征。“逆行者”是在抗击新冠抗击疫情时期偏向虎山行的民族脊梁。最初爆发疫情的湖北武汉封城，军队和各省国家医疗紧急救援队四万余名医护人员在党和政府的号

① 习近平：《在第十三届全国人民代表大会第一次会议上的讲话》，北京：人民出版社2018年版，第2页。

② 习近平：《全面提高依法防控依法治理能力 为疫情防控提供有力法治保障》，载《人民日报》2020年2月6日，第1版。

召下壮丽逆行。“疫情不除，我们不退”是援汉医疗队员的铮铮誓言。留在武汉的医护人员们也没有选择离开，尽忠职守地做好自己的工作。还有运送医疗物资的司机、快递小哥和志愿者们，他们的逆行也展现出炫亮的光彩。致敬逆行者，因为迎难而上要克服的不是简单的困难，而是危及生命的病毒。疫情防控正是一场严肃的斗争，迎难而上贯彻的是逢敌敢亮剑、遇事有担当的充沛的斗争精神。而救死扶伤正是医者仁心的集中体现。“迎难而上，救死扶伤”是对逆行者们在抗疫期间弘扬伟大民族精神的凝练。

众志成城、守望相助的精神。“众志成城、守望相助”是在疫情期间彼此之间互相勉励最常用的词语，其内核是团结一心、胸怀大局、互帮互助的伟大团结精神。所谓大鹏之动，非一羽之轻，骐骥之速，非一足之力也。为了阻断病毒的传播链，武汉市和湖北其他各市州相继封城、全国人民都开始居家隔离。全世界所有中华儿女都行动起来，为国家的防疫工作捐款捐物。全国各级地方在党中央的领导下坚持全国一盘棋、密织起疫情防控工作网络。面对危难时局，人们众志成城汇聚成一股庞大的力量，共同抗击疫情。习近平总书记总结说：“广大人民群众众志成城、守望相助，特别是武汉人民和湖北人民识大体顾大局、自觉配合疫情防控工作，展现了坚韧不拔的顽强斗志。”① 经过全国人民的努力奋战，疫情防控工作取得了阶段性胜利。伟大团结精神的传承，是我们对抗疫情的重要精神法宝。

开放包容、担当进取的精神。阻击新冠必须凝聚全球力量，开放包容、担当进取是中华民族在面对疫情时所做出的选择。疫情在我国爆发以来，世界一些国家和地区对我国给予了及时的援助。“投我以木桃，报之以琼瑶。”在我国疫情初步得到控制，而世界范围内新冠病毒开始大流行后，我们尽自己所能给予了需要帮助的国家一些医疗物资的援助，对有些疫情严重的国家，我们还派遣医疗队、输出中国抗疫经验。国际社会普遍认为中国为世界防疫树立了典范。中国从受援助国到援助国，从产品输出到经验输出，彰显了负责任大国形象。“开放包容、担当进取”在一定程度上贯彻着伟大梦想精神之心怀梦想、不懈追求的精神实质。

（二）中国精神的传承与价值

习近平总书记指出：“中华民族具有五千多年连绵不断的文明历史，创造了博大精

① 习近平：《在统筹推进新冠肺炎疫情防控和经济社会发展工作部署会议上的讲话》，载《人民日报》2020年2月24日，第2版。

深的中华文化，为人类文明进步作出了不可磨灭的贡献。经过几千年的沧桑岁月，把我国五十六个民族、十三亿多人紧紧凝聚在一起的，是我们共同经历的非凡奋斗，是我们共同创造的美好家园，是我们共同培育的民族精神，而贯穿其中的、更重要的是我们共同坚守的理想信念。”①

中国精神作为一种精神，是一定物质基础或社会存在的反映。中国精神具有相对独立性，它与中华民族优秀传统文化和思想积淀、与当代中国意识形态和思想观念，与世界各国先进文化等存在着密切关系。中国精神的灵魂是中国特色社会主义先进文化，也就是以马克思主义为指导的社会主义先进文化。

中华民族历来就重精神。崇尚精神是中华民族的优秀传统，表现在中国古人对道德理性的不懈追求，表现在中华民族高度重视道德修养和道德教化，表现在普遍重视人生境界和理想人格。中华民族悠久辉煌的历史文化孕育了中国精神，涵养了伟大的民族精神和时代精神。

中华民族有“重精神”的传统。体现在如下四点：

（1）表现在对物质生活和精神生活相互关系的独到理解上。

基于对精神生活重要性的认识，中国古人在义利观上主张见利思义、以义制利、先义后利。强调用道德理性和精神品格对欲望进行引导和控制，时刻对私欲、贪欲保持警惕。

（2）表现在中国古人对理想的不懈追求上。

理想既是激励个体的精神内驱力，也是凝聚社会整体的精神。正是因为有了这种道德理想主义情怀，无数志士仁人“为天地立心，为生民立命，为往圣继绝学，为万世开太平”，他们心怀天下，利济苍生，为追求道义、实现理想而上下求索。

（3）体现出了对道德修养及道德教化的重视。

中国传统文化对道德修养和道德教化的强调体现在将“立德”置于立德、立功、立言之首，重视人的道德品质的养成。

（4）表现为重视人生境界和理想人格。

尽管儒家把“君子”“圣人”作为自己的理想人格；道家则推崇逍遥于天地之间的“真人”“至人”；近代启蒙思想家梁启超呼吁“新民”的理想人格。但其共同点都是关注人的精神品格。

---

① 习近平：《在第十二届全国人民代表大会第一次会议上的讲话》，载《人民日报》2013年3月18日，第1版。

其次是中国精神并不等同于中国文化。文化是指人类在认识世界和改造世界中所创造出的一切成果，包括物质文化、制度文化、精神文化等，也包含着积极成分和消极因素。而中国精神更偏重于精神文化层面，讨论中华民族或中国人在认识世界和改造世界过程中所创造的精神成果，并且从文化的性质来看，更偏重于总结中华民族和中国人民在认识世界和改造世界过程中所形成的积极成果。

中国共产党是中华民族重精神优秀传统的忠实继承者和坚定弘扬者。中国共产党历代领导人都重视精神因素的作用，提出过“人是要有一点精神的”“物质文明与精神文明”“中华民族精神”“以爱国主义为核心的民族精神和以改革创新为核心的时代精神”等，但都没有直接使用“中国精神”这个概念。直到 2013 年 3 月 17 日的第十二届全国人民代表大会第一次会议，习近平总书记第一次把“中国精神”与“中华民族伟大复兴中国梦”联系起来，提出了“中国精神”的概念。

习近平总书记指出：“实现中国梦必须弘扬中国精神，这就是以爱国主义为核心的民族精神，以改革创新为核心的时代精神。这种精神是凝心聚力的兴国之魂、强国之魂。”①

中国共产党明确提出了实现民族复兴，不仅表现为经济腾飞，更要有以爱国主义为核心的民族精神和以改革创新为核心的时代精神相统一的中国精神。这种精神是实现民族复兴的精神引领，是凝聚中国力量的精神纽带，是提升综合国力的重要保证，因而是凝心聚力的兴国之魂、强国之魂。民族精神和时代精神两者的有机结合构成了中国精神的基本内容，民族精神与时代精神紧密相连。民族精神是时代精神的生长根基和发展动力。时代精神是民族精神的时代体现和发展方向，实现中国梦需要弘扬伟大的民族精神，也需要弘扬伟大的时代精神。

习近平总书记的讲话还指出了中国精神的价值所在：实现中国梦必须弘扬中国精神。具体来说，又体现在以下三个方面。

第一，中国精神是实现民族复兴的精神引领。

近代以来，在实现民族独立、人民解放、国家富强、人民幸福的历史进程中，中国共产党正是高扬中国精神的旗帜带领全国人民建立中华人民共和国，进行了社会主义革命、建设和改革，为中华民族伟大复兴奠定了重要基础，一步一步接近伟大复兴的战略目标。而在加快推进社会主义现代化建设、实现“两个一百年”奋斗目标的过

① 习近平：《在第十二届全国人民代表大会第一次会议上的讲话》，载《人民日报》2013 年 3 月 18 日，第 1 版。

程中，中国精神的价值和意义将会更为凸显。

第二，中国精神是凝聚中国力量的精神纽带，对维护民族团结和国家统一发挥着重要的凝聚作用。在当代，更要依靠中国精神使得13亿人的智慧和力量汇集起不可战胜的磅礴力量，为实现中华民族伟大复兴的中国梦而努力奋斗。

第三，中国精神是提升综合国力的重要保证。通过弘扬中国精神，提振全民族的精气神，激励广大人民积极投身到社会主义现代化建设中，既是增强综合国力的内在要求，也是提升综合国力的重要思想保证和精神支撑。

鲁迅曾说的“惟有民魂是值得宝贵的，惟有他发扬起来，中国才有真进步”便是如此。

大力弘扬中国精神，培育中华民族共同的精神家园，既需要大力弘扬以爱国主义为核心的伟大民族精神，也需要大力弘扬以改革创新为核心的伟大时代精神。只有积极寻求民族精神与时代精神的统一，相互沟通构成中国精神的永恒。

五、学习测试

（一）单项选择题

1. 中华民族在五千多年的历史进程中，不仅创造出光辉灿烂、享誉世界的中华文明，也形成了一个贯穿于中华民族筚路蓝缕的奋斗历程的优秀传统，即：(　　)

A. 实用主义　　B. 崇尚精神　　C. 理想主义　　D. 义利结合

答案：B

2. 鲁迅曾说：“惟有民魂是值得宝贵的，惟有他发扬起来，中国才真有进步。”其中“民魂”在今天就是指：(　　)

A. 中国力量　　B. 中国文化　　C. 中国制度　　D. 中国精神

答案：D

3. (　　)是社会主义核心价值体系的精髓，是中国精神的基本内容。

A. 民族精神　　B. 时代精神

C. 民族精神和时代精神　　D. 实践精神

答案：C

4.（ ）是贯穿中国历史发展的一条主线，是各族人民共同的精神支柱。

A. 爱国主义 B. 仁爱和谐 C. 民族主义 D. 实用理性

答案：A

5. 中华民族之所以能在五千多年的历史进程中历经挫折而不屈，屡遭坎坷而不馁，主要原因在于具有一种（ ）的精神。

A. 团结统一 B. 爱好和平 C. 勤劳勇敢 D. 自强不息

答案：D

6. 随着改革开放和中国特色社会主义事业不断发展，（ ）成为时代精神的核心。

A. 解放思想 B. 以人为本 C. 改革创新 D. 求真务实

答案：C

7. 中华民族精神的核心是：（ ）

A. 爱国主义 B. 勤劳勇敢 C. 团结统一 D. 以和为贵

答案：A

8. 在当代中国，爱国主义首先体现在对社会主义中国的热爱上。爱国主义与爱社会主义的统一是中国历史发展的：（ ）

A. 必然选择 B. 必然结果 C. 必然道路 D. 必然条件

答案：B

9. 19 世纪波兰音乐家肖邦离开祖国时曾带了一瓶祖国的泥土，在巴黎临终时，他知道当时的波兰政府不会允许他的遗体运回祖国，于是就嘱托亲人和朋友“我希望至少把我的心脏带回祖国去”。肖邦的做法体现了爱国主义中的：（ ）

A. 爱祖国的大好河山 B. 爱自己的骨肉同胞

C. 爱祖国的灿烂文化 D. 爱自己的国家

答案：A

10. 毛泽东高度赞扬鲁迅先生所提倡的“横眉冷对千夫指，俯首甘为孺子牛”精神，以鲁迅为榜样，做无产阶级和人民大众的“牛”，鞠躬尽瘁，死而后已，体现了：（ ）

A. 爱祖国的大好河山 B. 爱自己的骨肉同胞

C. 爱祖国的灿烂文化 D. 爱自己的国家

答案：B

11. 国家主权、财富、民族发展和进步的基本载体是：（ ）

A. 国家的经济实力　　B. 国家的政治制度

C. 祖国的灿烂文化　　D. 祖国的大好河山

答案：D

12. 检验一个人对祖国的忠诚程度的试金石是：(　　)

A. 对履行国家义务的积极程度　　B. 对传统文化的接受程度

C. 对祖国领土的依恋程度　　D. 对人民群众感情的深浅程度

答案：D

13. 范仲淹的“先天下之忧而忧，后天下之乐而乐”体现了爱国主义传统的：(　　)

A. 热爱祖国、矢志不渝　　B. 天下兴亡、匹夫有责

C. 维护统一、反对分裂　　D. 同仇敌忾、抗御外侮

答案：B

14. 实现中华民族伟大复兴的动力是：(　　)

A. 强大国防　B. 强大外交　C. 爱国主义　D. 强大的经济实力

答案：C

15. 经济全球化的背景下，爱国要正确处理的关系不包括：(　　)

A. 热爱祖国与关爱世界　　B. 为祖国服务与尽国际义务

C. 维护世界和平与促进共同发展　　D. 热爱祖国与爱社会主义

答案：D

16. 在新的历史条件下，弘扬爱国主义精神，必须把(　　)作为重要着力点和落脚点。

A. 维护国家的根本利益　　B. 建设中国特色社会主义

C. 保卫祖国，抵抗侵略　　D. 维护祖国统一和民族团结

答案：D

17. 在当代中国，爱国主义首先体现在：(　　)

A. 对骨肉同胞的热爱上　　B. 对社会主义中国的热爱上

C. 对祖国大好河山的热爱上　　D. 对祖国灿烂文化的热爱上

答案：B

18. 解决台湾问题，实现祖国完全统一，是不可阻挡的历史进程，也是全体中华儿

女的共同心愿。和平统一最符合包括台湾同胞在内的中华民族的：( )

A. 根本目标 B. 根本利益 C. 基本目标 D. 基本利益

答案：B

19. 在把握经济全球化趋势与爱国主义的相互关系的问题上，需要着重树立一些观念，其中不包括：( )

A. 人有地域和信仰的不同，但报效祖国之心不应有差别

B. 科学没有国界，但科学家有祖国

C. 顺应经济全球化，适时改变爱国主义立场

D. 经济全球化过程中要始终维护国家的主权和尊严

答案：C

20. 詹天佑说过："各出所学，各尽所知，使国家富强不受外侮，足以自立于地球之上。"这句话强调在自觉维护国家利益时：( )

A. 要献身于国家科技事业

B. 要承担起对国家应尽的义务

C. 既要体现中国人维护国家利益的坚定信念，又要体现出中国公民的文明形象和风范

D. 树立民族自尊心和自豪感

答案：B

21. 国家安全问题事关国家安危和民族存亡。在国家安全形势越来越复杂的今天，我们应该做到：( )

A. 更加重视外部安全 B. 更加重视经济安全

C. 自觉遵守国家安全法律 D. 更加重视政治安全

答案：C

22. 以下说法，哪一项不是儒家的观点：( )

A. 不义而富且贵，于我如浮云。

B. 兼相爱，交相利。

C. 自天子以至于庶人，壹是皆以修身为本。

D. 知之者不如好之者，好之者不如乐之者。

答案：B

23. 中国人的伟大民族精神是坚定中国特色社会主义道德自信、理论自信、制度自

信、文化自信的底气，是中华民族风雨无阻、高歌行进的：(　　)

A. 主要动力　　B. 基本保证　　C. 必要条件　　D. 根本力量

答案：D

24. 习近平强调，民族复兴不仅表现为经济腾飞，更要有：(　　)

A. 中国精神的振奋和彰显　　B. 国际地位的提升

C. 精神文明的发展　　D. 人民群众生活的改善

答案：A

25. 世界上没有一个民族会在心神不定、游移彷徨中成就自己的光荣和梦想。在推进中华民族伟大复兴的精神定力中，不包括：(　　)

A. 自觉弘扬中国精神。

B. 坚定道路自信、理论自信、制度自信、文化自信。

C. 全体人民拥有坚如磐石的精神和信仰力量。

D. 认识当代世界和中国发展大势。

答案：D

26. 中国的历史和现实充分证明，中国共产党是高举爱国主义旗帜并躬身实践的光辉典范。下列说法中，拥护中国共产党的领导与新时代爱国主义的关系不包括：(　　)

A. 拥护中国共产党的领导是新时代爱国主义的重要体现。

B. 拥护中国共产党的领导是新时代爱国主义的唯一内容。

C. 拥护中国共产党的领导是新时代爱国主义的必然选择。

D. 拥护中国共产党的领导是新时代爱国主义的必然要求。

答案：B

27. 我们必须尊重和传承中华民族历史和文化，以(　　)激活中华优秀传统文化的生命力，延续文化基因，萃取思想精华，推进中华优秀传统文化创造性转化和创新性发展。

A. 时代精神　　B. 革命精神　　C. 民族精神　　D. 道德精神

答案：A

28. 在经济全球化条件下，民族存在的最高组织形式是：(　　)

A. 区域性经济联盟　　B. 经济共同体

C. 国家　　D. 政治联盟

答案：C

29. 坚持推动构建人类命运共同体，是新时代坚持和发展中国特色社会主义基本方略的：(　　)

A. 根本任务　B. 首要目标　C. 关键要素　D. 重要内容

答案：D

30. 推进祖国统一，必须保持香港、澳门长期繁荣稳定。下列说法不正确的是：(　　)

A. 坚定不移贯彻“一国两制”方针。

B. 中央依法行使权力和特别行政区履行义务有机结合起来。

C. 始终依照宪法和基本法办事。

D. 始终维护和谐稳定的社会环境。

答案：B

31. 大陆和台湾同属一个中国，是不可分割的整体。解决台湾问题的基本方针是：(　　)

A. 九二共识　　B. 着眼大局、理性沟通

C. 凝聚共识、和衷共济　　D. 和平统一、一国两制

答案：D

32. 目前，“台独”分裂势力及其分裂活动仍然是对台海和平的现实威胁。要贯彻(　　)，旗帜鲜明地反对一切损害两岸关系的言行。

A. 《中华人民共和国宪法》　　B. 《中华人民共和国刑法》

C. 《反分裂国家法》　　D. 《中华人民共和国行政法》

答案：C

33. 中国精神作为兴国强国之魂，主要表现不包括：(　　)

A. 激发创新创造的精神动力　　B. 体现中国特色的硬指标

C. 凝聚中国力量的精神纽带　　D. 推进复兴伟业的精神定力

答案：B

34. 爱国主义是调节个人与祖国之间关系的道德要求、政治原则和法律规范。其科学内涵不包括：(　　)

A. 爱自己的国家　　B. 爱祖国的灿烂文化

C. 爱自己的骨肉同胞　　　　D. 爱祖国的繁荣富强

答案：D

35. 处理好民族问题、促进民族团结，是关系祖国统一和边疆巩固的大事，大学生要自觉做民族团结进步事业的建设者、维护者、促进者。下列说法不正确的是：(　　)

A. 重点了解各少数民族的发展历史

B. 深化对党的民族理论和民族政策的认识

C. 认真学习国家关于民族事务的法律法规

D. 认清“藏独”和“疆独”等各种分裂主义势力的险恶用心和反动本质

答案：A

36. 国家安全问题事关国家安危和民族危亡。确立总体国家安全观，下列说法不正确的是：(　　)

A. 以人民安全为宗旨　　　　B. 以政治安全为保障

C. 以经济安全为基础　　　　D. 以促进国际安全为依托

答案：B

37. 我国宪法明确规定，(　　)是中华人民共和国每一个公民的神圣职责。

A. 关心国防、了解国防

B. 热爱国防、投身国防

C. 自觉接受国防和军事方面的教育训练

D. 保卫祖国、抵抗侵略

答案：D

38. 我国的先民很早就提出了“穷则变，变则通，通则久”等思想观念，(　　)是中华民族最深沉的民族禀赋。

A. 穷则思变　　B. 创新创造　　C. 破旧立新　　D. 拼搏进取

答案：B

39. 今天，国际竞争的新优势越来越集中在创新能力上。全球新一轮(　　)正在孕育兴起，谁在创新上先行一步，谁就能拥有引领发展的主动权。

A. 科技革命　　　　B. 产业变革

C. 科技革命和产业变革　　　　D. 技术革命

答案：C

40. 新时代的大学生置身于实现中华民族伟大复兴的时代洪流之中，应当以时代使命为己任，增强改革创新的能力本领。下列说法与大学生增强改革创新的能力本领不相符合的是：(　　)

A. 夯实创新基础　　B. 培养创新思维

C. 投身创新实践　　D. 调整创新战略

答案：D

(二) 多项选择题

1. 爱国主义体现了人民群众对自己祖国的深厚感情，反映了个人对祖国的依存关系，是人们对自己故土家园、民族和文化的归属感、认同感、尊严感与荣誉感的统一。在我国，爱国主义：(　　)

A. 只是道德要求，不是法律规范

B. 既继承了优良传统，又具有时代特征

C. 体现了爱国主义与爱社会主义的一致性

D. 体现了爱国主义与拥护祖国统一的一致性

答案：BCD

2. 爱国主义的时代价值体现为：(　　)

A. 维护祖国统一和民族团结的纽带

B. 实现中华民族伟大复兴的动力

C. 构建和谐世界的重要力量

D. 实现人生价值的力量源泉

答案：ABD

3. 我们知道，社会主义在中国不是一句空洞的口号，而是集中代表着、体现着、实现着国家、民族和人民的根本利益。同时，祖国统一是全体中华儿女的共同愿景。因此，新时期的爱国主义必然体现为：(　　)

A. 坚持爱国主义和社会主义相统一

B. 维护祖国统一和民族团结

C. 尊重和传承中华民族历史和文化

D. 坚持立足民族又面向世界

答案：ABCD

4. 和平统一最符合包括台湾同胞在内的中华民族的根本利益。如何促进两岸关系积极发展，其关键在于：(　　)

A. 坚持一个中国原则

B. 推进两岸交流合作

C. 共同传承好中华民族优秀传统文化

D. 反对“台独”分裂图谋

答案：ABD

5. 当代中国，社会发展离不开改革创新，改革创新是社会发展的重要动力，坚持改革创新是新时代的迫切要求表现为：(　　)

A. 创新始终是推动人类社会发展的第一动力

B. 实现中华民族伟大复兴的中国梦的物质动力

C. 创新能力是当今国际竞争新优势的集中体现

D. 改革创新是我国赢得未来的必然要求

答案：ACD

6. 新时期的大学生置身于实现中华民族伟大事业的时代洪流之中，理应肩负时代使命。大学生在实践中弘扬改革创新精神的要求包括：(　　)

A. 树立改革创新的自觉意识

B. 增强改革创新的能力本领

C. 勇做改革创新的实践者和生力军

D. 以全部的情感、意志和信念去实现自我价值

答案：ABC

7. 改革创新精神既是对中华民族革故鼎新优良传统的继承弘扬，也是中国人民在改革开放伟大实践中体现出来的精神品格和精神特征。今天，以改革创新为核心的时代精神主要体现为：(　　)

A. 突破陈规、大胆探索、敢于创造的思想观念

B. 不甘落后、奋勇争先、追求进步的责任感和使命感

C. 以“落后就会挨打”的危机感和忧患意识自我警醒

D. 坚韧不拔、自强不息、锐意进取的精神状态

答案：ABCD

8. 中国人民在长期奋斗中培育、继承、发展起来的伟大民族精神，为中国发展和

人类文明进步提供了强大精神动力。这种伟大民族精神主要体现为：(　　)

A. 伟大创造精神　　B. 伟大奋斗精神

C. 伟大进取精神　　D. 伟大梦想精神

答案：ABD

9. 时代精神是一个国家和民族在新的历史条件下形成和发展的。作为一种对社会发展具有积极影响作用的集体意识，主要体现在哪些方面：(　　)

A. 思想观念　　B. 社会时尚

C. 价值取向　　D. 精神风貌

答案：ACD

10. “家是最小国，国是千万家”“没有国哪有家，没有家哪有我”，道出了国家和个体之间相互依存、密不可分的关系。因此，爱国主义要求：(　　)

A. 爱自己的国家　　B. 遵守国家的宪法法律

C. 维护国家安全和统一　　D. 为国家繁荣发展贡献自己的力量

答案：ABCD

(三) 简答题

1. 中国精神的主要内容是什么？

答：民族精神和时代精神的有机结合构成了中国精神的基本内容。中国精神就是以爱国主义为核心的民族精神和以改革创新为核心的时代精神。历史表明，爱国主义是贯穿中国历史发展的一条主线，是各族人民共同的精神支柱。在五千多年的历史发展中，中华民族形成了以爱国主义为核心的团结统一、爱好和平、勤劳勇敢、自强不息的伟大民族精神。时代精神是民族精神的时代性表达，体现了社会在一定历史时期的思想观念、价值取向、精神风貌和社会风尚。随着改革开放和中国特色社会主义事业不断发展，改革创新成为当代中国的最强音，改革创新精神也由此成为时代精神的核心。今天，改革创新精神作为马克思主义与时俱进的理论品格、中华民族富于进取的思想品格与改革开放和现代化建设实践相结合的伟大成果，已经深深地融入我国经济、政治、文化、社会建设的各个方面，成为各族人民不断开创中国特色社会主义事业新局面的强大精神力量。

2. 简述爱国主义及其时代价值。

答：爱国是个体对于生于斯长于斯的国家和人民的一种积极的社会性情感，是一种基于自然情感基础之上的积极社会性情感。

爱国主义是一种关于爱国的主张，不同的人、不同历史发展时期、不同的阶级、不同的社会具有各种不同的主张。

我们所讲的爱国主义，作为一种体现人民群众对自己祖国深厚感情的崇高精神，是同促进历史发展密切联系在一起的，是同维护国家独立和广大人民的根本利益联系在一起的。

在现阶段，爱国主义主要表现为献身于建设和保卫社会主义现代化事业，献身于促进祖国统一的事业。

爱国主义的时代价值体现在：爱国主义是维护祖国统一和民族团结的纽带；爱国主义是实现中华民族伟大复兴的动力；爱国主义是个人实现人生价值的力量源泉。

请结合历史和现实阐述中国精神的主要内容是什么？如何弘扬中国精神？

（四）讨论题

1. 在经济全球化条件下为什么要弘扬爱国主义精神？

答：经济全球化是当今时代发展的重要趋势。它的发展使世界各国在经济上的联系日益密切，同时影响到世界各国的政治和文化，对爱国主义也提出了严峻挑战。在经济全球化的条件下，之所以要继续弘扬爱国主义精神，是一个十分重大的理论问题和现实问题。

首先，经济全球化并非政治全球化、文化全球化。全球化仅仅指经济全球化，它描述的是贸易、金融、投资等经济活动和经济过程的全球化，是世界范围内各国和各地区经济融合成整体，按照市场经济要求保证生产要素在全球范围内自由流动和合理配置的历史进程。

其次，经济全球化背景下更加需要维护国家利益。经济全球化背景下国家不会消失。在经济全球化条件下，国家仍然是民族存在的最高组织形式，是国际社会活动中的独立主体。同时，经济全球化并不能消除国家民族间在贫富、利益、权利、地位等方面的差别和对立，国家主权仍是一个民族国家全体成员共同利益在政治上的集中体现，爱国主义仍然是团结和凝聚全体民族成员的旗帜。

再次，弘扬爱国主义是当代中国发展的现实需要。一方面，爱国主义是实现中华民族伟大复兴中国梦的精神动力。另一方面，爱国主义也是缓和社会矛盾、凝聚社会共识的精神纽带。

最后，虽然全球化浪潮席卷全球，但国家消亡的经济基础和社会条件还不具备，国家既是民族存在的最高组织形式，也是国际社会活动中的独立主体，肩负和履行着大量的社会职能。不同民族之间的利益协调，仍然有赖于代表各个民族的国家组织来完成。不同民族之间的矛盾斗争，同一民族内部秩序的维持，也是由国家机器来化解和解决的。

2. 请结合历史和现实阐述如何弘扬中国精神？

答：第一，要着眼于中华民族的伟大复兴，加强并推动社会主义文化建设的大发展和大繁荣，提高国家文化软实力，发挥文化引领风尚、教育人民、服务社会、推动社会发展的作用。

第二，要立足于中国特色社会主义的发展道路，继续坚持解放思想和与时俱进，深化对世情、国情、党情、民情的科学认识，唱响改革创新、科学发展的时代主旋律。

第三，应从社会主义精神文明建设的整体出发来思考、规划和落实如何在实践中弘扬中国精神的有效途径。首先，要加强爱国主义教育基地建设，主要是在博物馆、纪念馆、烈士陵园和各种纪念设施中建立起一大批教育基地。其次，要加强优秀精神文化产品的创作和生产，为广大人民群众提供丰富多彩的精神文化产品，进而推动民族精神和时代精神的发展，使中华民族始终保持健康向上的精神状态。最后，要加强主流媒体建设和新兴媒体建设，形成舆论引导新格局。

六、拓展阅读

1. 习近平：《在庆祝中华人民共和国成立 70 周年大会上的讲话》，人民出版社 2019 年版。

【导读】2019 年 10 月 1 日上午，庆祝中华人民共和国成立 70 周年大会在北京天安门广场隆重举行，中共中央总书记、国家主席、中央军委主席习近平发表重要讲话。讲话高度评价中华人民共和国成立的历史意义，深刻阐明中华人民共和国 70 年创造的人间奇迹，豪迈展望中华民族伟大复兴的光明未来，鼓舞和激励着亿万中华儿女满怀豪情、充满自信，为实现伟大梦想而接续奋斗。本书是这一重要讲话的单行本。

2. 习近平：《在庆祝中国共产党成立 95 周年大会上的讲话》，人民出版社 2016 年版。

【导读】习近平总书记的重要讲话全面回顾了我们党 95 年来团结带领中国人民不

懈奋斗，所走过的波澜壮阔历史进程和作出的伟大历史贡献；深刻阐述了面向未来、面对挑战必须牢牢把握的八方面要求，对全党在新的历史起点上统筹推进“五位一体”总体布局、协调推进“四个全面”战略布局，做好党和国家各项工作，具有重要指导意义。全党同志要深入学习、认真领会，不忘初心、继续前进，以先进模范为榜样和鞭策，坚定共产党人应有的理想信念，坚定不移走中国特色社会主义道路，坚持党的基本路线，牢牢扭住发展习近平要务，把对党的赤诚和忠贞融入建设中国特色社会主义、融入全心全意为人民服务的伟大事业中去。更加紧密地团结在以习近平同志为中心的党中央周围，勇于担当、务实苦干、攻坚克难，促进经济社会持续健康发展，为实现“两个一百年”奋斗目标、建成富强民主文明和谐的社会主义现代化国家、实现中华民族伟大复兴的中国梦作出新的更大贡献。

3. 曾平标：《中国桥——港珠澳大桥圆梦之路》，花城出版社2018年版。

【导读】长篇纪实文学《中国桥——港珠澳大桥圆梦之路》描述了从20世纪80年代初发轫到2018年梦想成真，港珠澳大桥的缘起、立项、论证、环评、施工的过程，对这座涉及一个经济特区和两个特别行政区的超级工程进行了全方位纪录。作者用时5年，到京粤港澳各地深入采访了方案构想者、项目管理者、大桥建设者等多位亲历的关键人物，极为真实且细腻地还原了大桥建设过程，怀有中国梦的人们，克服了无数来自建设管理、工程技术、施工安全和环境保护等方面的挑战，最终建成了世界桥梁史上的一座里程碑。本书展现了新时代中国特色社会主义思想指导下中国的发展和成就，展现中国人民在全面建设小康征程上的伟大奋斗，同时也是一部改革开放40周年的献礼之作。读者可以通过此书更加准确、全面和客观地了解中国发展现状，了解中国超级工程的建设过程中所有精彩细节，了解港澳市民对祖国认同的心路历程。

4. 佘双好：《中国梦之中国精神》，武汉大学出版社2015年版。

【导读】中华文化是世界上唯一没有中断的文化，在数千年的文化和文明发展进程中，中华文化以强大的生命力，顽强而又坚韧地生存下来，创造了人类文明发展史的一个又一个辉煌。本书以中华民族延绵七千多年文明发展历所积淀的民族精神和以中国共产党领导中国人民革命、建设和改革过程中形成的时代精神为纵坐标，以世界上不同国家、不同民族的国家精神、民族精神的特点为横坐标，探寻中国精神的历史方位，揭示中国精神的实质和核心。

5. ［美］亨利·基辛格：《论中国》，中信出版社2015年版。

【导读】《论中国》是美国前国务卿、“政坛常青树”亨利·基辛格的一部中国问题专著。他以一位资深外交家和思想家的独特视角，分析和梳理了中国自鸦片战争以来的外交传统，从围棋文化与孙子兵法中探寻中国人的战略思维模式，特别是试图揭示中华人民共和国成立以来，中国外交战略的制定和决策机制，以及对“一边倒”的外交政策、抗美援朝、中美建交、三次台海危机等重大外交事件来龙去脉的深度解读。作为历史的亲历者，基辛格博士还在书中记录了自己与邓小平等几代中国领导人的交往。本书用世界视角国际眼光，重新解读中国的过去和未来，凝结了基辛格博士的战略理论以及对中国问题数十年的研究成果 。

第四章
践行社会主义核心价值观

社会主义核心价值观凝结着全体人民共同的价值追求，其倡导的价值理念具有强大的道义力量，对我们铸牢理想信念、坚守价值追求、聚合磅礴之力有重大意义。社会主义核心价值观是指引大学生健康成长的航标，核心价值观建设聚焦的是造就具有正确世界观、人生观、价值观的社会主义建设者。党的十九大提出“培养担当民族复兴大任的时代新人”这一重大命题，把“培育什么样的价值观”和“培养什么样的人”与民族复兴伟业紧密结合起来，将人的发展理论和社会发展理论统一起来，抓住了核心价值观建设的根本，找准了社会主义核心价值观建设的出发点和落脚点。因此，大学生应当自觉践行社会主义核心价值观，为实现国家富强、民族振兴、人民幸福的中国梦凝聚强大的青春能量。

一、学习基本要求

（一）学习目的

大学生要深刻领会社会主义核心价值观的重要意义和科学内涵，坚定对社会主义核心价值观的自信，形成自觉践行社会主义核心价值观的信念理念。在此基础上，大学生要将社会主义核心价值观逐步转化为人生的价值目标，把人生价值追求融入国家和民族事业，努力成为担当民族复兴大任的时代新人。

（二）学习要求

（1）学习并领会社会主义核心价值观的重要意义和科学内涵，

弄清楚社会主义核心价值观的战略定位，理解社会主义核心价值观与社会主义核心价值体系的紧密联系，认识到社会主义核心价值观是当代中国精神的集中体现、是社会主义核心价值体系的精神内核、是有效凝聚社会价值共识和增进社会团结的强大精神力量；认识到培育和践行社会主义核心价值观是保证我国经济社会沿着正确的方向发展、实现中华民族伟大复兴的价值支撑。在此基础上认同、确信社会主义核心价值观。

（2）学习并领会社会主义核心价值观的丰厚历史底蕴、坚实现实基础和强大道义力量，充分认识社会主义核心价值观的优越性，进而坚定对社会主义核心价值观的自信，自觉以社会主义核心价值观引领多样化的社会思潮。

（3）在社会主义核心价值观的践行上，要能够认识到，一方面，处在价值观形成和确立时期的青年大学生，其价值取向决定着未来整个社会的价值取向；另一方面，正确的价值观能够引导大学生把人生价值追求融入国家和民族事业。因此，大学生要坚持由易到难、由近及远，从现在做起，从自己做起，努力把社会主义核心价值观内化为自己的精神追求，外化为自觉的实际行动，从一开始就把人生的“扣子”扣好。

（三）主要内容

社会主义核心价值观是马克思主义核心价值观在社会主义阶段的具体体现，是社会主义核心价值体系的集中体现，是中国特色社会主义赖以存在和发展的思想前提和精神支柱；社会主义核心价值观是社会主义先进文化的精髓，决定着中国特色社会主义发展方向，是实现中华民族伟大复兴中国梦的价值引领；社会主义核心价值观犹如一座标杆、一面旗帜，规范人们的思想和行为，代表着先进价值观的发展方向，引导社会发展的趋势和方向，推动社会的全面进步。培育社会主义核心价值观对于我们这样一个处在社会转型期的发展中大国而言，对于青年大学生成长成才而言，都具有特殊重要的意义。

围绕这一主题，“践行社会主义核心价值观”一章，以三节的框架和篇幅展开论述：第一节，阐述了社会主义核心价值观的基本内容，阐明了培育和践行社会主义核心价值观的重要意义。第二节，指出了坚定的核心价值观自信是中国特色社会主义道路自信、理论自信、制度自信和文化自信的价值内核，通过对社会主义核心价值观丰厚历史底蕴、坚实现实基础和强大道义力量的阐发，为我们坚定核心价值观自信提供了充分的理由。第三节，阐明了无论是在全社会培育和弘扬社会主义核心价值观、还是大学生自身成长成才和全面发展，都需要大学生做社会主义核心价值观的积极践行者；提出了大学生践行社会主义核心价值观的一系列具体举措。本章主要学习内容包括：

主要学习内容框架结构图如图5所示：

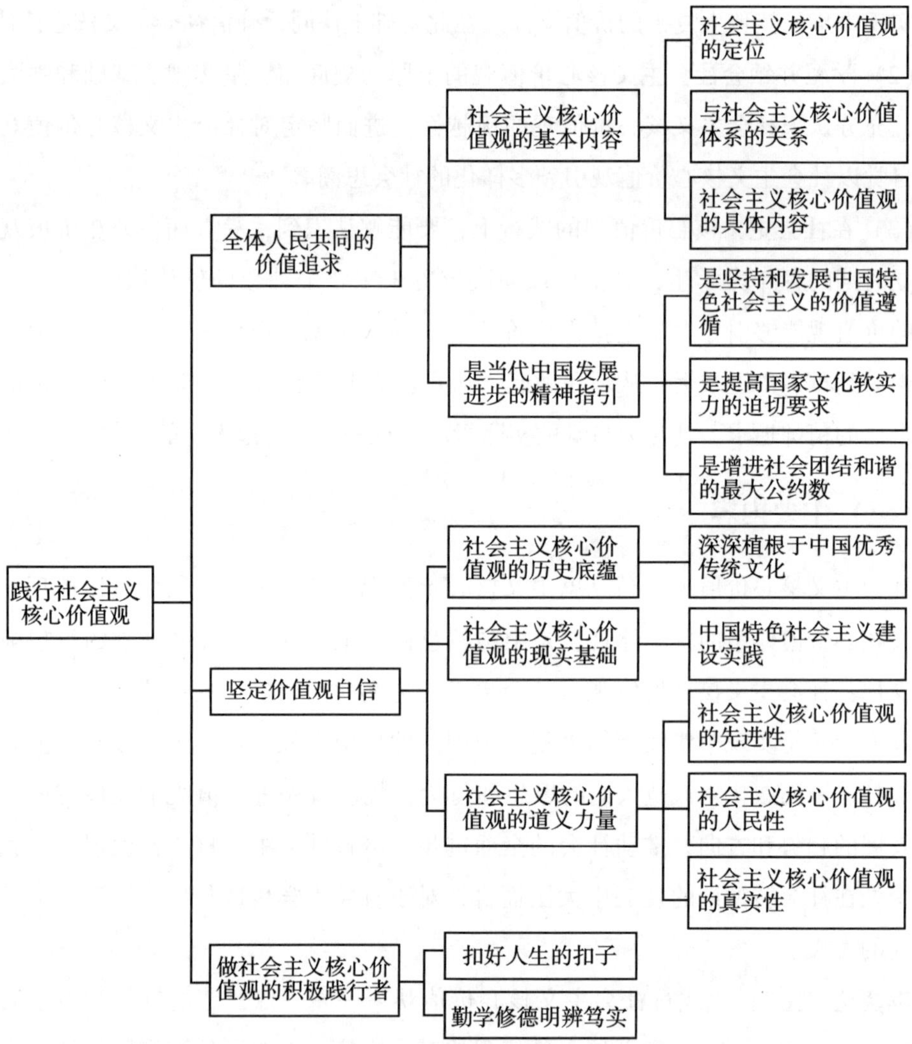

图5 第四章主要内容

1. 全体人民共同的价值追求

核心价值观，承载着一个民族、一个国家的精神追求，体现着一个社会评判是非曲直的价值标准。

（1）社会主义核心价值观的基本内容。核心价值观是一定社会形态性质的集中体现，在一个社会的思想观念体系中处于主导地位，体现着社会制度、社会运行的基本原则和社会发展的基本方向。富强、民主、文明、和谐这一价值追求回答了我们要建设什么样的国家。自由、平等、公正、法治这一价值追求回答了我们要建设什么样的社会。爱国、敬业、诚信、友善这一价值追求回答了我们要培育什么样的公民。

社会主义核心价值观和社会主义核心价值体系，两者是紧密联系、互为依存、相辅相成的。社会主义核心价值观是社会主义核心价值体系的精神内核，是社会主义核心价值体系的高度凝练和集中表达。同时，社会主义核心价值观与社会主义核心价值体系具有内在的一致性，都体现了社会主义意识形态的本质要求，也都体现了社会主义制度在思想和精神层面的质的规定性。

（2）当代中国发展进步的精神引领。培育和践行社会主义核心价值观，是有效整合我国社会意识、凝聚社会价值共识、解决和化解社会矛盾、聚合磅礴之力的重大举措，是保证我国经济社会沿着正确的方向发展、实现中华民族伟大复兴的价值支撑，意义重大而深远。

2. 坚定价值观自信

坚定核心价值观自信，是中国特色社会主义道路自信、理论自信、制度自信和文化自信的价值内核。社会主义核心价值观丰厚的历史底蕴、坚实的现实基础、强大的道义力量为我们坚定核心价值观自信提供了充分的理由。坚定社会主义核心价值观自信，要求我们充分认识社会主义核心价值观的优越性及其在中华民族实现自己梦想的奋斗中所具有的重大意义，自觉以社会主义核心价值观来引领我们接力前行。

（1）社会主义核心价值观的历史底蕴。深深地根植于中优秀传统文化，是社会主义核心价值观历史底蕴的集中体现。

培育和弘扬社会主义核心价值观，必须立足于中优秀传统文化，必须从中优秀传统文化中汲取丰富营养。同时，必须坚持历史唯物主义立场，坚持古为今用、推陈出新，有鉴别地加以对待，有扬弃地予以继承，推动中优秀传统文化创造性转化和创新性发展。

（2）社会主义核心价值观的现实基础。中国特色社会主义建设是社会主义核心价值观的实践根据。社会主义核心价值观生成于中国特色社会主义建设实践，同当今中国最鲜明的时代主题相适应，是当代中国精神的集中体现，是中国特色社会主义本质规定的价值表达，引领着中国特色社会主义建设铿锵前行。

中国特色社会主义建设的成功经验，是对社会主义核心价值观正确性、可信性的检验。

(3) 社会主义核心价值观的道义力量。社会主义核心价值观以其先进性、人民性和真实性而居于人类社会的价值高点，具有强大的道义力量。

社会主义核心价值观的先进性，体现在它是社会主义制度所坚持和追求的核心价值理念。

社会主义核心价值观的人民性体现在它所代表的最广大人民的根本利益，反映的是最广大人民的价值诉求，引导着最广大人民为实现最美好社会理想而奋斗。

社会主义核心价值观的道义力量还源于它的真实性。人民当家作主的社会主义制度，为社会主义核心价值观的真正实现奠定了根本的制度前提和制度保障，使得自由、民主、公正等价值观成为真切、具体、广泛的实现。

3. 做社会主义核心价值观的积极践行者

(1) 扣好人生的扣子。青年的价值取向决定了未来整个社会的价值取向，而青年又处在价值观形成和确立的时期，抓好这一时期的价值观养成十分重要。人生的扣子从一开始就要扣好。

(2) 勤学修德明辨笃实。培育和弘扬社会主义核心价值观必须在落细、落小、落实上下工夫。对于大学生而言，就是要切实做到勤学、修德、明辨、笃实，将社会主义核心价值观转化为人生的价值准则，也成为一言一行的基本遵循准则。

(四) 重点和难点

(1) 如何深刻理解社会主义核心价值观的历史底蕴、现实基础、道义力量。

(2) 如何在勤学、修德、明辨、笃实中培育弘扬社会主义核心价值观。

二、慕课学习

(一) 本章导学

教师：说起社会主义核心价值观，你脑海中最先浮现的是什么？

学生：我想起的是电视里、课堂教室里、银行、火车站、公交车站这些地方播放或悬挂的标语，还有我们政治课本中需要背诵的考点。

教师：你指出了一个很有意思的现象。就是一方面社会主义核心价值观离我们的生活很近。我们在家打开电视，或者出门走上街道，走进公共场所，几乎到处都可以看到社会主义核心价值观的标语，有一次我在地铁上遇见一个奶奶带着两三岁的孙子乘车，地铁喇叭刚传出“社会主义核心价值观”几个字，这位处在牙牙学语阶段的小朋友，就应声背诵起了“富强、民主、文明、和谐……”因此可以说社会主义核心价值观在生活中随处可见。

但另一方面，社会主义核心价值观离我们的生活又似乎很远。比如它比较抽象，我们可能会在考试中才会用到，在专门的课堂或报告会上才会谈到；而在日常的生活交流中，很少提及。前年几个大学生一起做一个研究项目，让我做他们的指导老师。我们一起在校门口的冷饮店讨论。旁边的客人聊衣服、聊美食、聊生活、聊感情时，我们几个人一口一个“社会主义核心价值观”。后来发现旁边的客人都用好奇的眼光打量我们。弄得我们自己都有些不好意思。

学生：感觉您说得似乎有些道理，但这让我更想不通了。社会主义核心价值观，离我们到底是近还是远呢？

教师：这就是价值观问题上的矛盾辩证法。一方面，价值观是对社会生活的抽象，不抽象不足以称为价值观。所以价值观不像一件衣服，或一份食物那样是有形的、具体的。我们平时看不见，也摸不着。另一方面，价值观又在无形之中影响着我们生活的方方面面。我们所穿衣服的颜色、款式，就反映着我们的价值观。

比如说，古代中国是自给自足的农业社会，历代统治者在国家治理中一向推行重农抑商政策，如汉代商人穿鞋子，必须是一只黑色一只白色，明代商人只能穿布衣，不能穿绸缎。这些规定，反映的就是当时社会的价值观。不仅古代是这样，今天人们的穿衣打扮也同样如此。比如中华人民共和国成立后，人民群众崇尚素色衣着。张爱玲是贵族家庭出身，一向喜欢旗袍，她就忍受不了这种穿衣风格。20 世纪六七十年代我们又流行穿军装，改革开放以来，人们的价值观念又发生了重要变化。衣着反映人的价值观的一个最典型的例子，是孙中山先生提倡的中山装。中山装前身有四个口袋，代表礼、义、廉、耻四大价值理念，前襟的五颗纽扣，代表孙中山倡导的“五权宪法”，袖口的三颗纽扣，则代表国民党推崇的“三民主义”。

现在的年轻人喜欢品尝美食，其实饮食中也包含着人们的价值观念。比如说西方人不吃狗肉，印度人不吃牛肉，这就是人们饮食中的文化和价值倾向。而当西方人谴责吃狗肉的中国人不讲道德时，这就反映着不同文化背景下的人们所具有价值观偏见。

学生：看来价值观还真的是无形又无处不在啊。

教师：你说得很对，价值观就是无形而又无处不在。用古人的话说，价值观就是“百姓日用而不知”的社会基本规则。我们普通人在日常生活中天天运用这些规则，可是又很少意识到自己在按照这种规则做事。因为这些最基本的价值原则，已经潜移默化到我们的心态、气质、思维、性情的方方面面了。习近平总书记曾把社会主义核心价值观比作“空气”，他说，要“使核心价值观的影响像空气一样无所不在、无时不有”①。这是非常形象的说法。空气是无形的，我们看不见摸不着；但空气又充盈在生活世界的每一个角落，人们生命的延续，一刻也离不开它。我们谈了这么多，你现在对究竟什么是价值观这个问题有没有形成清楚的认识？

学生：听您这么说，感觉似乎懂了。但您一问，我又有些懵懂。

教师：古罗马思想家奥古斯丁在《忏悔录》中思考“时间”问题时说过一句很著名的话，就是：“时间究竟是什么？没有人问我，我倒清楚，有人问我，我想说明，便茫然不解了。”我们年轻人在日常生活中也常常开玩笑地说“三观”，比如说“刷新了我的‘三观’”。可是如果真要从理论上给“价值观”下一个清晰明了的定义，却很困难。简单地说，价值观，就是人们对价值问题的根本看法、基本观点，它代表着人们辨别“好与坏”“善与恶”“是与非”的基本标准。我们一般说有价值的东西，就是好的、善的、对的；没有价值的东西，就是坏的、恶的、错的。当代德国学者考夫霍尔德写过一本书，叫《欧洲的价值》，副标题就是“如何获得我们的是非观”。书名本身对我们理解“价值”概念，有一定启示意义。

学生：但有些不好的东西，也是有价值的啊。比如我们常说的失败是成功之母。

教师：这也是矛盾的辩证法。某些不好的东西之所以有价值，不是因为“坏”本身有价值，而是因为这些东西内部还包含着好的因素，或具有转坏为好的可能，所以我们说它有一定的价值。2018 年暑假，河北一位考上北大的贫家女孩写了一篇文章叫《感谢贫穷》，引起了很多人的转载和讨论。其实，贫穷本身是没有价值的，它既不值得追求，也不需要感谢。今天我们的价值追求，排在第一的就是“富强”，而不是“贫穷”。可是女孩之所以要感谢贫穷，是因为她在贫穷中勇于磨炼自己的意志，不低头，不放弃，最终取得了成功。因此我们要辩证地看待这个问题。

学生：既然价值观是人们区分好坏、善恶的标准。那么这种标准从何而来，它到底是什么呢？

教师：你的提问很有意思。现在我们的讨论越来越深入到学理的层面了。我们可

---

① 中共中央文献研究室：《习近平关于社会主义文化建设论述摘编》，北京：中央文献出版社 2017 年版，第 111 页。

以回顾人类思想的发展历史，来对价值观问题获得更加清晰的看法。

在古代，人们往往认为区分好坏、善恶的价值标准是客观的。比如传统儒家认为仁、义、礼、智的价值观念是人的天性，是人先天拥有的。而在中世纪的西方，人们认为善是外在的神赐予我们的，恶是人的“原罪”，是人生而有之的。

古代中西方文化中的这种观点在近代遭到了批判。英国哲学家休谟提出了一个经典命题，强调“事实与价值的二分”。他认为，事实是外在的、客观的；价值则是属人的、主观的。一个事物的价值，不在事物本身，而在主体之内。休谟这一颠覆性的理论，被称为伦理学史上的哥白尼革命。就是说在休谟之前，人们认为价值是客观的，往往从外在的事实中寻找价值。休谟说不对，价值是主观的，不在外在的事物中，而在人自身。但休谟哲学的基本立场是“怀疑论”。他完全割裂了主观和客观，强调事实与价值之间存在着“不可逾越的鸿沟”。

到了马克思，他从实践的角度理解物质与意识之间的关系，用“实践活动”的概念，架起了沟通主体与客体的桥梁。在此基础上，马克思主义理论家给“价值”下了一个经典定义，指出“价值”揭示客体属性对主体需要的满足关系。因此基于马克思主义的观点，一个对象的价值，取决于它能在何种程度上满足主体的需要。根据这一定义，价值观或价值标准就具有历史性、民族性、时代性等特征。

学生：我们该怎么理解价值观的这种历史性、民族性、时代性呢？您能否通过例子来说明？

教师：好的。说价值观具有历史性，意思是强调价值观是随着历史的发展而不断变化和发展的，不同历史时期的价值观是不同的。这是比较容易理解的，中国古人倡导礼义廉耻，追求忠孝仁义，强调仁义礼智信等价值观；近代五四时期中国人追求民主与科学；今天我们则倡导社会主义核心价值观。在西方，古希腊人推崇智慧、勇敢、节制、正义四大价值理念；中世纪人们崇尚“信”“望”“爱”；启蒙运动以来，西方人倡导自由、平等、博爱等。这都反映出价值观的历史性特征。

学生：价值观的民族性，应该是说不同民族拥有不同的价值观吧？

教师：你理解得很对。有一个很经典的案例可以说明价值观的民族性特征，这就是古希腊著名历史学家希罗多德在他的名著《历史》一书中所讲的一个故事。

在古代，父母亲去世时，希腊人的做法是把父母遗体火葬；印度人的做法是把遗体吃掉，以此表示对双亲的尊重和哀悼。波斯王大流士一世，在东征西讨的战争生涯中就此发现了不同民族间的习俗背后所反映的价值观差异。有一天他把他统治下的希腊人和印度人叫到了一起。他问希腊人，给你们多少钱，你们会同意吃掉自己父亲的遗体。希腊人说不管给多少钱他们也不会做这样伤天害理的事情。大流士又问印度人，给你们多少钱，你们会答应把父亲遗体火葬。印度人直接高声叫嚷起来，表示他们再也不愿提起这个可怕的行径。

这反映的就是价值观的民族性。不同民族之间，由于他们有着不同的地域、气候、文化、习俗和历史传统，他们的价值观也彼此不同。西方人历来热衷于谈论所谓“普世价值”，他们否认价值观的民族性特点，认为自己信奉的价值观是世界上普遍适用、唯一正确的真理，喜欢把自己的价值观强加给别的国家和民族，这就是典型的自我中心主义。

学生：价值观的时代性该怎么理解？

教师：你们这一代是“00后”，在你们即将迈入校门时，我们老师在微信群里表达的心情是十分复杂的，既充满期待，又满怀紧张。为什么会这样？就是因为“00”后是与“80后”“90后”有所不同的独特一代。我们对你们这一代人的经历、性情、习惯乃至思维方式等充满了未知。担心不知道怎么走近你们，怎么在课上课下的接触中引导好你们。人是这样，由人所组成的国家和民族也是这样。一个时代的人有一个时代的突出特点，一个时代的国家和民族也有一个时代的文化精神和价值观念。党的十九大报告作出“中国特色社会主义进入新时代”的重大判断。我们该怎么理解这个新时代？怎么感知新时代的脉动？怎么使我们在新时代的大潮中学习进步、成长成才乃至建功立业？我觉得解答这些问题的一个关键点，就是社会主义核心价值观。我们今天这一讲，就是要带着大家走进、学习社会主义核心价值观。

学生：听您刚才这么讲，我对接下来要学的内容充满了期待。您能不能先介绍下我们的主要学习内容。

教师：我们常说，价值观是文化的核心，价值观是反映一个时代的思想、文化、精神、信仰的最鲜明的要素。党的十九大报告说，社会主义核心价值观是当代中国精神的集中体现。因此，要把社会主义核心价值观讲全、讲清、讲通、讲透，很不容易。时间所限，我们接下来主要抓五个知识点来一起学习。首先和大家一块了解社会主义核心价值观的重大意义，其次剖析社会主义核心价值观的内容结构，再次挖掘社会主义核心价值观的历史底蕴，复次阐述社会主义核心价值观的现实基础，最后谈谈社会主义核心价值观的培育践行。

学生：很期待接下来的学习！

教师：我们一块学习。谢谢你！

（二）社会主义核心价值观的重大意义

学生：您前面曾引了习总书记一句话，说要“使核心价值观的影响像空气一样无所不在、无时不有”①。您能否谈谈，价值观，或者说社会主义核心价值观，究竟有什么作用意义？为什么我们这么重视社会主义核心价值观建设呢？

教师：你怎么看这个问题？

学生：您上次提到说，价值观反映我们判断是非、善恶、美丑的根本标准。从这个角度看，我们之所以重视价值观建设，是为了形成一致的道德评判标准吧。

教师：你说得很好。引导人们形成一致的价值判断标准，是每一个社会共同体进行价值观建设的重要目标。但是我们还要认识到，价值观的作用意义不止于此。以当代中国为中心考察社会主义核心价值观的作用意义，我们觉得至少包含三个方面。社会主义核心价值观，一是凝聚人心的价值共识，二是昭示航向的价值指引，三是对外交往的价值定力。

我们先看第一点，凝聚人心的价值共识。我们知道，社会是人的联合体，是人们生产、生活、交流、交往的共同体。而共同体的存续，就需要组成共同体的人们遵守共同的交往规则、是非标准，也就是遵守共同的价值观。如果我们在善恶是非面前言人人殊、莫衷一是，每个人都按照自己的喜好、原则、标准行事，这个社会就会很快陷入分裂、纠纷和动荡。中国古人早就洞察到了核心价值观所具有的凝聚人心的重要作用。《管子·牧民》有几句我们大家都耳熟能详的话：“礼义廉耻，国之四维；四维不张，国乃灭亡。”礼义廉耻，就是古人推崇的核心价值观。《牧民》篇的作者把它们比喻为“四维”，“维”的原意，指发挥骨干性作用的大绳索。这里强调的就是礼义廉耻的核心价值观，对维系民心民意、确保国家稳固的核心作用、灵魂作用。

社会主义核心价值观倡导的富强民主文明和谐、自由平等公正法治、爱国敬业诚信友善，是当代国人的价值共识，代表人们价值追求的最大公约数。我们以高度的价值自觉和价值自信，在全社会积极弘扬社会主义核心价值观，无疑可以把56个民族、13亿多人民的思想、信仰、理念、精神更加紧密地团结起来，凝聚起来。

学生：您刚才说社会主义核心价值观的第二层意义，认为它是昭示航向的价值指引。这一点似乎比较容易理解，比如我们在国家层面倡导的富强民主文明和谐，这就

① 中共中央文献研究室：《习近平关于社会主义文化建设论述摘编》，北京：中央文献出版社2017年版，第111页。

是我们设定的发展目标。我们把这一目标列入全体中国人的价值追求，给予高度肯定和积极倡导，就显示出核心价值观所具有的价值指引功能。

教师：你的理解是大体正确的。

学生：可是我有一个问题，是不是只有中国文化才强调用统一的价值标准或价值目标来凝聚人心？西方人常常强调个性、自由。好像不太重视用核心价值观来统一人的思想观念、精神追求。

教师：你错了。任何一个国家，任何一个民族，要想稳定、持久地存在下去，都必定注重发挥核心价值观凝聚共识的作用，注重核心价值观建设这一灵魂工程。这和倡不倡导个性、自由没有关系。

我们以当今世界的头号强国美国为例，就可以很好说明这一点。我曾经作过一个统计，“二战”结束以来，几乎每一任总统竞选获胜后的首届就职演说，都会号召美国人民在共同的信念下团结一致，共同奋斗。如战后首任总统杜鲁门号召：“我们最宜在这一时刻向世界宣告我们的生活信念的基本原则，宣告我们全体人民的奋斗目标。”艾森·奥威尔宣称：“在这样一个历史时刻，我们自由的人们必须重申自己的信念。”尼克松则呼吁用“善良、宽厚、博爱、仁慈”等价值观重塑“美国精神”，号召美国人“以坚定的信念，既定的目标，谨慎地前进”。此外，克林顿提出“美国理想”、奥巴马强调作为美国“立国之本”的“信仰和决心”。奥巴马甚至指出：“我们面临的挑战也许是前所未有的，我们迎接挑战的举措也许是前所未有的，但是引导我们获得成功的价值观却是历久弥新的，它们就是诚实、勤奋、勇敢、公正、包容、求新和爱国主义。”就连极具个性、在就职演说中与民主党“权贵”和“建制派”坚决划清界限的现任总统特朗普，也还是强调“同一个国家”“同一个梦想”，号召美国人民“缝合裂隙”“团结一致”“不断进取”。

因此我们可以说，共同的价值理念、共同的价值目标，是把一个社会共同体团结起来的根本精神纽带。我们今天倡导的社会主义核心价值观，其形成过程，包含着深刻的历史逻辑、理论逻辑和实践逻辑。作为当代中国人民的最大价值公约数，其重要作用之一，就是把全体中国人民用一个共同的价值目标凝聚起来，汇成一股磅礴的精神力量，共同致力于中华民族的复兴伟业。

学生：社会主义核心价值观的第三层意义，文化交流的价值定力。该怎么理解？

教师：文化是人的创造，是人们社会生产和交往实践中的产物。生产的持续发展、交往的不断扩大，注定着文化也在国家间、民族间的彼此交往中不断发展。与国家间、民族间的政治、经济、军事交往一致，文化方面的彼此交往，有交通、交流，有交融、交汇，也有交锋、较量。而且，随着时代的发展，国与国之间，尤其是大国之间的冲突，由传统的军事热战，逐渐演化为文化冷战；由硬实力的对决，演化为软实力、意识形态、价值观的较量。不少有识之士反思20世纪后半叶主宰当时国际时局的美苏冷战时就深刻指出了这一点。北大学者戴锦华教授曾指出：冷战末期，以苏联为代表的华约阵营的“崩盘”，其实是“一次巨型的‘不战而败’”，是“内部引爆的结果”。其根本原因是社会主义国家“对西方世界文化价值的高度内在化，最终导致对其政治理念与经济度量的认同和皈依”。在此背景下，美国学者先后提出“软实力”理论和“文明冲突”理论，并对国际政治理论和实践的发展产生了非常重大的影响。

2001年10月，震惊美国和世界“9·11”事件爆发不足一个月，美国小布什政府出兵阿富汗，开始了旷日持久、耗资巨亿的反恐战争。随着热战的发展，美国债台高筑、骑虎难下，国内政界、学界反思、反对战争的呼声也日渐高涨。早在2003年，美国学者海伦娜·芬恩就在美国《外交》杂志上撰文批评小布什政府重视军事打击而忽视“文化外交”的错误做法。芬恩提醒人们：“在‘二战’后美国开始担当全球领导权的时候，文化外交被视为其整个战略的重要组成部分。中央情报局秘密支持境外文化活动，组织国外会议，资助诸如《邂逅》和《证据》这样的知识出版物。”芬恩告诉读者，美国在冷战期间秘密实施“文化外交”政策对其战胜意识形态上的敌人起到了极其关键的作用，她引用拉詹·梅农的话说：“在美国，很少有人能够深刻领会、了解美国文化对战胜共产主义的贡献，不管通过何种方式，是通过参加我们的文化交流项目、参观我们的文化展出，还是仅仅通过收听美国之音。”芬恩由此要求美国政府“从冷战时期成功的文化外交之中吸取灵感”，以最终战胜美国的“新的敌人”。

一直以来，以美国为代表的西方国家，总是将自身的意识形态和价值观标榜为“普世价值”，将之视为天下间唯一正确的真理、标杆、原则。为了自身利益，对外大肆推行价值观和意识形态输出，推行“颜色革命”，干涉他国内政，制造地区冲突。在全面对外开放背景下，我国旗帜鲜明地提出社会主义核心价值观，以铿锵有力的金石之声，表达着中国发展的价值追求、价值理念、价值立场、价值坚守。这是我们在全球化时代背景下日益走进世界舞台的中央、积极开展国际间交往合作、为中国和世界发展做出更大贡献的基本价值定力。

我们围绕社会主义核心价值观重大意义的讨论就到这里，下面让我们走进社会主义核心价值观，学习社会主义核心价值观的内容结构。

（三）社会主义核心价值观的内容结构

教师：社会主义核心价值观的内容，你能背下来吗？

学生：肯定能啊。为了记住核心价值观的完整表述，当时还下了不少工夫去背呢。

教师：记住了表述，其中的意思能理解多少呢？

学生：社会主义核心价值观提出了国家、社会、个人三个层次的价值要求。在国家层面上倡导富强、民主、文明、和谐，在社会层面上倡导自由、平等、公正、法治，在个人层面上倡导爱国、敬业、诚信、友善。我觉得，社会主义核心价值观的这“三个倡导”，虽然在党的十八大报告中首次提出；但里面的不少表述，我们党的文件、领导人的讲话等，曾反复提到。所以觉得并不陌生。

教师：你说得有道理。我们下面分别从国家、社会、个人的三个层面，谈谈社会主义核心价值观的“三个倡导”。我们在国家层面倡导的富强、民主、文明、和谐四个价值理念的直接来源，是党的十七大报告提出的“建设富强民主文明和谐的社会主义现代化国家”这一奋斗目标。当然，十七大时的这一表述也不是横空出世的全新表述，背后也经历了一个不断发展、完善的过程，如我们在20世纪80年代时提出的目标是把我国建设成为“富强、民主、文明的社会主义现代化国家”。这一表述的不断发展，体现着我们党对建设和发展中国特色社会主义规律认识的不断深化。

学生：原来我们在国家层面倡导的核心价值观，就是我们设定的国家发展目标。

教师：这个问题要辩证看待。从形式上看，十八大提出的国家层面的核心价值观，确实来源于我们对国家发展目标的设定。但从内涵上看，作为国家发展目标的富强民主文明和谐，又不同于作为核心价值观的富强民主文明和谐。

作为国家发展目标的富强民主文明和谐，分别对应于中国特色社会主义事业的四大建设领域，即经济建设对应富强目标，政治建设对应民主目标，文化建设对应文明目标，社会建设对应和谐目标。这是很清楚的。

而作为社会主义核心价值观的富强民主文明和谐，则在内涵上对原先的国家发展的实际目标，做了进一步的凝练、提升。它们的内涵更为抽象，它们的外延也更为丰富。比如说，作为核心价值观的文明，就不只是文化建设的目标，也不仅仅指文化领域、精神领域的文明，它在这里变成了外延更为丰富的范畴，比如党的十九大报告并排列举的“物质文明、政治文明、精神文明、社会文明、生态文明”表述，等等。

学生：十九大设计我们的现代化建设目标时，在富强、民主、文明、和谐基础上，加了“美丽”一词。请问老师，我们的核心价值观表述中，是不是也应该在国家层面加上“美丽”呢？

教师：你这个问题提得很好。十九大刚刚结束时，国内一些学者就主张按照十九大关于国家发展目标的新表述，把“美丽”纳入社会主义核心价值观范畴。这种可能性应该是存在的，这个主张本身也有一定的道理。

但我想说的是，如果我们党把美、美丽纳入了“社会主义核心价值观”范畴，那么，其原因也不单单是十九大在社会主义建设目标上提出了“美丽”一词，而且是因为“美”“美好”“美丽”已经成为了新时代人们共同的价值追求。如十九大报告把新时代中国特色社会主义社会的主要矛盾，明确阐述为“人民日益增长的美好生活需要和不平衡不充分的发展之间的矛盾”。

当然，如果要我个人说，我感觉“美”“美好”“美丽”或其他与美相关的概念固然十分重要，但也未必一定会被我们党纳入社会主义核心价值观范畴。

学生：我们在社会层面倡导的自由、平等、公正、法治等价值取向，感觉和西方资本主义社会倡导的价值观很类似啊。我们说它们是社会主义核心价值观，有什么依据呢？

教师：你提的这个问题也很有代表性。十八大之后，有些人疑惑说，我们为什么把资产阶级的自由平等价值观搬到社会主义核心价值观中来了？这种看法有三重误解。

第一重误解，认为自由平等价值观是“姓资”的，不是“姓社”的。顺着这种逻辑往下推，结论就是只有资本主义社会才能提自由、平等，社会主义是不讲自由、不讲平等的。这是很荒唐的。马克思主义追求的终极目标，就是人的自由、全面的发展。同时，社会主义革命，无产阶级反对资产阶级的阶级斗争，本身就是反对压迫、反对剥削、反对不平等制度的革命，就是追求无产阶级的自由、解放和平等定位的斗争。因此，自由、平等价值理念怎么可能是资产阶级独有的呢？马克思主义、社会主义、共产主义怎么可能是反对自由、平等价值理念的呢？

第二重误解，认为社会主义与资本主义是针锋相对的。凡是资本主义倡导的东西，社会主义一定要反对；凡是社会主义倡导的东西，一定不同于资本主义。马克思主义从来没有一概否定资产阶级的历史地位和历史贡献。资产阶级革命时期，作为上升阶级的资产阶级高扬的自由平等理念，自有其历史进步意义。但是资产阶级自由、平等理念的局限性也是非常明显的。一无所有的无产阶级，在资本主义社会既不可能实现自己的自由，也不可能与资本家彼此平等。马克思、恩格斯在批判资本主义社会时吸收资产阶级的先进理念并加以改造、提升和转化，赋予其新的内涵和意义，是完全合理的。这就是扬弃，就是历史的辩证法。

第三重误解，认为自由、平等的价值理念是近代资产阶级思想家的发明、独创，其实不然。考察近代以前的思想史、文化史，古代人们一直存在一个追求自由、向往平等的传统。中国古代经典《礼记》中那篇著名的《大同小康篇》，强调"大道之行也，天下为公。"就鲜明体现着古人对没有剥削、没有压迫、人人自由而平等的理想大同社会的向往。

总的来说，社会主义核心价值观应完全可以理直气壮地倡导自由、平等、公正、法治！下面我们聊聊社会主义核心价值观在个人层面倡导的爱国、敬业、诚信、友善的价值准则。你在理解这一组价值观时，有什么困惑吗？

学生：我觉得个人层面的四个核心价值观，都是日常生活中非常重要的道德要求。现今的年轻人，就是应该热爱祖国，培养敬业精神、实干精神，同时在人际交往中诚实守信、友好和善。

教师：你说得对。我们国家、我们民族今天处在发展进步的一个非常关键的历史时期。我们在长期努力之下，取得了现代化建设的辉煌成就。我们下一步的目标更伟大，任务也更艰巨。而下一步的责任，就需要今天的年轻人来担当。这个责任是什么？就是习总书记反复强调的实现中华民族伟大复兴的中国梦。这就需要我们有爱国、报国的情怀，有敬业勤业、实干奋斗的精神，等等。

学生：听您讲社会主义核心价值观的三个层次，感觉我们倡导的价值观，在内涵上确实很丰富。但有时也常常觉得三个层次和这24个字都好复杂。

教师：在某种意义上确实存在你说的这个问题。不仅你觉得复杂，理论界一些学者也觉得目前我们倡导的社会主义核心价值观的层次、概念有些多。社会主义核心价值观的凝练是一个不断发展的过程。我们以前提得较多的是社会主义核心价值体系。在核心价值体系的基础上，我们力图简化、精练、提取出核心价值观。十八大提出的三个层次的核心价值观，是在目前阶段下，我们所能达成的最大价值共识。这一价值共识本身的价值是不容否定的。随着时代的发展，随着我们认识的发展，我们也许会在现有表述的基础上凝练出新的、更加完善的表述。

我们围绕社会主义核心价值观内容结构的讨论就到这里，下面让我们把视野投向历史文化长河中认识社会主义核心价值观。

（四）社会主义核心价值观的历史底蕴

教师：人类社会的历史是一部继承中有创新、延续中有发展的进步过程。在人类社会的历史长河中，任何的思想、文化、价值观，都不可能是无源之水、无本之木；都有其赖以产生的源泉、基础、底蕴。今天我们一起谈谈社会主义核心价值观的历史底蕴，主要探讨下社会主义核心价值观与中华民族历史、中华优秀文化传统之间的源流一体关系。

所以我想问下你，凭你的感觉，你觉得我们的核心价值观中，哪些是有丰厚历史底蕴的？或者说，哪些是从中华民族历史和文化传统中继承下来的？

学生：我觉得个人层面的爱国、敬业、诚信、友善，都是从优秀传统文化中继承过来的吧。还有国家层面的和谐。

教师：说得不错。我们可以简单举些例子，谈谈这些价值观在传统文化中的表现。比如爱国、敬业、诚信、友善，中华先民历来崇尚"国耳忘家""舍家为国"的爱国主义传统，历来信奉"吃苦耐劳""艰苦奋斗"的勤劳敬业精神，历来秉持"以诚为本""无信不立"的诚实守信原则，历来倡导"出入相友""守望相助"的团结友善之风。还有你刚才提到的"和谐"，在传统文化中的论述就更多了。比如古人强调的"和实生物"的宇宙生成论、"发皆中节"的人格修养论、"以和为贵"的人际关系论、"协和万邦"的国际交往论、"天人合一"的生态和谐论，等等。除了这些，我们的社会主义核心价值观中，还有没有哪些价值观具有明确的历史底蕴和传统文化根基呢？

学生：我觉得国家层面的富强、文明，社会层面的公正、法治，其实也有深厚历史底蕴的。比如说，中国人一直向往民富国强，文明作为礼仪之邦，一直追求文明礼仪，同时充满了"天下为公""义以为上"的公平正义思想，还有不少历史时期推动社会进步的变法实践、法治向往，如"隆礼重法""法不阿贵"思想等。

教师：你讲得特别好，我赞同你的说法。传统文化关于富强、文明、公正、法治等价值理念，确实有非常多的论述，非常多的资源，可以供我们挖掘、吸收、借鉴。

学生：现在我们还没涉及的价值观，只剩民主、自由、平等了。这三个价值观，也有它们的历史底蕴和传统文化基础吗？我觉得这三个价值观，好像和我们传统文化的价值追求差别较大。

教师：好。我们现在就看看这三个价值观，追溯下它们的历史底蕴。传统中国社会在政治上实行君主专制制度，强调君王、皇帝在国家政治生活中的主体地位，把人民群众视为被统治的对象。简单概括而言，传统中国的政治实践，是君主制，而非民主制。在此意义上，近代以来很多人认为“民主”观念是西方独有的，是外来思想；认为传统中国缺乏民主的基因和文化。我认为这个观点是值得商榷的。传统中国固然缺乏民主的政治实践，但这并不意味着传统中国同样缺乏民主的政治思想、政治文化。事实上，中华先哲在思想文化层面对民主政治开展了非常丰富、非常深刻的探索。中国古人在思想、文化层面进行的民主探索，构成了对君主政治实践的批判和超越。

学生：这个观点很有意思，您能否详细谈谈？

教师：我曾写过一篇小文，题目是《社会主义民主价值观的民本文化基础》，就是讨论我们今天倡导的民主价值观的历史底蕴和传统文化基础的。考察中国传统优秀民本文化，其中包含着“立君为民”“由民选君”的君权民授说、“君承民命”“以民制君”的权力制约观，以及“民本君末”“君客民主”的人民主体论等丰富内涵。在精神实质上，传统民本思想是现代民主理念的源泉和土壤，其与中国特色社会主义民主价值观有契合之点，有融贯之处，也有延承之脉。

学生：“立君为民”“由民选君”的君权民授说，具体内容是什么？

教师：这是中国古人对政府起源的科学探讨。政府的起源和目的问题，是政治学家思考政治问题时必须解答的重要问题。

中华先哲认为，上古之时，人民分散在荒野中，与禽兽虫蛇杂居，孤弱难保。为了帮助人们对抗恶劣的外在生存险境从而提升其生存发展质量，“天”在人民之中拣拔才德出众之人作为万民的君长，由他们选任官吏、组建政府，以开展统协治理之功。在此意义上，荀子强调，天之生民，非为君也；天之立君，以为民也。在这一论述中，作为统治者的“君王”与其赖以实行统治权的政府，其产生及组建目的就已经清晰地呈现了出来。“天之立君”说表明君王由上天选立，他们的权力由上天赋予，故君王亦称“天子”。

但是，抽象、玄渺的上天自己是不发声的。那么，“天意”“天命”到底是什么？它们又是如何向人们显示的呢？中华先哲认为，天意通过民意来显露，天命经由民心来体现，天的意志本身就是民的意志的抽象表达。所以《尚书》言：“天视自我民视，天听自我民听。”君王、天子，表面上是由天所立、代表天的意愿，其实则是由民所立、反映民的总体意志。由此以来，天子的权力，看似来自上天，其实来自天下万民；委托“天子”经略天下的，看似皇天，实是万民。天子只是人民的代表者、受托人、代理人，人民才是天子和政体的委托人，是天下的真正主权者。

正是在这一意义上，当弟子万章问孟子“尧把天下传给了舜，是这样吗”（“尧以天下与舜，有诸?”）的问题时，孟子直接否定了这种观点，说：“不是的，天下并不属于天子所有，因此天子自己不能把本不属于自己的天下转交他人。”在儒家的民本政治理念中，天子只是天下的受托管理人，而不是天下的真正主权者。孟子引用《尚书·泰誓》“天视自我民视，天听自我民听”的观点指出，舜之所以获得天下治权，其实“是人民赋予的”（“人与之”）。孟子还说：“得天下有道：得其民，斯得天下矣。得其民有道：得其心，斯得民矣。”孟子这种“得道多助失道寡助”的观点看似对历史和现实社会兴衰经验的朴素总结，但从政治哲学的角度透视，这种“得民则王失民则亡”的观点不仅是对后世君王的警示，而且是对君王手中所有的治理天下的权力之合法性来源的深刻回答：只有获得天下百姓的支持（“得其民”），才能获得天下的治理权；而只有顺应、代表天下百姓的意志（“得其心”），才能获得万民的支持和拥举。

沿着先哲们“立君为民”的政体目的论与“由民选君”的政体起源说，我们就自然可以体察传统“民本”政治理念中蕴含的“主权在民”的现代“民主”精神。

学生：那么，什么是您刚才说的传统文化中“君承民命”“以民制君”的权力制约观呢?

教师：高扬民本政治理念的中华先哲不仅倡导“由民选君”的君权民授说，而且认为人民把政府管理权授予君王以后，君王在行使国家治理职能时仍应充分尊重民心民意，因为人民此时仍然保有监督、制约王治政体的权力。

孟子即明确强调君王对民众行使生杀予夺的治理职权时应充分尊重、秉承人民的意愿。他说：“国君进贤，……左右皆曰贤，未可也，诸大夫皆曰贤，未可也；国人皆曰贤，然后察之；见贤焉，然后用之。”如此一来，国家的生杀予夺之政看似出于君王，实则出于人民，是人民意志和愿望的切实体现。在此意义上，国君只是人民意志的代表，是人民意志的贯彻者和执行人。所以孟子进而指出，真正操有生杀之权的，不是国君，而是人民：“左右皆曰可杀，勿听；诸大夫皆曰可杀，勿听；国人皆曰可杀，然后察之；见可杀焉，然后杀之。故曰，国人杀之也。”这里的“国人杀之”一句，强调的就是国家政治生活中生杀大权的真正掌握者是“国人”，而不是“国君”。在这一过程中，国君只是国人意志的具体执行者。现在的问题是，人民将行政职权交付国君执行后，如果君王背离“君承民命”的原则而用自己的喜好代替民意来发号施令，民众该怎么办?

针对这种可能性，中华先哲提出了“以民制君”的权力制约观。比如在国君与臣民的关系上，孔子虽然提倡"事君以忠"的原则，但这里的"忠"绝不是唯君命是从的"愚忠"，而是"以道事君"，引导、约束君王使其动静举止符合道义和民心。所以，儒家的"事君以忠"之忠，与其说是忠于君，不如说是忠于礼、忠于道、忠于民。因此孔子指出，君王有过时为臣者要犯言直谏（"子路问事君，子曰：勿欺也，而犯之"），《礼记》亦强调"事君有犯而无隐"。这就是儒家"从道不从君"的价值追求。

如果"君有大过"、臣下谏而无效、手握执行权的国君仍自行其是，身为人臣者该怎么做呢？是不是像后世人们常说的"文死谏"那样只能以死明志呢？否。正统儒家虽然推崇有气节的大臣不惧君王的杀戮而犯君谏言、为民请命的义举（如因忠谏而死的比干被孔子称为"仁人"而为历代知识分子所敬仰）；但这种推崇仅是指向这些忠勇之士无惧死亡的"大勇"气节。

如果人臣反复劝谏，但君王仍然一意孤行；这种情况下该怎么办呢？孟子就此曾向国家的贵戚之卿明确提出他们对国君所拥有的废立大权："谏，反覆之而不听，则易位。"此外，儒家学者还提出了汤武革命的主张，也就是直接杀伐放逐这些违背民命民意的无道昏君。这是传统民本政治思想关于臣民限制、制约君王权力的又一重要表述。

总的说来，"君承民命""以民制君"的权力制约观是"立君为民""由民选君"的君权民授说的逻辑发展，它强调的是人民群众拥有的监督甚至罢免一国之君的正当权利。这种民本政治文化在精神实质上与现代民主理念亦是深相契合的。

学生：刚才老师谈的第三点："民本君末""君客民主"的人民主体论，具体怎么讲？

教师：简单而言，从"立君为民""由民选君"的君权民授说，到"君承民命""以民制君"的权力制约观，中华先哲的民本理念强调的都是民相对于君所具有的主体性地位和优先性价值。君由民意所立、由民意所废、由民意所限、由民意所制。君，不外是民意的产物，是民意的代表，是民意的贯彻者和执行人。这种民本文化高扬的是人民的主体地位，而绝非君王的主体地位。所以，"民本"理念下的君民之间，是"民贵君轻""民本君末"的关系。

可见在正统儒家的民本思想体系中，天下的真正主人，始终不是君王，而是人民。这就是中华先哲倡导的"天下非一人之天下也，天下之天下也"这一民本政治理念的深刻意涵。可以说，从孟子的"民贵君轻"说，到黄宗羲的"君客民主"论，其间始终贯穿着人民主体论的立场和原则。这是中华传统优秀民本文化与现代民主理念互通互融的最好证明。

我想强调的是，说古代优秀民本思想是中华传统文化的精华，并不等于说它在当今是完美无缺的；阐发传统民本思想所具有的现实意义和实践价值，也不意味着我们要机械地对之即学即用、照抄照搬。继承和弘扬传统优秀民本思想，需要我们坚持马克思主义的辩证立场，认清传统民本思想的局限，并立足当代实践对其进行创造性转化与创新性发展，以做到古为今用、推陈出新。

学生：听您分析之后，感觉我自己对传统文化的精神内涵，尤其是对它的现代价值的认识，还有待提升。看来以后要好好学习优秀传统文化的内容。您能不能再简单谈谈自由、平等价值观的历史底蕴呢？

教师：其实传统文化关于自由平等的论述也是非常多的。举几个最简单的例子，中国古人常说“三军可夺帅也，匹夫不可夺志也”，这就是对个体自由意志和独立的人格尊严的高度肯定。古代先哲还经常强调“和而不同”，强调“道并行而不相悖，万物并育而不相害”。毛主席有一句诗是“万类霜天竞自由”。大家想象下，这几句话描绘的是一幅什么样的画面呢？这就是对差异的尊重，对其他主体、乃至世间万物的独立、自由、平等地位的高度尊重。时间有限，我们不能具体展开了。下面让我们一起聊聊社会主义核心价值观的现实基础。

（五）社会主义核心价值观的现实基础

学生：面前学习社会主义核心价值观的意义、内涵和它的历史底蕴时，我一直在想一个问题，就是，我们国家今天倡导的核心价值观，为什么是这些词，而不是其他什么词，比如仁爱、博爱什么的？

教师：你这个问题很有意思，也很有深度。其实就是在问社会主义核心价值观的现实根基：今天的中国人，为什么倡导这些价值观，而不是其他别的什么价值观。

价值观是文化的核心，属于社会的意识形态范畴。从根本上说，价值观是立足于特定社会经济基础之上的观念性上层建筑。因此，一个社会的大多数人所追求的价值观，不是一些简单、美好的字眼。它们反映的是基于特定现实基础的时代精神、时代风貌。

按照这个思路，你能不能谈谈我们在国家层面的价值倡导：富强、民主、文明、和谐的现实基础是什么？

学生：听您这么一说，我觉得国家层面的价值倡导，它们的现实基础还是比较明显的。总的说来，这个现实基础，就是我们广泛开展的中国特色社会主义现代化建设实践。很显然，这个层面的四个价值观，原先本身就是我们国家现阶段在经济建设、政治建设、文化建设、社会建设等基础建设方面所设定的发展目标。而且，它们的提出本身，也不是一蹴而就的。我记得我们原先强调的是物质文明建设、精神文明建设；后面随着现代化建设实践的发展，又逐步提出了和谐社会建设和生态文明建设等。这本身就体现着我们党和国家在现代化建设实践中，对现代化建设规律认识的不断深化、不断完善。

教师：你说得特别好，让我想起一个很有趣的故事。十八大结束后，我们都在热烈讨论社会主义核心价值观。法国驻武汉领事馆的一位法籍工作人员，有一次来武汉大学和我们学校的学者交流。他当时提了一个问题，说你们为什么要把富、有钱、富强，作为你们的价值追求，而且是排在第一个的价值观。他之所以对此感到疑惑，其实是不了解近代以来的中国历史和当代中国的社会现实。近代中国与西方列强相遇以来，积贫积弱的中国和中华民族，在西方列强的侵袭之下，面临着亡国灭种的危机。当时先进的中国人为了求得国家和民族的独立、生存，就已经明确喊出了自强、求富的口号，由此开启了传统中国向现代中国转型的现代化历程；武汉大学的前身自强学堂，就是在这个背景下成立的；我们的八字校训，排在第一的仍是“自强”。现代化是一个长期的历史进程。我们今天虽然在现代化过程中取得了巨大成绩，但也还没有完成现代化的历史任务，我们仍是世界上最大的发展中国家。把我国建设成为富足强大的社会主义现代化强国，仍是我们的历史使命，是我们在21世纪中叶所要努力达到的奋斗目标。这就是富强价值观的现实基础。

那么，我们在社会层面追求的自由、平等、公正、法治的现实基础呢？你能不能试着回答下这个问题？

学生：我觉得好难回答啊，我一下子还没有思路。

教师：党的十九大报告中有一句话我觉得说得特别好，就是：“中国特色社会主义是改革开放以来党的全部理论和实践的主题。”当代中国倡导的社会主义核心价值观，它的现实基础，其实只有一个，就是中国特色社会主义现代化实践。我们要推动的现代化，是全方位的现代化。我们不仅要实现经济、政治、科技、国防的现代化。最根本的，我们要实现人的现代化。马克思曾经指出，人在本质上是社会关系的总和。在此意义上，实现人的现代化，就是实现人的社会关系的现代化。那么，古代传统的社会关系是什么样的社会关系？现代人们追求的社会关系又具有什么样的特征呢？你能不能想一想？

学生：古代传统的社会关系，应该是一种强调等级制的不平等关系吧。

教师：你说得很对。古代传统社会推崇的是人依附于人或人依附于物的那种不自由、不平等的社会关系，比如农民对地主的依附，人民对君王的臣附，女人对男人的归附。而在这种等级森严的尊卑秩序当中，弱者很难在强者那里获得公正的对待，就连法律的推行也是“刑不上大夫，礼不下庶人”和“千金之子，不死于市。”

但是，现代社会，尤其是当代中国的社会主义社会，在根本上废除了一部分人依附于另一部分人的物质生产方式，创造了一种以生产资料公有制为基础的，人人平等，自己做自己的主人的新型社会关系。这种新型的社会生产关系，就是我们在社会层面倡导的自由、平等、公正、法治的现实基础。当然，作为经济基础的派生物，文化和价值观的革新，在一定意义上具有相对滞后性。受传统数千年的等级观念影响，现代社会仍在小部分范围内存在着“圈子思想”“裙带关系”。习总书记曾经明确指出，决不能搞封建依附那一套，决不能搞小山头、小圈子、小团伙那一套，总书记倡导的，就是自由、平等的社会主义核心价值观。

学生：我们在个人层面倡导的爱国、敬业、诚信、友善等价值观，它们的现实基础，也是新时代的中国特色社会主义实践吗？

教师：是可以这么理解。比如说爱国，为什么我们在个人层面倡导爱国？而且还把爱国价值观排在第一位？习总书记讲过一句关于爱国主义的非常深刻的话。他说：“我国爱国主义始终围绕着实现民族富强、人民幸福而发展，最终汇流于中国特色社会主义。”① 近代以来，一代代的仁人志士，他们的奋斗目标，就是追求民族的独立和解放，追求国家的繁盛和富强，追求人民的幸福和安康。他们就是伟大的爱国主义者。今天中国共产党人领导开创的中国特色社会主义事业，追求的同样也是国家富强、民族振兴、人民幸福。习总书记说：“实现中华民族伟大复兴的中国梦，是当代中国爱国主义的鲜明主题。”② 可以说，努力投身于中国特色社会主义现代化事业，追求中华民族伟大复兴的中国梦，是当代爱国者的应为之举。因此我们刚才说：中国特色社会主义实践，爱国价值观的现实基础。不仅爱国如此，敬业、诚信、友善等价值观同样如此。

时间有限，我们就不一一分析了。下面我们一起聊聊社会主义核心价值观的培育践行问题。

---

① 中共中央文献研究室：《习近平关于社会主义文化建设论述摘编》，北京：中央文献出版社2017年版，第129页。

② 中共中央文献研究室：《习近平关于社会主义文化建设论述摘编》，北京：中央文献出版社2017年版，第127页。

（六）社会主义核心价值观的培育践行

教师：我们前面谈价值观是什么的时候，曾经打过不少比方。不知道你还能不能想起几个。

学生：我记得您前面提过，说价值观是空气，无形但又无处不在地影响我们的生活。

教师：这些比方，都是习总书记谈论价值观问题时常常提到的。比如他说：“把培育和弘扬社会主义核心价值观作为凝魂聚气、强基固本的基础工程。”① 价值观是标准，没有它，我们可能就不辨黑白；价值观是灵魂，没有它，我们可能就形容枯槁，缺乏生机活力；价值观是空气，没有它，我们可能就难以生存。

另外，如果说我们身体的生长发育，有内在的阶段性规律的话；我们心灵的成熟定型，我们每个人的价值观的确立，也有内在的阶段性规律。比如说，我们低年级的青年大学生，刚刚结束高中阶段的学习和考试，刚刚进入大学校园开始崭新的学习生活；我们正处在人生成长的关键时期，我们的知识体系还有完全形成但即将形成，我们的价值观也还没有成熟定型但即将定型。这个时候是我们价值观形成和确立的重要时期。我们大家要抓住这一关键期，修身养性，形成正确的价值观念和价值追求。习总书记论述青年大学生积极培育践行社会主义核心价值观的重要性问题时，也有一个非常形象的比喻，就是“扣扣子”。他说：“这就像穿衣服扣扣子一样，如果第一粒扣子扣错了，剩余的扣子都会扣错。人生的扣子从一开始就要扣好。”②

学生：感觉这些比喻都很生动形象，也很贴切。请问老师，我们具体该如何培育弘扬社会主义核心价值观呢？怎么才能真正做到内化于心、外化于行呢？

教师：总书记围绕年轻人如何培育践行社会主义核心价值观的问题讲了八个字，就是：勤学、修德、明辨、笃实。我们现在对这几个词进行逐一分析。先看勤学。

我们前面曾反复强调，价值观是文化的核心。所以，一个人的价值观念和他的文化系统，和他的知识结构是相互联系、相互影响的。青年人培育践行社会主义核心价值观，首先要做的就是勤学。该勤学什么呢？我觉得要着重学以下几点：一是掌握马克思主义的世界观和方法论。社会主义核心价值观是在马克思主义的正确世界观和科学方法论指导下形成的。掌握了马克思主义的世界观和方法论，我们就掌握了观察世

---

① 中共中央文献研究室：《习近平关于社会主义文化建设论述摘编》，北京：中央文献出版社2017年版，第107页。

② 中共中央文献研究室：《习近平关于社会主义文化建设论述摘编》，北京：中央文献出版社2017年版，第117页。

界、认识社会的正确立场和方法，就能够深刻理解社会主义核心价值观的科学性、合理性、正确性。二是理解社会主义核心价值观的丰富的内在意涵、深刻的历史底蕴、坚实的现实基础、强大的道义力量。从而增强我们对社会主义核心价值观的理性认知，增强价值自信。三是学好专业知识，打牢专业基础，为我们在以后的实际工作中切实弘扬践行社会主义核心价值观打牢坚实的专业知识基础。

学生：您刚才解释的是“学”字，“学”字前面还有一个“勤”字。

教师：是的。年轻人要珍惜光阴、勤奋刻苦。这些大道理我们几乎从小就听家长老师讲，可能都“审美疲劳”了。那么为什么要在年轻时“勤学”？我想给你讲一个故事。《颜氏家训》一书的作者，也就是南北朝时期的颜之推，在告诫颜氏子弟要趁年轻而勤奋学习时，讲过他自己的一个亲身经历。他说自己小时候背诵过《灵光殿赋》，到他老年时，隔十年温习一遍，仍然可以背诵全文。可是成年之后学东西时，一个月不管它，就忘掉了。我读《颜氏家训》时这个故事给我的启发是特别大的，它所强调的就是少年勤学的道理所在。

学生：培育践行社会主义核心价值观的第二点要求——“修德”指什么呢？价值观的培育践行和道德修养有什么关系？

教师：你问得很好。价值观和道德之间究竟是什么关系呢？其实，价值观本身就是一种德。一个社会的核心价值观，就是这个社会最基本、最核心的道德要求。你比如，礼义廉耻、忠孝仁义是古人的价值观，也是古人的根本道德规范。今天我们倡导的社会主义核心价值观，就是衡量今天中国社会善恶是非的最基本的道德标准。国家层面的富强民主文明和谐，是国家的德；社会层面的自由平等公正法治，是社会的德；个人层面的爱国敬业诚信友善，是个人应当遵循的基本道德。而国家层面的德、社会层面的德，个人层面的德，都要我们来落实、践行。

所以我们在培育践行社会主义核心价值观时，要从道德修养的角度来开展。在前面所讲的“勤学”基础上，不断增强我们对社会主义核心价值观的情感认同。把核心价值观的要求内化于心，做到修身养性、变化气质。

这是“修德”的要求。那么，培育践行社会主义核心价值观的第三点要求——“明辨”，怎么理解呢？你能不能谈谈？

学生：既然价值观是一套区分是非善恶的标准；那么，“明辨”，应该就是指我们要学会运用社会主义核心价值观正确理解社会现象，清楚辨别是非对错。比如面对学习、生活、成长中的矛盾、取舍问题，或者面对日常生活中的一些社会现象或热点问题，我们能够在社会主义核心价值观的指引下形成正确看法。

教师：你说得对。“明辨”的主要内涵，指我们要学会运用社会主义核心价值观辨清我们身边或社会中的是非善恶。除此之外，我觉得还可以再加一点，就是在当今社会各种价值观念、各种社会思潮彼此混杂、激荡的时代背景下，我们能够清醒认识各类文化思潮的是非得失，从而做到激浊扬清，坚守正道，从容自信，坚定自励。

学生：培育践行社会主义核心价值观的第四点要求是“笃实”，该怎么理解呢？

教师：“笃实”的“笃”，你觉得是什么意思呢？

学生：“笃”，在字面上有“深厚”“坚定”“坚实”的意思。比如我们说“笃信”，就是深信、坚信的意思，“笃定”，就是“坚定”的意思。

教师：说得不错。那么“笃实”的“实”怎么理解？

学生：“实”，指“实际”“实行”“实践”吧。我觉得“笃实”，就是要我们坚定地去实践，脚踏实地去践行社会主义核心价值观。

教师：你看，你说得很不错嘛！习总书记谈“笃实”时，说了十二个字，就是“扎扎实实干事，踏踏实实做人”①。“笃实”，就是在我们前面讲的勤学、修德、明辨的基础上，积极实践，把社会主义核心价值观外化于行，做到知行合一，一步一个脚印地持之以恒、百折不挠。从而在时代大潮中建功立业、成就辉煌。好了，今天围绕社会主义核心价值观培育践行问题的讨论就到这里。到此为止，我们关于“社会主义核心价值观”的学习也就告一段落了。谢谢你！

三、释疑解惑

※ 当前我们倡导的社会主义核心价值观的12个范畴中，哪个范畴离我们相对较远、不易实现？原因是什么？

这个问题难以一概而论。从某种意义上我们可以说，我们在社会层面倡导的“法治”价值观虽然十分必要，但也许不易实现。

第一，由于2000多年的封建专制统治，我国的文化传统中相对缺乏法治精神。在传统中国社会，皇帝是国家的最高统治者。政治治理实践中以言代法、以权压法的现象十分常见。最高权威不是法律而是个人，这是传统人治区别于现代法治的根本特征。

① 中共中央文献研究室：《习近平关于青少年和共青团工作论述摘编》，北京：中央文献出版社2017年版，第28页。

而且这种思想对后世的影响不容小觑。

第二，我国将全面推进依法治国提上日程是在2014年召开十八届四中全会之时，这之后我们还有很长的路要走。可以说，在全面依法治国战略布局下建设法治中国、法治政府和法治社会，仍然任重道远。

第三，我国民众现阶段的法治意识有待加强。熟人伦理、人情社会、关系文化在一定范围和某种程度上仍然存在，这使得我们在当前和今后致力于推进全面依法治国战略而言仍构成一定程度上的阻碍。

※ 社会主义核心价值观与西方资产阶级倡导的唯我独尊式的价值观有很大区别。请问我们如何在倡导社会主义核心价值观时，成功应对以美国为代表的西方国家对中国发展的遏制，从而使得我们在社会主义核心价值观的引领下顺利实现民族复兴？

我们对内坚持社会主义核心价值观的同时，对外倡导全人类共同价值，主张世界各国人民在共同的交往实践中凝练价值共识，构建人类命运共同体。而以美国为代表的西方国家坚持所谓的“普世价值”论，一向热衷于把自己的价值观强加给别的国家和民族，从而制造冲突和困境。我们在发展进步过程中，难免遭遇来自西方强权国家的阻碍。在全面对外开放背景下，战胜外部力量的阻挠实现中华民族的伟大复兴，需要我们做到以下几点。

第一，保持国内稳定，集中精力办好自己的事。只要我们自己阵脚不乱，我们就能在纷繁复杂的事务中屹立不倒，稳如泰山。邓小平说过，稳定是压倒一切的大事。我们讲改革发展稳定的关系时，也说稳定是前提，稳中求进是工作总基调。要提高辨别能力，识破企图打乱我们发展步伐的阴谋，始终走在正确的道路上。

第二，发展才是硬道理，发展是第一要义。历史经验告诉我们，自己强大，别人才不敢欺负你。美苏冷战期间，没有爆发直接武装冲突的重要原因就是双方势均力敌，谁都没有把握取得胜利。所以，只有我们实力足够强大，发展足够好，才能保持战略制衡，才能够降低产生更多冲突的可能性。

第三，坚持独立自主的和平外交政策。习近平总书记在2016年的新年贺词讲到，要把朋友圈越做越大。如今，美国霸权主义阴谋路人皆知，搭上中国发展快车的国家不在少数，而且中国特色社会主义道路为世界提供了中国智慧和中国方案。要把朋友搞得多多的，把敌人搞得少少的，才能在国际上有更多话语权。

第四，更多地与以美国为代表的西方国家开展各方面的务实合作。中美两国建交以来，双方合作的广度深度前所未有，你中有我我中有你。只有更多地开展合作，才能避免双方冲突进一步升级。这样对双方都是有利的。

※ 全民背诵社会主义核心价值观，甚至小学生都在背，但实际上很多人（或机构）背诵只是为了应付检查，也就是被要求背诵，但没有人去给他们讲解这些词的意思。对于这个问题，您怎么看？

的确，社会主义核心价值观如何培育践行，一直是个难点，这需要一定的时间去让人们对价值观产生情感认同。

首先，各个单位部门（例如学校）组织全员背诵社会主义核心价值观，是向民众传达一个意思：这二十四个字很重要。目的是希望在人们能熟记内容时，社会主义核心价值观能潜移默化的渗透到人们的学习、工作、生活中来。希望人们能从“被要求”转向主动为社会付出，从刻意执行任务到把践行价值观当做日常。

其次，通过背诵社会主义核心价值观、在社区公告栏张贴二十四字海报等多种形式，价值观得以传播得更广。这二十四个字是现阶段中国文明思想的高度凝练，只有将其传播给公民，在人们心中播种下这颗种子，才能使人们更好地理解其含义并在日后落实于行动。这种全民背诵的方式不失为一种积极的宣传与广泛的普及。

最后，社会主义核心价值观的二十四字，字面意思是较为易懂的。而要将其贯彻到日常中去，则需要我们在核心价值观理念与我们的学习、工作相结合。时刻牢记价值观，按照价值观理念去行事做人，做到熟记、思考、行动、反思。这样才能做到内化于心，外化于行，才能真正理解这简单的二十四字的深刻含义。

四、理论前沿

社会主义核心价值观的表述是否会在现有24字基础上有所变化？我们党是否会在恰当的时候推出更为凝练的新表述？

从社会主义核心价值体系到党的十八大报告提出的社会主义核心价值观，我们党对社会主义核心价值观内容和表述的认识有着一个不断深入、不断发展的过程。党的十八大报告提出的24字表述，是现阶段我们关于社会主义的核心价值追求所达到的最大共识。所以我们也许不能排除这样一种可能，就是在今后某个恰当的时刻我们会推出一种更为凝练的新的社会主义核心价值观表述。

党十八大以来，理论界围绕社会主义核心价值观的进一步凝练问题已经在进行着持续的探讨，并形成了一些有分量的研究成果。如张耀灿教授（2013）主张将社会主义核心价值观的表述进一步凝练为“民主、公正、共富、和谐”；左亚文教授等（2013）主张表述为“自由、平等、民主、仁爱”；虞崇胜教授等（2013）主张将社会主义核心价值观的表述概括为“自由人权、民主法治、公平正义、诚信兼爱”；余在海教授（2014）主张凝练为“公平正义、和平发展、开放创新”；曾长秋教授等（2015）主张凝练为“文明、正义、诚信”；曹洪军教授（2017）主张进一步概括为“共同富裕、人民民主、法治文明”；贺祥林教授等（2017）主张概括为“求真务实、以人为本，富强民主、文明和谐，爱国敬业、创新争先，自由平等、公正法治，诚信友善、团结互助，节约资源、保护环境，家庭为基、孝老爱亲”；党的十九大召开以来，又有不少学者如胡长生教授（2018）等主张将“美丽”一词纳入社会主义核心价值观的新表述中。

理论界的上述观点各有其据以提出的视角和依据，对我们深入理解社会主义核心价值观的内涵具有一定的启益。

五、学习测试

（一）单项选择题

1. (　　)承载着一个民族、一个国家的精神追求，体现着一个社会评判是非曲直的价值标准。

A. 中国精神　　B. 社会主义核心价值观

C. 核心价值观　　D. 中国梦

答案：C

2. 社会主义核心价值观与(　　)具有内在的一致性，都体现了社会主义意识形态的本质要求，前者是后者的高度凝练和集中表达。

A. 社会主义道德　　B. 中国梦

C. 中国精神　　D. 社会主义核心价值体系

答案：D

3. 社会主义核心价值观把涉及(　　)的价值要求融为一体，是对我们要建设什么样的国家、建设什么样的社会、培育什么样的公民等重大问题的深刻解答。

A. 经济、政治、文化、社会、生态

B. 社会主义道路、社会主义理论、社会主义制度

C. 国家、社会、公民

D. 理想信念、道德、人生追求

答案：C

4. 自由、平等、公正、法治的价值追求回答了我们要建设什么样的(　　)的重大问题。

A. 社会　B. 政治　C. 司法　D. 国家

答案：A

5. 2018年3月，十三届全国人大一次会议把“国家倡导社会主义核心价值观”正式写于(　　)，进一步凸显了社会主义核心价值观的重大意义。

A. 党章　B. 宪法

C.《公民道德建设纲要》　D. 第十三个五年计划

答案：B

6. (　　)是文化软实力的灵魂、文化软实力建设的重点。这是决定文化性质和方向的最深层次要素。

A. 中华优秀传统文化　B. 核心价值观

C. 中国精神　D. 中国梦

答案：B

7. 中国特色社会主义建设是社会主义核心价值观的：(　　)

A. 理论基础　B. 精神源泉　C. 道义力量　D. 实践根据

答案：D

8. 作为人类社会最为(　　)社会制度的本质规定在价值层面的集中反映，社会主义核心价值观代表着当今人类社会的价值制高点。

A. 崭新　B. 独特　C. 成功　D. 先进

答案：D

9. (　　)的社会主义制度，为社会主义核心价值观提供的真实实现奠定了根本的制度前提和制度保障，使得自由、民主、公正等价值观“不是装饰品，不是用来做摆

设的，而是要用来解决人民要解决的问题的”。

A. 按劳分配为主体　　B. 基层群众自治

C. 人民当家作主　　D. 依法治国

答案：C

10. 鲜明的(　　)，使得社会主义核心价值观具有强大的道义感召力。

A. 人民性　　B. 政治性　　C. 阶级性　　D. 现实性

答案：A

11. (　　)的价值取向决定了未来整个社会的价值取向。

A. 领导人　　B. 青年　　C. 长者　　D. 知识分子

答案：B

12. 在培育和弘扬社会主义核心价值观的过程中，要下好落细、落小、落实的工夫。对于大学生而言，就是要切实做到(　　)，使社会主义核心价值观成为一言一行的基本遵循。

A. 勤学、修德、明辨、笃实　　B. 勤学、审问、慎思、明辨

C. 勤学、审问、慎思、笃行　　D. 审问、慎思、明辨、笃实

答案：A

13. 在社会主义核心价值观中，(　　)的价值追求回答了我们要建设什么样的社会的重大问题。

A. 自由、平等、公正、法治　　B. 自由、民主、人权、法治

C. 自由、平等、道德、法治　　D. 自由、民主、道德、法治

答案：A

14. 在社会主义核心价值观中，(　　)的价值追求回答了我们要建设什么样的国家的重大问题。

A. 富强、法治、文明、和谐　　B. 富强、民主、公正、和谐

C. 富强、民主、文明、美丽　　D. 富强、民主、文明、和谐

答案：D

15. 在社会主义核心价值观中，(　　)的价值追求回答了我们要培养什么样的公民的重大问题。

A. 爱国、敬业、诚信、守法　　B. 爱国、敬业、诚信、自强

C. 爱国、敬业、诚信、友善　　　　D. 爱国、敬业、诚信、文明

答案：C

(二) 多项选择题

1. 爱国、敬业、诚信、友善的价值追求回答了我们要培育什么样的公民的重大问题，涵盖了(　　)等各个方面，是每一个公民都应当遵守的道德规范。

A. 个人品德　　B. 职业道德　　C. 家庭美德　　D. 社会公德

答案：ABCD

2. 社会主义核心价值观(　　)为我们坚定核心价值观自信提供了充分的理由。

A. 丰厚的历史底蕴　　B. 科学的理想信念

C. 坚实的现实基础　　D. 强大的道义力量

答案：ACD

3. 习近平指出：“一个民族、一个国家的核心价值观必须(　　)。”

A. 同这个民族、这个国家的历史文化相契合

B. 同这个民族、国家的人民正在进行的奋斗相结合

C. 同这个民族、这个国家需要解决的时代问题相适应

D. 同这个民族、这个国家的法律相协调

答案：ABC

4. 中国特色社会主义建设的新推进，也不断为社会主义核心价值观注入丰富而鲜活的时代内涵，提出弘扬和践行社会主义核心价值观的新任务新要求，并为社会主义核心价值观的弘扬和践行创造提供了广阔空间及有力的：(　　)

A. 精神脉络　　B. 物质基础　　C. 制度保障　　D. 相应条件

答案：BCD

5. 社会主义核心价值观以其(　　)而居于人类社会的价值制高点，具有强大的道义力量。

A. 真实性　　B. 人民性　　C. 革命性　　D. 先进性

答案：ABD

6. 践行社会主义核心价值观，要求我们切实做到：(　　)

A. 勤学　　B. 笃实　　C. 明辨　　D. 修德

答案：ABCD

（三）简答题

1. 坚定社会主义核心价值观自信的理由有哪些？

答案要点：讲核心价值观自信，我们的理由非常充分。（1）社会主义核心价值观有着深厚的历史文化底蕴。深深地植根于中华优秀传统文化，是社会主义核心价值观历史文化底蕴的集中表现。作为中华民族精神命脉的中华优秀传统文化是涵养社会主义核心价值观的重要源泉，社会主义核心价值观是对中华优秀传统文化的继承和升华。它把涉及国家、社会、公民的价值要求融为一体，赋予中华优秀传统文化新的时代内涵。

（2）社会主义核心价值观具有坚实的现实基础。概括而言，中国特色社会主义建设实践是社会主义核心价值观的实践根据。其一，社会主义核心价值观生成于中国特色社会主义建设实践过程中，同当今中国最鲜明的时代主题相适应，是当代中国精神的集中体现，是中国特色社会主义本质规定的价值表达。其二，中国特色社会主义也以无可辩驳的事实生动展现着社会主义核心价值观的生机活力。中国特色社会主义建设的成功经验是对社会主义核心价值观正确性、可信性的检验。其三，中国特色社会主义建设的新推进，也不断为社会主义核心价值观注入丰富而鲜活的时代内涵，并为社会主义核心价值观的弘扬和践行创造了广阔空间及有力的物质基础、制度保障和相应条件。

（3）社会主义核心价值观以其先进性、人民性和真实性而居于人类社会的价值制高点，具有强大的道义力量。其一，社会主义核心价值观的先进性，体现在它是社会主义制度所坚持和追求的核心价值理念。社会主义制度是人类社会迄今为止最先进的社会制度，作为人类社会最为先进社会制度的本质规定在价值层面的集中反映，社会主义核心价值观代表着当今时代人类社会的价值制高点。其二，社会主义核心价值观的人民性体现在它所代表的最广大人民的根本利益，反映最广大人民的价值诉求，引导着最广大人民为实现美好社会理想而奋斗，而鲜明的人民性使得社会主义核心价值观具有强大的道义感召力。其三，社会主义核心价值观的道义力量还源于它的真实性。人民当家作主的社会主义制度，为社会主义核心价值观的真实实现奠定了根本的制度前提和制度保障，使得自由、民主、公正等价值观能够真正用来解决人民要解决的问题，成为真切、具体、广泛的现实。

2. 大学生应当如何做社会主义核心价值观的积极践行者？

答案要点：（1）扣好人生的扣子。大学生正处在人生成长的关键时期，知识体系搭建尚未完成，价值观塑造尚未成型，情感心理尚未成熟，需要正确的价值观加以引导。而社会主义核心价值观能够引导大学生把人生价值追求融入国家和民族事业，始终站在人民大众立场，同人民一道拼搏，同祖国一道前进，服务人民、奉献社会，努力成为中国特色社会主义事业的合格建设者和可靠接班人。

（2）勤学修德明辨笃实。大学生践行社会主义核心价值观，要在落细、落小、落实上下工夫，要切实做到勤学、修德、明辨、笃实，使社会主义核心价值观成为一言一行的基本遵循。其一，勤学。知识是树立社会主义核心价值观的重要基础。大学生要努力扩大知识半径，掌握真才实学，要努力掌握马克思主义理论，形成正确的世界观和科学的方法论，深化对社会主义核心价值观的认同。其二，修德。做人做事第一位的是崇德修身，“核心价值观，其实就是一种德，既是个人的德，也是一种大德，就是国家的德，社会的德。”修德，既要立意高远，又要立足平实，要立志报效祖国、服务人民，同时，还得从做好小事、管好小节开始起步。其三，明辨。培育和践行社会主义核心价值观，要增强自己的价值判断力和道德责任感，辨别什么是真善美、什么是假恶丑，自觉做到常修善德、常怀善念、常做善举。其四，笃实。道不可坐论，德不能空谈。于实处用力，从知行合一上下工夫，核心价值观才能内化为人们的精神追求，外化为人们的自觉行动。

总之，培育和践行社会主义核心价值观，既要目标高远、保持定力、不懈奋进，又要脚踏实地，严于律己、精益求精，将社会主义核心价值观转化为人生的价值准则，勤学以增智、修德以立身、明辨以正心、笃实以为功。

（四）讨论题

1. 先阅读以下材料：

①要以培养担当民族复兴大任的时代新人为着眼点，强化教育引导、实践养成、制度保障，发挥社会主义核心价值观对国民教育、精神文明创建、精神文化产品创作生产传播的引领作用，把社会主义核心价值观融入社会发展各方面，转化为人们的情感认同和行为习惯。

——2017 年 10 月 18 日，习近平《决胜全面建成小康社会 夺取新时代中国特色社会主义伟大胜利——在中国共产党第十九次全国代表大会上的报告》

②要学会做人的准则，就要学习和传承中华民族传统美德，学习和弘扬社会主义

新风尚，热爱生活，懂得感恩，与人为善，明礼诚信，争当学习和实践社会主义核心价值观的小模范。

——2015 年 6 月 1 日，习近平在北京人民大会堂会见中国少年先锋队第七次全国代表大会全体代表时的讲话

③教育部关于授予邹勇松同学“全国优秀大学生”荣誉称号的决定（教思政〔2018〕2 号）

邹勇松，男，1990 年出生，中共党员，长沙理工大学计算机与通讯工程学院 2015 级研究生。邹勇松同学身患严重肾病，依靠透析维持生命。面对病魔，邹勇松同学不懈奋斗、勇于创新，学习成绩优异并拥有 6 项专利和软件著作权。面对逆境，邹勇松同学心系他人、奉献社会，定期参加志愿服务并提交“器官捐献”申请，自愿捐献器官。

邹勇松同学“心若向阳 无畏绽放”的先进事迹展现出了新时代青年百折不挠、自强不息的优秀品格，刻苦钻研、勇攀高峰的积极风貌，乐观向上、仁爱奉献的豁达胸襟，是践行社会主义核心价值观的先进典型，是落实习近平总书记关于青年成长成才系列重要论述的模范代表。为表彰邹勇松同学的先进事迹，教育部决定授予邹勇松同学“全国优秀大学生”荣誉称号。

广大青年学生要以邹勇松同学为榜样，学习他不畏艰难，自立自强，矢志奋斗，无私奉献的可贵精神，爱国、励志、求真、力行，争做社会主义核心价值观的坚定信仰者、积极传播者、模范践行者，争做担当民族复兴大任的时代新人。

各地各高校要精心部署、认真组织，广泛号召青年学生积极向邹勇松同学学习。要加强学习教育，把学习邹勇松同学先进事迹作为社会主义核心价值观主题教育活动的组成部分，通过主题报告、专题学习、座谈交流等多种形式深入开展学习活动。要坚持典型引路，加强青年学生先进典型的培养选树和宣传推广工作，大力营造见贤思齐、崇德向善的浓厚氛围。要深化育人实效，教育引导广大青年学生坚定理想信念，练就过硬本领，以社会主义建设者和接班人的使命担当，为全面建成小康社会、全面建设社会主义现代化强国而努力奋斗！

教育部

2018 年 7 月 12 日

结合上述资料和自身实际，谈谈大学生应当如何走在时代前列，成为社会主义核心价值观的坚定信仰者、积极传播者、模范践行者？

答案要点提示：

这是一道理论联系实际的题，首先在理论上要了解我们所处的中国特色社会主义新时代对我们作为时代新人的大学生的要求、了解践行和弘扬社会主义核心价值观对大学生成长成才的要求，然后结合个人实际谈个人在人生发展道路上的一些具体打算，其中要体现践行社会主义核心价值观方面的内容。

2. 先阅读以下材料：

社会主义核心价值观正在不断融入法治国家、法治政府、法治社会建设的全过程，也将为全面建成小康社会、实现“两个一百年”奋斗目标提供强大价值引导力、文化凝聚力和精神推动力。全面依法治国需要社会主义核心价值观的道德支撑。我们要像普及法律一样普及社会主义核心价值观及其道德，为建设法治国家培育和践行好社会主义核心价值观，夯实道德基础。

2017 年 3 月，十二届全国人大五次会议通过《中华人民共和国民法总则》，该法将弘扬社会主义核心价值观写入第一条作为立法宗旨。

2018 年 3 月，十三届全国人大一次会议通过宪法修正案，把国家倡导社会主义核心价值观正式写入宪法。

2018 年 5 月，中共中央印发了《社会主义核心价值观融入法治建设立法修法规划》，并发出通知，要求各地区各部门结合实际认真贯彻落实，使法律法规更好体现国家的价值目标、社会的价值取向、公民的价值准则；该规划强调，要以习近平新时代中国特色社会主义思想为指导，坚持全面依法治国，坚持社会主义核心价值体系，着力把社会主义核心价值观融入法律法规的立、改、废、释全过程，确保各项立法导向更加鲜明、要求更加明确、措施更加有力，力争经过 5~10 年时间，推动社会主义核心价值观全面融入中国特色社会主义法律体系，筑牢全国各族人民团结奋斗的共同思想道德基础，为决胜全面建成小康社会、夺取新时代中国特色社会主义伟大胜利、实现中华民族伟大复兴的中国梦、实现人民对美好生活的向往，提供坚实法律保障。

结合上述材料，谈谈自己对社会主义核心价值观法律化、制度化的认识，谈谈当代大学生应当如何在不断提高自身的法律素养的同时，把社会主义核心价值观的要求变成日常的行为准则？

答案要点提示：

这一道题既涉及第四章——践行社会主义核心价值观的内容，又涉及第六章——尊法学法守法用法的内容。应当结合两章的内容来谈自己对社会主义核心价值观法律化、制度化的认识，谈把社会主义核心价值观的要求变成日常的行为准则的意义和途径，最好能够设计若干符合社会主义核心价值观要求的日常行为准则。

六、拓展阅读

1. 沈壮海：《兴国之魂——社会主义核心价值体系释讲》，湖北人民出版社2014年版。

【导读】本书紧扣社会主义核心价值体系，从其理论之基、探求之路、文化之源、价值之核、时代之境、践行之思等方面阐述相关重要问题，挖掘了社会主义核心价值体系的理论与文化渊源，梳理了社会主义运动和中国共产党追求、践行自己核心价值的历程，分析了当前我国核心价值体系建设面临的时代境遇、现实课题，探讨了推进社会主义核心价值体系建设、培育和践行社会主义核心价值观的实践路径，并着眼未来，对有关重要理论问题进行了前瞻性的理论探索。

2. 刘建军、王斯敏：《社会主义核心价值观七日谈》，河北人民出版社2014年版。

【导读】本书是一本“接地气”的社会主义核心价值观通俗读物，最大的亮点是用家常话讲透大道理。书中采用了对话录的形式，以《光明日报》资深记者王斯敏对中国人民大学知名教授刘建军采访的形式，对社会主义核心价值观进行了更加自由、更具拓展度，也与读者贴得更近的分析和阐释。本书可以帮助读者在兴味盎然的阅读中深刻认识和切身体会到核心价值观的重要性和必要性。

3. 房广顺：《社会主义核心价值观与中华传统文化》，人民出版社2015年版。

【导读】本书从培育和践行社会主义核心价值观、提升当代中国文化软实力的角度，全面阐述了社会主义核心价值观和中华优秀传统文化的内在关联，厘清了社会主义核心价值观与中华传统文化的契合理路。分别论述了中华传统文化对国家层面、社会层面、个人层面价值遵循的要求与培育，并从实践角度阐述了在中华优秀传统文化根基上培育社会主义核心价值观的实现路径。

4. 王炳林、郝清杰、黄明理：《强基固本的精神力量：社会主义核心价值观纵横谈》，安徽人民出版社2016年版。

【导读】本书从国家、社会、公民三个层面，从当前人们议论和关注最多的现实问题出发，通过实例、数据、图片，用生动活泼、通俗易懂的语言，探讨实际与理论。该书为进一步培育和践行社会主义核心价值观提供有益参考，是一套既有理论深度又有宣传特色的优秀读物。

第五章
明大德　守公德　严私德

公民的道德素质是社会文明的重要标志，道德修养是人生重大的课题。大学时期是个体道德意识形成和发展的关键阶段，我们要抓住这个重要时机，对大学生进行道德教育，引导和帮助大学生提高道德认知，进行道德修养，树立正确的道德观，做到明大德守公德严私德，向上向善、知行合一。

一、学习基本要求

（一）学习目的

通过本章的学习，大学生要掌握道德的基本理论，自觉传承中华传统美德和中国革命道德，积极吸收和借鉴人类优秀道德成果，提高道德认知，树立正确的道德观；遵守公民道德准则，自觉加强道德修养，在投身崇德向善的道德实践中不断提高道德品质。

（二）学习要求

（1）全面理解道德的基本概念，包括道德的定义、本质，道德的功能和作用，道德的发展变化，这是大学生提高道德认知的起点和必要条件。

（2）深入理解我国社会主义道德建设的基本理论，包括借鉴和传承优秀道德成果；我国社会主义道德建设的核心和原则；公民在社会生活中应该遵守的基本道德准则。

（3）学习中要做到理论联系实际，将道德理论还原到社会生活的实际和大学生道德发展、成长成才的实际中进行理解，并且在学习生活中加强道德修养，提高道德素质，体现出新时代社会的道德水准和精神风貌。

（4）在学习中注意采取多种学习方法，做到知行合一。抓住课堂学习时间，听懂、学懂；课后多思考，多实践；在学中做，在做中学。

（三）主要内容

大学时期是个体道德意识形成和发展的一个重要阶段，在这个时期形成的道德观念对大学生一生影响很大。本章从道德的概念入手，系统阐释了大学生在提高自身道德素质的过程中所需要具备的道德的基本理论，激励大学生树立正确的道德观，自觉传承中华传统美德和中国革命道德，积极吸收借鉴人类优秀道德成果，遵守公民道德准则，并在投身崇德向善的实践中不断提高道德品质。

本章设置了四节的具体内容：第一节的内容是道德及其变化发展。这一节阐释了道德的基本概念和基本理论、道德产生的前提条件、道德有什么功能与作用等问题，对这些问题的正确回答是理解道德的基本要求。

第二节的内容是吸收借鉴优秀道德成果。这一节阐释了中华民族传统的核心和精髓，中国革命道德及借鉴人类文明优秀道德成果等内容，为同学们传承中华传统美德并进行挖掘和创新打下坚实基础。

第三节的内容是遵守公民道德准则。阐述了我国社会主义道德建设的核心、原则、社会主义道德建设的领域等现实问题。

第四节的内容是向上向善、知行合一。鼓励大学生只有积极投身到社会实践中，了解社会道德建设的问题，向道德模范学习，培养志愿服务精神，大力弘扬时代新风。

本章的内容遵循理论到实践的逻辑体系，理论认识是起点，道德实践是落脚点。重点在于道德基本理论的理解和把握。重难点内容在于道德的起源、本质、功能与作用；如何借鉴和吸收古今中外的一切优秀道德成果；社会主义道德为什么要以为人民服务为核心；大学生如何通过参与道德实践引领社会风尚这几个方面。主要内容如图6所示。

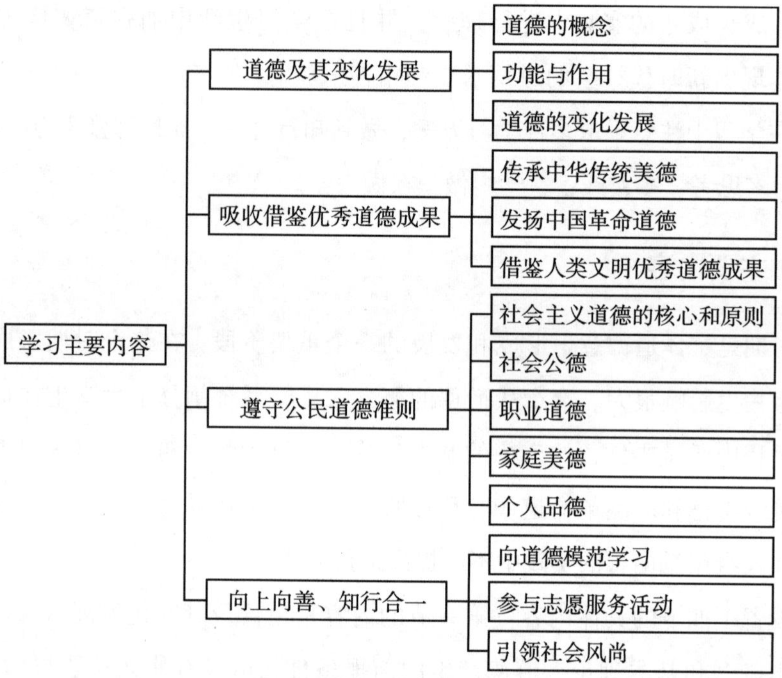

图6　第五章主要内容

（四）重点和难点

（1）如何正确理解和把握道德的本质、功能和作用以及道德的变化发展等道德的基本理论问题。

（2）如何正确认识我国社会主义道德建设的核心和原则。

（3）如何加强道德修养，积极投身道德实践。

二、慕课学习

（一）本章导学

教师：今天我们一起学习第五章明大德、守公德、严私德。2014年习近平总书记在北京大学师生座谈会上寄语广大学子说：“一个人只有明大德、守公德、严私德，其才方能用得其所。”明确指出了德与才之间的关系，强调了道德品质对于成才的重要作用。

学生：我们感受到总书记对青年一代的殷切希望，大学生除了要关注自身的专业素养，也要培养良好的道德情操。提到道德素质问题，我观察到网上近期被高铁“霸座”系列事件刷屏，其中当事人之一竟然是海外留学博士！这在同学之中也引起了有关高学历与高素质的讨论。

教师：文明素质不是与生俱来的，也不是自然生成的。道德教育是高校的重要任务，道德修养是大学生学习的重要内容。《大学》开篇即讲：“大学之道，在明明德，在亲民，在止于至善。”明确指出了大学教育的宗旨在于培养人的德行，使人达到完善的境界。今天中国特色社会主义进入新时代，到21世纪中叶要把我国建设成为富强民主文明和谐美丽的社会主义现代化强国。中华民族迎来了从站起来、富起来到强起来的伟大飞跃，所以，加强全社会的道德建设，能为实现中华民族伟大复兴的中国梦凝聚起强大的精神力量和有力的道德支撑。

《资治通鉴》中说：“才者，德之资也；德者，才之帅也，”“是故才德全尽谓之圣人，才德兼亡谓之愚人，德胜才谓之君子，才胜德谓之小人。”用现在流行的话来说，就是“有才有德是精品，无德无才是废品，有德无才是次品，有才无德是毒品”。大学时期是个体道德意识和道德品质形成、发展的关键时期，大学生不仅要学好专业知识，更要重视加强道德修养、锤炼道德品质，为祖国建设，为个人成才做好充分的德性准备。

学生：我们经常听老师和长辈教育我们说“成才先成人”，我发觉道德修养不仅对自身发展很重要，对社会进步也具有重要的作用。那么，这一章我们重点需要学习和掌握哪些知识呢？

教师：今天我们学习的是第五章导学部分，我把本章的内容给大家做个简单的介绍和梳理。具体来说主要包括四个方面的内容：

第一个方面的内容是道德及其变化发展。这一小节要求同学们学习和掌握道德的基本概念和基本理论。其一，什么是道德？道德产生的前提条件是什么？其二，道德的本质是什么？道德作为一种特殊的社会意识形态如何反映社会的经济关系？道德与社会其他的社会意识形态，比如，政治、法律、文学、宗教有何区别？由此理解道德独特的社会调整方式。其三，道德有什么功能与作用？道德对社会的发展，对个人的成长到底有什么意义？最后，道德在漫长的历史过程中，它是如何发展变化的？可以说对以上问题的正确回答就是理解道德的基本要求。

学生：老师提出的这些问题，我一下子还真不能完全回答出来，还要认真学习和思考。

教师：这些内容后面我们会系统学习的。第二个方面的内容是吸收借鉴优秀道德成果。传统似江河之水，又似生命之流。习近平同志指出："今天，中华民族要继续前进，就必须根据时代条件，继承和弘扬我们的民族精神、我们民族的优秀文化，特别是包含其中的传统美德。"① 我想请问：中华民族都有哪些传统美德呢？是"国而忘家，公而忘私"的奉献精神，还是"先天下之忧而忧，后天下之乐而乐"的高尚品格；是"天行健，君子以自强不息"的奋斗精神，还是"静以修身，俭以养德"的自省自律？只有弄清楚中华民族传统的核心和精髓，同学们才能加以继承和弘扬。其次，中国共产党人、人民军队、一切先进分子和人民群众在中国革命、建设、改革中形成了许多优秀的道德传统，成为凝聚民族，取得胜利的强大精神力量。夏明翰面对敌人的屠刀，镇定地写下"砍头不要紧，只要主义真"的坚定信念；张思德在平凡的岗位上践行着"全心全意为人民服务"的根本宗旨；雷锋用"春天般的温暖"引领社会新的道德风尚。中国革命道德是中华民族极其宝贵的精神财富，也应继承和发扬。最后，文明因交流而多彩，文明因互鉴而丰富。人类社会在发展过程中，世界其他民族和国家也创造出灿烂的文明之花，他们推崇的自由精神、契约精神、平等精神、法治精神，都是值得我们加以合理地借鉴和吸收的。

学生：中华传统美德内容丰富、博大精深，我们还需要进行挖掘和创新，使之体现出时代的意蕴和价值。

教师：是的，第三个方面的内容是遵守公民道德准则。这一小节开始学习我国社会主义道德建设的现实问题。其一，我国社会主义道德建设应当以什么为核心，以什么为原则？这是关系到我国道德建设的性质和方向的根本问题。当然，我国社会主义道德建设必须坚持以为人民服务为核心，以集体主义为原则。它反映了社会主义经济、政治、文化的本质要求，也是实现全国各族人民利益的根本保证。其二，提高公民的道德素质和整个社会的文明程度，需要加强哪些领域的道德建设？答案是：必须加强社会公德、职业道德、家庭美德和个人品德建设。

第四个方面的内容是向上向善、知行合一。"纸上得来终觉浅，绝知此事要躬行。"大学生只有积极投身到社会实践中，才能清楚了解社会道德建设的问题，也才能知道自己身上的不足。投身崇德向善的道德实践，大学生要向道德模范学习，培养志愿服

① 《习近平谈治国理政》，北京：外文出版社 2014 年版，第 181 页。

务精神，大力弘扬时代新风。

学生：这些学习内容在我们的日常生活中似乎经常能够看到、听到，但是感觉都很零散、很琐碎，自己也没有系统地思考过，看来得下工夫学呀。老师，还有一个问题，本章的逻辑结构是怎样的，您能不能做一下简单的分析？

教师：好的，本章的内容遵循的是从理论到实践的逻辑体系，理论认识是起点，道德实践是落脚点。本章的重点是对道德基本理论的理解和把握。道德理论是对道德现象进行提炼的结果，具有高度的概括性，所以同学们学习起来会感到有一些抽象和枯燥。这要求同学们不能死记硬背概念，要将抽象的理论还原到社会实际生活中去理解。本章的难点是道德实践，道德理论同学们弄懂了，但是在社会生活中要按照社会的道德规范去做，做到知行合一，才算达到学习目的。

学生：刚开始看第五章的时候，我觉得内容特别多，还担心自己不能完全掌握，但是听了您的讲解以后，我对本章的学习内容更清晰明了了，觉得轻松多了。老师您常说，我们要学会先把书读薄，抓住要点；然后再把书读厚，学会融会贯通，我会把您的读书方法运用起来！

教师：嗯，我希望同学们在学习的过程中都能学会删繁就简、条分缕析、举一反三、触类旁通。今天我们就讨论到这里，再见！

（一）道德的本质和功能

教师：今天我们学习的主题是“道德的本质和功能”。

学生：说起道德大家好像都知道是什么，但要说起道德的本质和功能，好像就有些深奥啊。

教师：进一步了解道德的本质和功能，将有助于我们更加自觉地践行道德规范，修养自我。我们先讲第一个问题：如何理解道德的本质？

学生：道德和道德的本质是一回事吗？

教师：其实道德和道德的本质是一个问题的两个方面，只有更好地理解了道德的本质，才能更好地理解道德及各种道德现象。

学生：那道德的本质是指什么？

教师：我们所说的道德的本质，就是要寻找道德区别于其他事物的根本性质。

学生：感觉还是很抽象啊！老师可以举个例子说明一下吗？

教师：好的。比如我们面前的桌子和坐着的椅子，它们的共同特征都是家具，这是它们的共同本质特征。但非要寻找桌子和椅子的根本区别，那就只能从形状、功能作用上去发现了，桌子的功能和椅子的功能显然是不一样的，这就是他们的特殊本质。

学生：哦，这样理解起来就容易多了。

教师：对于道德的本质，我们还要由浅入深地逐步加以揭示和把握，从认识事物的一般本质逐步进入到它的特殊本质。就事物的一般本质而言，就是要与和它相对应的事物作一个总体的区别。从唯物史观的视角来看，道德作为上层建筑是与经济基础相区别的，并由经济基础所决定，那么道德作为反映社会经济关系的特殊意识形态，就是它的一般本质。

学生：嗯，这是马克思主义对道德本质的基本认识吧？

教师：是的。那道德的特殊本质就是需要从和它相近的事物中去寻找，比如可以从和道德有密切联系的法律、政治当中去寻找。我们先来看一个案例，这是一个最近发生的故事：2018年8月21日，在从济南开往北京的高铁上，一男子（孙某）霸占别人的座位还对前来劝阻的乘务员各种胡搅蛮缠，不肯让座。8月24日，从中国铁路济南局集团公司获悉，孙某被处治安罚款200元，并在一定期限内被限制购票乘坐火车。你能从这个案例中找一下道德与法律的区别吗？

学生：我认为，孙某的霸占别人作为的行为是不道德的，乘务人员的劝阻行为是道德的也是符合法律规定的。铁路集团对其的处罚行为应该是属于法律范畴。老师，对吗？

教师：可以这么说。实际上孙某的霸占行为既违反道德也违反法律，因为在现代社会许多道德上的要求也成为法律的要求。因此我们考察道德与法律的区别，就不应主要从内容上去寻找，而是要从作用方式上去寻找。法律是由国家强力机关支撑的，它的作用方式是有组织性的、强制性的。从这个角度我们可以说道德这种行为规范与法律规范、政治规范的不同之处就在于它是用善恶标准去评价，依靠社会舆论、传统习俗、内心信念来维持的，因此是一种非制度化的、柔性的规范。所以，与法律、政治等相比较，道德特殊的本质就在于它是调节人与人、人与社会关系的一种非强制的社会规范。

学生：老师，这是不是就是哲学上所说的透过现象看本质啊？

教师：是啊！不过我们还要透过另外一个现象来看看道德的本质。刚才讲的桌子椅子的例子你还记得吗？你看，桌子椅子这类事物的外在形象是不是也是事物本质的对象化或外化？就道德的本质来说也是如此。从道德的社会现象和外在表现来看，道德不仅包括道德观念、道德情感等精神活动，而且包括道德行为、道德教育等实践活动，道德精神与道德实践总是不可分割的。因此我们会说，道德在本质上也是一种实践理性或实践精神。

学生：那老师讲到这里，我们可以说是比较全面地把握道德的本质了吧？

教师：通过对道德的一般本质、特殊本质、本质属性、形式特征等方面的分析，我们可以对道德的本质加以把握和理解了。那道德的本质就是在规范性和主体性的辩证统一中，非强制地反映和调节人与人、人与社会之间关系的具有价值属性的一种实践精神活动。

学生：我还有一个问题：我们从理论上解读道德的本质，这对我们大学生的道德实践又有什么作用呢？

教师：你提的这个问题非常重要。理论上认识道德的本质，对我们个体而言，就是要求在道德实践中去丰富道德的内涵和本质。这也正像习总书记所说，要“激发人们形成善良的道德意愿、道德情感，培育正确的道德判断和道德责任，提高道德实践能力尤其是自觉践行能力，引导人们向往和追求讲道德、尊道德、守道德的生活”①，形成向上的力量、向善的力量。

学生：那我们一定要按照习总书记的指示去做，成为一个有道德的人。

教师：对，这也正是我们理解道德本质的目的所在，就是要成为一个有道德的人。接下来我们讲第二个问题：道德的功能。

学生：道德的功能和作用是一回事吗？

教师：不完全是一回事，道德的功能一般是指道德作为社会意识的特殊形式对于社会发展所具有的功效与能力。道德的作用是指道德的认识、规范、调节、激励、导向、教育等功能的发挥和实现所产生的社会影响及实际效果。可以说内在的道德功能要靠外在的作用才能呈现出来。

学生：道德有哪些内在的功能呢？

教师：首先，道德具有认识功能，这是指道德具有反映社会关系特别是反映社会经济关系的功效与能力。也就是说道德往往是运用善恶、荣辱、义务、良心等范畴，反映人类的道德实践活动和道德关系，从中揭示社会道德发展的趋势，为人们的行为选择提供指南。

其次，道德具有规范功能，这是说在正确善恶观的指引下，道德可以规范社会成

① 中共中央文献研究室：《习近平关于社会主义文化建设论述摘编》，北京：中央文献出版社2017年版，第137页。

员在社会公共领域、职业领域、家庭领域的行为，规范个人品德的养成，引导并促进人们崇德向善。

学生：在他人遇到困难的时候，我们温暖的一句话、关键时候伸的一只手，需要的时候弯一下腰，是不是道德规范功能的外在体现呢？

教师：那当然是的，这正是道德功能在社会生活中的体现。另外，道德还具有调节功能，就是说道德具有通过评价等方式，指导和纠正人们的行为和实践活动，协调社会关系和人际关系的功效与能力。可以说道德是连接人与人、人与社会关系的枢纽，是构建社会关系和人际关系和谐的桥梁。

学生：随着道德功能的不断发挥，社会道德水平就会大大提高吧？

教师：道德的力量也不是万能的，道德的功能要真正发挥作用还需要各方面力量的综合治理。

学生：是不是也需要每一个大学生的参与？

教师：是的，那当然！以上就是我们对道德的功能和作用的理解，本专题就讲到这里。

（三）中华传统美德及其当代价值

教师：今天我们讨论关于中华传统美德的话题，重点讲一讲要弘扬哪些中华传统美德？这些传统美德在当代还有什么价值？我们先讨论第一个问题：中华传统美德的内容。

学生：老师，中华传统美德的内容可谓包罗万象，那哪些是中华传统美德的核心和精华呢？作为大学生我们应该弘扬哪些主要的美德呢？

教师：中华传统美德的核心精神，最重要的一点就是重视整体利益，强调责任奉献的精神。在中华传统道德的发展演化中，强调整体利益、国家利益和民族利益的重要性是其始终坚持的核心。在中华民族的历史长河中也曾出现不少为国献身勇于奉献的仁人志士。

学生：文天祥就是这样的一位志士仁人吧？他曾为抗击蒙古大军的入侵，散尽家资招兵买马，组织义军保家卫国。被捕后大义凛然，宁死不屈，以身殉国，给后人留下了“人生自古谁无死，留取丹心照汗青”的震撼诗篇。

教师：是的，像文天祥这样重视国家利益，不畏艰险而勇于奉献，正是中国传统道德文化精神的体现，也理应成为我们学习的榜样。中华传统美德的核心精神，第二点体现为推崇“仁爱”原则，注重以和为贵的精神。

学生：仁爱和合和精神是儒家思想的主旋律吧？

教师：是的，儒家的创始人孔子一直强调“仁者爱人”，亚圣孟子也继承了“仁爱”的思想，并提出了“仁政”的设想，希望社会能“老吾老以及人之老，幼吾幼以及人之幼。”儒家的仁爱思想对后人有很大的影响。

学生：我记得东汉末年一个叫淳于恭的就是一个履行儒家仁爱思想的人。当时闹饥荒，有人到他家的田地偷摘果树和偷割稻禾时，他不是去呵斥，而是去安慰，还帮助他们采摘。

教师：是的，这就是儒家推崇“仁爱”的道德观。年轻的大学生也要努力去涵养和学习仁爱精神，努力修养自己的人生境界。

学生：儒家的以和为贵就是和谐人际关系方面的道德要求吧？

教师：以和为贵不仅是对人际关系的规范，也是民族关系、对外关系的道德要求。以和为贵在人际关系上，主张与人为善、推己及人，建立和谐友爱的人际关系；在民族关系上，主张各民族互相交融、和衷共济，建设团结和睦的大家庭；在对外关系上，倡导亲仁善邻、协和万邦，与世界其他民族在平等相待、互相尊重的基础上发展友好合作关系。所以合和思想也是中华民族对世界和平的贡献，为构建人类命运共同体提供了中国智慧。

学生：中华传统美德还体现在哪些方面？

教师：第三就是提倡人伦价值，重视道德义务。中华传统美德一个重要的特点，就是它非常重视每个人在人伦关系中的地位及其价值，强调每个人都必须根据规范的要求，来尽自己应尽的义务。

学生：这是在教育我们每个人都要好好地对待家人、朋友、同学和老师吧？

教师：是的。还有第四是追求精神境界，向往理想人格。中华传统美德主张在物质生活基本满足的情况下应追求崇高的精神境界，把道德理想的实现当成人生诸种需要中最高层次的需要。

学生：这是要求物质文明和精神文明的统一吧？

教师：对。第五是强调道德修养，注重道德践履。中国古代的思想家大都认为，在塑造理想人格的过程中，最重要的就是要奋发向上、切磋践履、修身养性。

学生：道德修养和道德美德的践行关键还是要实践啊！

教师：是的。接下来讨论第二个问题：中华传统美德的当代价值。

学生：习总书记曾强调，中华民族伟大复兴需要以中华文化发展繁荣为条件，必须大力弘扬中华优秀传统文化。总书记的这段话是不是就是强调中华优秀传统文化在当今时代的价值呢？

教师：是的，正如总书记所说，弘扬中华传统美德首先就是中华民族的伟大复兴的需要。中华传统美德是中国传统道德的精华，是一个民族赖以生存和发展的精神支撑和动力。通过对中华传统美德的传承和弘扬，不仅可以树立我们的民族自尊心和自信心，增强文化的凝聚力和向心力，也能促进人们形成振兴中华文明的历史使命感和为中华民族伟大复兴的道德力量。

学生：那传统文化还有哪些价值呢？

教师：弘扬中华传统美德是建设中华民族共有的精神家园的需要。中国传统优秀道德文化有着巨大的思想统摄性，可以超越民族、宗教的界限，产生巨大的而又无形的文化整合力量。特别是在中华优秀文化中生成的以爱国主义为核心的民族精神，成为中华传统美德的重要内容。爱国主义思想通过人们价值上的认同、情感上的接受，成为中华民族同心同德、万众一心、不屈不挠的社会整合力量，将整个民族的感情、意志凝聚成为一个牢固的整体，促进了多民族国家的统一和民族文化的繁荣。

学生：那中华传统美德跟大学生成长有关系吗？

教师：中华优秀美德也是大学生成长成才的需要。中华传统美德还体现在尊老爱幼、宽厚待人、艰苦朴素、勤劳敬业、廉洁自律等方面。大学生继承和弘扬这些传统美德，不仅可以增强热爱祖国、热心公益的积极向上的人生观和价值观，还可以促进道德意识、合作意识的增强，提高自己的责任心和使命感。不仅如此，良好的美德和修养还可以帮助大学生改善人际关系，丰富大学生的精神世界。

学生：那希望我们大学生都能成为中华传统美德的践行者和弘扬者，成就美好的人生和未来！

教师：希望如此！以上就是我们对为什么要弘扬中华传统美德的理解，本节内容就讲到这里。

（四）社会主义道德的核心和原则

教师：我们今天学习的主题是社会主义道德的核心和原则。先讲第一个问题：社会主义道德建设的核心。你知道社会主义道德的核心是什么吗？

学生：知道，社会主义道德的核心就是为人民服务。

教师：社会主义道德为什么要以为人民服务为核心？

学生：提到为什么要为人民服务，我就会想起毛泽东的那篇著名的文章《为人民服务》。

教师：好，你先说说毛主席在这篇文章中是怎么教导我们的。

学生：毛主席教导我们说：我们的共产党和共产党所领导的八路军、新四军，是革命的队伍。我们这个队伍完全是为着解放人民的，是彻底地为人民的利益工作的。为人民利益而死，就比泰山还重；替法西斯卖力，替剥削人民和压迫人民的人去死，就比鸿毛还轻。

教师：这段话是毛泽东于 1944 年为追悼张思德同志写的，时间已经过去 70 多年了。那么我们党在 70 多年前提出的“为人民服务”思想为什么还是今天社会主义道德的核心呢，那可不是主观臆断，它的确立是有着深刻的理论和现实依据的。

学生：理论依据是什么呢？

教师：理论依据就是马克思主义的唯物史观，为人民服务是唯物史观的根本体现。马克思主义唯物史观早已证明，人民群众是创造历史的真正主人，是推动历史进步的真正生力军。正如邓小平同志所指出的：马克思主义向来认为，归根结底地说来，历史是人民群众创造的。也如毛泽东所说，人民，只有人民，才是创造世界历史的动力。所以，作为个人必须融入人民群众之中，使自己的力量和人民群众的力量一起形成一种合力，才能真正发挥其作用；个人也只有在服务于人民群众的社会实践中，才能充分实现自己的人生价值。可见，“为人民服务”是唯物史观具体化的产物，是唯物史观在道德领域里的客观要求。

学生：现实依据是什么呢？

教师：现实依据来自社会发展的需要，为人民服务是社会主义市场经济健康发展的要求。所谓市场经济，是指由市场来配置资源，促使个人和企业利益最大化的经济形式。需要注意的是市场经济属于资源配置方式的范畴，并不具有社会制度的属性。市场经济与资本主义制度的结合，就是资本主义的市场经济，那么追求个人利益、追求经济利益，就成为了资本主义社会的价值目标。而在社会主义市场经济条件下，市场主体必须通过向社会和他人提供一定数量和质量的产品，建立满足社会和他人需要的良好信誉，即通过为社会和他人服务并为社会和他人所接受以实现自己的利益。

学生：社会主义市场经济就不是单纯的个人利益最大化了？

教师：对！社会主义市场经济要求人们在服务他人和社会的过程中实现自己的利

益，社会主义市场经济所蕴含的这种利益导向与"为人民服务"的价值导向有着内在的一致性。所以，市场经济的社会主义性质要求市场主体在为人民服务的核心指导下，更主动、更自觉地为他人、为社会服务，并通过为社会服务，以实现和获得更多、更大的个人正当利益。所以从根本上说，为人民服务也是社会主义市场经济健康发展的必然要求。

学生：为人民服务与我们个人需要有关系吗？

教师：有，为人民服务也是个体道德完善的内在要求。从道德追求的境界来看，道德本身就包含了为他人服务、为群体服务、为社会献身的利他精神。可以这样说，没有为他人、为社会利益服务的精神，就无所谓道德的高尚。完善个体的道德行为就是要求在现实生活中能为他人、为社会着想，与人为善、服务他人。

学生：我们应该时刻以为人民服务为核心。

教师：是的。以上就是我们对为什么要以为人民服务为核心的理解。接着讲第二个问题：社会主义道德的原则。

学生：我们都知道社会主义道德的原则是集体主义，我们该如何理解集体主义原则的科学内涵呢？

教师：首先集体主义内涵的第一点是，社会主义集体主义强调国家利益、社会整体利益和个人利益的辩证统一。

学生：如何理解二者的辩证关系？

教师：在一个社会中，无论是维持个人生存，还是个人发展，都是通过集体的活动来实现的，因此，获取个人利益的合理的正当的途径不是对他人和社会的索取，而是在生产劳动中对社会和国家的奉献。所以说，在社会主义社会中，国家利益、社会整体利益体现着个人根本的、长远的利益，是个人利益最终实现并健康发展的根本保障。同时，每个人的正当利益，又是国家利益、社会整体不可分割的组成部分，个人利益的发展有助于集体利益的发展和壮大。

学生：明白了，作为个人还是应该以国家和社会利益为重吧？

教师：是的，这也是集体主义原则应有之义。集体主义科学内涵的第二点就是社会主义集体主义强调国家利益、社会整体利益高于个人利益。

学生：以国家和社会利益为重，也是中华传统美德啊。

教师：对！在现实生活中，个人利益和国家利益、社会整体利益难免会发生矛盾，一些小的矛盾与冲突是可以缓和和化解的，但有些大的矛盾和冲突就无法调和，是会发生个人利益与国家利益、社会整体利益的激烈冲突的 。在这个时候，集体主义提倡国家利益、社会整体利益高于个人利益，在必要时候，个人利益应该为整体利益作出自我牺牲。

学生：正当的个人利益如何得到保障呢？

教师：集体主义并不是要侵犯个人的正当利益，而恰恰是要保护个人的正当利益。集体主义内涵是第三点就是社会主义集体主义强调重视和保障个人的正当利益。社会主义集体主义原则并不否定正当的个人利益，相反十分强调对个人利益和个人价值的保护和发展。促进和保障个人正当利益的实现，使个人的才能、价值得到充分的发挥，是集体主义的价值所在。集体存在的动因就在于保护、发展加入集体的个人的利益和自由，发挥每个集体成员的活力，实现个人价值和维护个人的尊严和权利。那种把集体主义当成对“个人的压制”、对“个性的束缚”的观点，是与集体主义的本意相违背的。没有个人的发展，没有对个人正当利益和要求的保护，也就不可能有集体的发展。这就要求集体首先要树立保护个人利益和自由权利不受他人的侵犯的意识，明确集体是个人利益的保护者，成为维护个人权利和尊严的重要力量。

学生：对这样的集体主义原则我们一定是会坚持和维护的。

教师：以上就是我们对集体主义原则内涵的理解，本节内容就讲到这里，谢谢！

（五）社会主义道德建设的领域

教师：党的十九大报告中，有“深入实施公民道德建设工程，推进社会公德、职业道德、家庭美德、个人品德建设”，明确指出了公民道德建设的主要领域，这也是今天我们学习的主题。

学生：在生活中，我们经常听到全国道德模范、感动中国人物、最美新闻人的事迹，让我们感到世界的美好，生活的温暖；但是也经常经历和听到一些道德失范的事情，让我们失望甚至愤慨。因此非常想和老师探讨一下公民道德建设的问题。

教师：好的，人类的社会生活多种多样、异彩纷呈。我们工作劳动、放松休闲和家人享受天伦之乐，这些纷繁复杂的社会生活大致可以分为三个部分：即公共生活、职业生活和家庭社会。不同的生活领域，不同的社会关系，需要不同的社会规范进行调节，由此，社会主要的道德规范分为社会公德、职业道德和家庭美德。同时，在现实生活中，社会公德、职业道德和家庭美德建设，最终都要落实到个人品德的养成上。因此，社会道德建设的主要领域就是社会公德、职业道德、家庭美德和个人品德。

学生：哦，老师能不能具体谈谈社会公德、职业道德、家庭美德和个人品德的内涵和要求呢？

教师：好的。社会公德是全体公民在社会交往和公共生活中应该遵循的行为准则，是维护公共利益、公共秩序、社会和谐稳定的起码的道德要求。社会公德主要包括：文明礼貌、助人为乐、爱护公物、保护环境、遵纪守法等方面的内容，涵盖了人与人、人与社会、人与自然之间的关系。

"文明礼貌、助人为乐"主要调整公共生活中人与人之间的关系。今天人类告别了鸡犬相闻、老死不相往来的封闭时代，公共生活日益拓展，我们的生活，衣食住行、休闲娱乐没有一样能离得开公共生活的，公共秩序就显得尤为重要。公共生活中人们的交往日益频繁，矛盾冲突在所难免，这就要求人与人之间彼此尊重、平等互助。正如美国作家亨利·戴维·梭罗所说："人性最美好的品质，犹如果实上的粉霜，只有轻手轻脚，才能得以保存。然而，人与人相处，缺乏的就是这种柔情。"文明礼貌、助人为乐成为现代社会每个公民的基本素质。

其次，爱护公物、遵纪守法主要调整的是人与社会之间的关系。公共财物是社会成员共同劳动的成果，为社会全体成员所有，应倍加珍惜和爱护。道德和法律都是规范公民行为的基本准则，遵纪守法是每个公民义不容辞的责任和义务。

最后，保护环境主要调整的是人与自然之间的关系。我们都希望生活在蓝天白云之下，鲜花绿荫之中，我的朋友圈常常被这些美图刷屏。这就要求每个社会成员都具有节约意识、环保意识、生态意识，"绿水青山就是金山银山"。

学生：嗯嗯，现在我全面了解了社会公德的内涵和要求，今后在公共生活中，一定要做到守公德，让社会更文明，让世界更美好。

教师：公民道德建设的第二个主要领域是职业道德。职业道德是指从事一定职业的人在职业生活中应当遵循的具有职业特征的道德要求和行为准则，涵盖了从业人员与服务对象、职业与职工、职业与职业之间的关系。职业道德的主要内容包括：爱岗敬业、诚实守信、办事公道、热情服务奉献社会等基本道德规范。

爱岗敬业要求从业人员热爱自己的工作、对工作认真负责、精益求精、尽职尽责。央视推出的《大国工匠》电视片，真实记录了奋斗在我国生产一线的"大国工匠"的事迹，这就是对爱岗敬业精神的最好诠释。

诚实守信就是讲信誉、重承诺、不欺诈、诚实劳动、合法经营。比如，苏丹红、三聚氰胺、长生疫苗等事件一次又一次冲击着诚信的道德底线。诚实守信是我国公民道德建设的重点，也是社会主义核心价值观的一条重要准则。

办事公道要求从业人员做到公平、公正，不损公肥私，不以权谋私，不假公济私。热情服务则要求从业人员秉持服务人民的信念，通过互相服务，促进社会发展，实现共同幸福，体现了强烈的服务意识和奉献精神，表现为主动、周到和发自内心的自觉。

奉献社会就是要求从业人员在自己的工作岗位上兢兢业业地为社会和他人作贡献。工作的乐趣和意义不仅是为谋生，也是为推动社会发展和实现自身的价值。

学生：作为大学生，我们虽然说还没有进入职业生活中，但是，我觉得对我们来说职业道德教育还是必不可少的。从大家进入大学开始，就应该明确职业道德要求，培养职业意识，做好职业规划，努力学习，为今后进入职场做好充分的知识储备和能力提升。

教师：是的，你说得很对。接下来，我们讨论公民道德建设的第三个主要领域：家庭美德。家庭美德是调节家庭内部成员以及与家庭生活密切相关的人际关系的行为规范。同学，你能不能告诉我，家庭内部主要有哪些关系？调节这些关系需要遵循哪些规则？

学生：我想家庭内部的关系主要有夫妻关系、父母和子女之间的关系，还有兄弟姐妹之间的关系等。调整好这些关系需要做到尊老爱幼、男女平等、夫妻和睦等。

教师：你说得不错。家庭美德还涉及家风问题、邻里关系等，所以还有勤俭持家、邻里团结。其一，尊老爱幼是我国的传统美德，也是调整代际关系的重要原则。其二，男女平等是调整夫妻关系和两性关系的基本原则。男女在家庭生活中具有平等的权利义务，要摒弃过去男尊女卑、重男轻女的思想。坚决反对家庭暴力等歧视和迫害女性的行为。其三，夫妻关系是家庭关系的核心和支柱。夫妻和睦、相互忠诚、互敬互爱，婚姻方能和谐美满，家庭方能幸福安康。其四，勤俭持家是家风的重要体现。古人在教育子女时常讲：“常将有日思无日，莫待无时思有时，则子子孙孙常享温饱矣。”今天我们的日子富裕了，但是绝不可助长奢靡之风，“由俭入奢易，由奢入俭难”。其五，邻里团结。俗话说，远亲不如近邻，邻里之间只有做到互帮互助、互谅互让才能真正安居乐业。

学生：都说“家和万事兴”，家庭是我们永远的港湾，也是我们不竭的精神源泉。我们要懂得回报父母的养育之恩，弘扬家庭美德，承担起家庭的责任。

教师：公民道德建设的第四个主要领域是个人品德。个人品德是个体通过社会道德教育和个人自觉的道德修养所形成的稳定的心理状态和行为习惯。作为社会主义道德建设的着力点，个人品德不仅关乎个人的成长和发展，也是经济社会发展的重要精神力量。《新时代公民道德建设实施纲要》中第一次明确规定了个人品德的具体内容，就是“爱国奉献、明礼遵规、勤劳善良、宽厚正直、自强自律”。

学生：通过今天与老师的讨论，我更加全面地理解了我国道德建设领域的内容和要求，大学生要自觉遵守社会的道德规范，体现出新时代社会的道德水准和精神风貌。

教师：是的，大学生应该努力践行社会公德、职业道德和家庭美德，不断提升个人品德，为促进社会文明做出贡献。今天我们就讨论到这里，再见！

（六）加强品德修养，注重道德实践

教师：今天我们讨论的话题是：加强品德修养，注重道德实践。著名教育家夸美纽斯说：“德行的实现是由行为，不是由文字。”一个人的道德修养不能只停留在口头上，而是要在行动上体现出来。

学生：嗯，这个我深有体会。我们道理懂得不少，但是真正落实到行动中却不是件容易的事，我想问问老师，大学生该如何进行品德修养，锤炼高尚品格呢？

教师：你的困惑在大学生中很普遍。首先，大学生进行品德修养要有对崇高道德境界的追求。习近平同志指出：“只要中华民族一代接着一代追求美好崇高的道德境界，我们的民族就永远充满希望。”① 大学生进行品德修养要坚定崇高的理想信念，立志成为为中国特色社会主义奋斗终生的有用人才；树立爱国主义精神，以民族复兴为己任，扎根人民，报效祖国；加强道德修养，践行社会主义核心价值观，成为有大爱大德大情怀的人。

学生：是的。没有理想、没有思考的人生就如同行尸走肉一般，是没有灵魂的。大学生只有追求崇高的道德理想，在现实生活中，面对纷繁复杂的世界，面对各种社会思潮，面对多元价值观，面对生活中的困难、情感上的痛苦时，才不会精神空虚、意志消沉、思想颓废，才能始终把握正确的人生方向、洁身自好、积极乐观。

教师：其次，大学生加强品德修养，还要掌握正确的修养方法。历史上的思想家、社会中的道德模范和先进人物，他们总结出许多有效的修身方法值得我们借鉴。

第一，学思并重。就是通过虚心学习，积极思索，辨别善恶，以涵养良好的德性。大学生在进行道德修养的时候要善于学习，勤于思考。“俯而学，仰而思”，埋头苦学，

---

① 中共中央文献研究室：《习近平关于社会主义文化建设论述摘编》，北京：中央文献出版社2017年版，第137页。

打下理论基础；抬头思考，明辨是非曲直，这样才能树立正确的道德观，提高道德素质。

第二，省察克治。就是要勤于自省，发现和找出自己思想上的错误观念，行为中的不良习惯，加以改正和克服，是一种去恶求善之法。王阳明在《传习录》中谈道："省察克治之功则无时而可间，如去盗贼，须有个扫除廓清之意。"他还形象地将省察克治比喻为猫捕老鼠，"不可放他出路，方是真实用功。"大学生对于自己的一些错误思想和言行要像我们捉盗贼，像猫逮老鼠一样，不可放过，自觉改正，这样才能不断完善道德人格。

第三，慎独自律。是指人们在无人知晓、没有外在监督的情况下，坚守道德信念，自觉按道德要求行事，不做背德的事情。你知道历史上杨震的故事吗？

学生：杨震在东汉时期曾做过荆州刺史，在赴任途中，道经昌邑。昌邑县令王密为了感谢杨震当年对自己的提携之恩，"至夜怀金十斤以遗震"，杨震拒绝接受。王密说："暮夜无知者。"杨震说："天知，神知，我知，子知。何谓无知？"王密听了杨震的一番话，羞愧而出。

教师：道德修养需要的就是一种高度的自觉和自律精神。

第四，知行合一。就是把提高道德认识与投身道德实践统一起来。强调知行合一是儒家修身的重要方法。孔子说"听其言而观其行"，他认为衡量人的品德不能只听其言论，更应看其实际行动。习近平总书记教育青年"道不可坐论，德不能空谈。"品德修养只有知行统一，道德规范才能内化为人们的精神追求，外化为人们的自觉行动。

第五，积善成德。就是通过积累善行或美德，使之巩固强化，以逐渐凝结成优良品德的方法。《劝学篇》中说："不积跬步，无以至千里；不积小流，无以成江海"。"积善成德，而神明自得，圣心备焉。"品德是日积月累修养的结果。

学生：我认为我们进行品德修养不可能一蹴而就，也不可能一劳永逸。所以，大学生还应积极投身社会实践，在社会生活中践行这些美好的道德品质。老师您能不能具体谈谈大学生该如何投身崇德向善的社会实践呢？

教师：好的，这也是大学生必须弄清楚的问题。首先，投身社会实践，大学生要向道德模范学习。道德模范是具有高尚道德情操、为人们所崇敬、效仿的先进典型。在社会生活中有许许多多我们熟悉的名字，他们有的用爱心善举扶贫助困；有的在死神和灾害面前大义凛然、知险而上；有的把困苦留给自己，把幸福送给他人。道德模范用自己的行动诠释着道德的精神和内涵。学习大学生学习道德模范，就是要学习他们助人为乐的高尚情怀，学习他们见义勇为的无畏精神，学习他们守信践诺的崇高品格，学习他们敬业奉献的职业操守，学习他们孝老爱亲的至美真情，做到崇德守礼、无私奉献，养成良好的道德习惯。

其次，积极参与志愿服务活动也是投身道德实践的重要途径。志愿服务是在不求任何物质报酬的情况下，为促进社会进步而提供的服务，体现出奉献、友爱、互助、进步的精神。志愿服务已经成为大学生参与社会实践、成长成才的重要舞台。大学生积极投身志愿服务活动，一是要到社会最需要的地方去。在国际国内大型活动中，在抢险救灾第一线，在基层、在学校、在社区，总能看到大学生青春靓丽的身影。二是帮助困难群体。大学生应多关注空巢老人、留守儿童、失独家庭、残疾人等特殊群体，给他们帮助和温暖。三是大学生可以结合自身的能力、专业和特长做自己力所能及的事情。

学生：我也积极参与了学校的社会实践活动。武汉大学在志愿服务活动中就涌现出许多优秀典型，比如，2008级赵小亭同学身前两度奔赴贫困山区支教，上大学后的第一个暑假，她就去了湖南邵阳支教。2010年暑假，赵小亭再次到贵州苗族自治州义务支教。在支教途中，当赵小亭行走在一段崎岖的山路上时，一块石头从山上滚落，不幸砸中她的头部，她把20岁的生命永远留在了苗岭的大山深处。

教师：赵小亭用爱心、责任、奉献奏响了不朽的青春之歌，是大学生学习的榜样。最后，我想说，投身道德实践，大学生就要引领社会良好的道德风尚。大学生在社会生活中要弘扬真善美、循环保证能力贬斥假恶丑，做社会主义道德的示范者和引领者，促成知荣辱、讲正气、作奉献、促和谐的社会风尚。

学生：今天的讨论对我很有启发，我也有许多感悟。新时代的大学生，是实现民族伟大复兴的中坚力量，我们的道德状况在很大程度上影响着整个社会的道德风貌。所以，我们一定要自觉加强品德修养，积极投身道德实践，真正做到明大德守公德严私德，以自己的实际行动促进社会道德进步。

教师：看来今天的课你很有收获！我们就讨论到这里。

三、释疑解惑

※“才者，德之资也；德者，才之帅也，”是什么意思？

这句话出自于司马光的《资治通鉴·周记一》，原文如下：“才者，德之资也；德者，才之帅也。云梦之竹，天下之劲也；然而，不矫揉，不羽括，则不能以入坚。棠溪之金，天下之利也；然而不熔范，不砥砺，则不能以击强。是故才德全尽谓之圣人，才德兼亡谓之愚人，德胜才谓之君子，才胜德谓之小人。”根据柏杨的解释：才是品德的基础，品德是才的主宰。像云梦的竹子，最为坚韧，然而，如果不矫正它的弯曲，不刮平它的竹节，用来做箭，就射不穿坚硬的盔甲。棠谿的黄金（铜），最为贵重，然而，如果不熔化、不锤炼，就不能产生强大的打击力量。才能和品德兼备，就是“圣人”，才能和品德全都没有，就是“愚人”，品德胜过才能就是“君子”，才胜过品德就是“小人”。这是司马光在分析历史人物和事件兴衰成败基础上得出的结论，也是为大家所熟知的名言，非常有道理。

用现在流行的话来说，就是“有才有德是精品，无德无才是废品，有德无才是次品，有才无德是毒品”。大学时期是个体道德意识和道德品质形成、发展的关键时期，大学生不仅要学好专业知识，更要重视加强道德修养、锤炼道德品质，为祖国建设，为个人成才做好充分的德性准备。

※ 当道德与法律发生冲突时，如何选择？

这个问题既是一个理论问题，又是一个实践问题。首先从理论层面上讲，道德与法律既有紧密的联系，又有明显的区别。道德与法律的复杂关系在本书的绪论中专门进行了讨论，在此不再赘述。其次是从实践层面上讲，由于道德和法律调整的方式、范围等许多方面皆有不同，道德和法律发生冲突在所难免。美国著名教育心理学家科尔伯格在研究儿童道德发展阶段中，就使用到“海因茨偷药”的两难故事：欧洲有个妇女患了癌症，生命垂危。医生认为只有一种药能救好她，就是本镇一个药剂师最近发明的镭。药剂师制造这种药要花很多钱，而他索价还要高出成本 10 倍。药剂师花了 400 美元制造镭，而一小剂量的药他竟索价 4000 美元。病妇的丈夫海因茨到处借钱，试过各种合法手段，但他一共才借到 2000 美元，只够药费的一半。海因茨不得已，只好告诉药剂师，说他的妻子快要死了，请求药剂师便宜一点卖给他，或允许他赊欠。但药剂师说：“不行！我发明这种药就是为了赚钱。”这样，海因茨想尽了一切办法都失败了，于是有一天他撬开药店的门，为他妻子偷来了药。从这个案例就能看出道德和法律的现实冲突，对于这个问题，不同的人具有不同的选择和回答。从道德上看海因茨应该偷药，人的生命比财产更宝贵，为了救人危难，特别是拯救亲人的生命，需要尽到最大的努力；从法律上来看，违法就应该受到惩罚，所以，海因茨偷药在道义上是正义的，但是行为是违法的，需要受到惩罚。当法律和道德发生冲突时，我们既要遵从法律的规范作用，更要按照内心的信念和良知去做出选择。

※ 在当下，如何继承和弘扬中华民族的传统美德？

中国传统道德具有鲜明的两重性。属于精华的部分，表现出积极、革新、进步的一面；属于糟粕的部分，则表现出消极、保守、落后的一面。中华传统美德作为中国传统道德的精华部分，应该加以继承和弘扬。然而，任何道德都是具体历史时代的产物。中华传统美德是经过漫长的社会发展而形成的，不可避免地打上了传统社会的印记，在内容和形式上或多或少地存在着与今天的现实生活不相适应的地方。所以，继承和弘扬中华传统美德，必须通过科学的分析和鉴别，把其中带有阶级和时代局限性的成分剔除出去，把其中具有当代价值的道德精神发掘出来，坚持古为今用、推陈出新的原则，结合现代生活赋予其新的时代内涵。

在对待传统道德的问题上，要反对两种错误思潮。一种是复古论，认为道德建设的最终目标就是要恢复中国的“固有文化”，形成以中国传统文化为主体的道德体系。另一种是虚无论，认为中国传统道德从整体上来说在今天已经失去了价值和意义，必须从整体上予以全盘否定。这两种观点都是错误的，割断了道德的历史与发展的关系，我们在继承和弘扬中华传统美德时，要深入挖掘中华优秀传统文化蕴含的思想观念、人文精神、道德规范，同时，要结合时代要求不断创新，让中华文化展现出永久魅力和时代风采。

四、理论前沿

（一）中华优秀传统文化是当代中国最深厚的文化软实力

中华优秀传统文化，积淀着中华民族最深沉的精神追求，代表着中华民族独特的精神标志，形成了中国人的思维方式和行为方式，支撑着中华民族历经五千余年生生不息、代代相传、傲然屹立。习近平总书记要求，“讲清楚中华优秀传统文化是中华民族的突出优势，是我们最深厚的文化软实力”①。中华优秀传统文化是中华民族的精神命脉，是涵养社会主义核心价值观的重要源泉，在实现中华民族伟大复兴的征程中，中华优秀传统文化是我们最深厚的文化软实力，为我们在世界文化激荡中站稳脚跟筑牢坚实根基。

2019年10月25日，习近平总书记在中共中央政治局第十八次集体学习时强调：“中

① 《习近平谈治国理政》，北京：外文出版社2014年版，第155页。

华传统文化源远流长、博大精深，中华民族形成和发展过程中产生的各种思想文化，记载了中华民族在长期奋斗中开展的精神活动、进行的理性思维、创造的文化成果，反映了中华民族的精神追求，其中最核心的内容已经成为中华民族最基本的文化基因。”中华民族绵延不绝的悠久历史、灿烂文明，孕育滋养出源远流长、根深叶茂、丰富多样的优秀传统文化，塑造了中华民族的鲜明品格，滋养了独树一帜的中国精神，陶冶了勇敢智慧的中华儿女，是中华民族自立世界民族之林，绵延不绝、郁郁葱葱、生生不息的文化之根。在中华文明五千多年的发展历程中，春秋战国时期是一个文化高峰，儒、法、道、墨、兵、阴阳、纵横、杂、名、医、农百家争鸣，“稷下学宫”辩学策论昌盛，老子、孔子、庄子、墨子、孙子、荀子、管子、孟子等思想先哲纷纷著书立说，形成了蔚为大观的诸子百家思想体系，丰富深邃的思想之光历经几千年岁月时空一直影响至今。

文化是一个民族的精神家园，核心价值观是一个民族的灵魂和标志，是人们普遍认同、长期遵循的基本价值理念原则，广泛渗入到民族血脉、社会生活和精神世界之中。文化软实力作为一个多要素、多层次、多维度的社会发展体系，核心价值观是其中的血脉灵魂，是决定文化软实力最重要的因素。习近平总书记指出：“核心价值观是文化软实力的灵魂、文化软实力建设的重点。这是决定文化性质和方向的最深层次要素。”① 中华优秀传统文化是中华民族的精神命脉，是涵养社会主义核心价值观的重要源泉，也是我们在世界文化激荡中站稳脚跟的坚实根基。中华优秀传统文化蕴含的核心价值内容丰富、思想深刻、影响力持久深入广泛，具有独特的魅力和文化特色优势，包含着深刻的思想价值、巨大的精神活力、崇高的道德人格、辩证的科学思维、形神兼备的审美品格。在现当代，中国共产党领导全国各族人民，推动中华优秀传统文化创造性转化和创新性发展，以中华优秀传统文化思想精神为丰厚滋养，以文化人、以文育人、以文传人，培育践行社会主义核心价值观，彰显出高屋建瓴、独树一帜的文明品格，推动了当代中国社会创新发展和社会主义文化繁荣兴盛。

（二）文化自信的维度

文化自信作为一种在文化问题上的积极精神状态，有其关键性的构成维度。文化精神的自信、文化能力的自信、文化道路的自信，是其中的重要方面。这三个方面的自信，分别指向于文化的内容体系、创造主体、发展路径，也提示着我们推进文化自信建设的基本着力点。

---

① 《习近平谈治国理政》，北京：外文出版社 2014 年版，第 217 页。

文化精神的自信是对中华文化精神的信仰。文化精神，即一种文化体系所蕴含的基本的、起主导性作用的思想内容，它具体展现为文化的理想追求、价值体系等。在漫漫历史进程中，中华民族不断开拓、勇于创新，逐渐形成了以讲仁爱、重民本、守诚信、崇正义、尚和合、求大同等为鲜明标志的价值体系和文化理想。中华文化之所以绵延不绝，离不开贯注其中的这些优秀文化精神的牵引；我们今天之所以仍然礼敬、珍视民族传统，就是因为其中内含着仍然鲜活于当今时代的优秀文化精神。近代以来，中华民族在抗击外侮、救亡图存的拼搏中所形成的革命文化，在社会主义建设进程中所形成的先进文化等，都与这些优秀文化精神一脉相承。中国特色社会主义文化之所以说是从5000多年的中华文明中走出来的，最根本的原因就在于它以新的文化形态承载着中华民族的文化理想、传承着中华文化的精神基因。作为当代中国文化精神集中体现的社会主义核心价值观，同样是中华民族优秀文化精神的时代性转化和升华。增进文化精神的自信，就是要增进人们对优秀中华文化精神及其在当今时代崭新体现的社会主义核心价值观的信心。

文化能力的自信是对中华民族有能力推进文化创新发展的信念。文化自信，归根到底，是对文化创造主体创造新文化能力的自信。没有这种自信，一个民族就不可能有推动文化创新发展的强烈愿望、自觉担当与主动作为。中华民族文化创造能力之强，已然明证于史。没有强大的创造能力，现今的我们便不可能拥有辉煌于史、溢彩于今、无与伦比的优秀文化遗产。提振我们的文化能力自信，尤需更加客观全面地认识中华民族在当代的文化新创造以及面向未来再创文化辉煌的能力，使我们的文化自信既“长于谈古”，也不“怯于论今”。习近平总书记指出：“中国共产党领导中国人民取得的伟大胜利，使具有5000多年文明历史的中华民族全面迈向现代化，让中华文明在现代化进程中焕发出新的蓬勃生机；使具有500年历史的社会主义主张在世界上人口最多的国家成功开辟出具有高度现实性和可行性的正确道路，让科学社会主义在21世纪焕发出新的蓬勃生机；使具有70年历史的新中国建设取得举世瞩目的成就，中国这个世界上最大的发展中国家在短短30多年里摆脱贫困并跃升为世界第二大经济体，彻底摆脱被开除球籍的危险，创造了人类社会历史上惊天动地的发展奇迹，使中华民族焕发出新的蓬勃生机。”① 这一论述高度凝练地展现了近代以来中华民族改天换地的新创造、中华文明的创新发展及其世界意义。增进文化能力的自信，就是要增进中华民族

---

① 中共中央宣传部：《习近平新时代中国特色社会主义思想学习纲要》，北京：学习出版社、人民出版社2019年版，第72~73页。

在充分吸收借鉴人类优秀文明成果基础上续写出更加瑰丽文化新篇章的信念，努力为人类对更好社会制度的探索提供中国方案，为人类文明的更加多姿多彩作出中国贡献。

文化道路的自信是对中国特色社会主义文化发展道路的信心。中国特色社会主义道路是中国共产党和中国人民历尽千辛万苦、付出巨大代价取得的根本成就，是一条中华民族“自己的路”。在具体的文化建设领域，我们也走出了一条中国特色社会主义文化发展道路。坚持以马克思主义为指导；坚持社会主义先进文化前进方向，贯彻“二为”方向和“双百”方针；坚持以人民为中心的工作导向；坚持把社会效益放在首位、社会效益和经济效益相统一；坚持改革开放，着力推进文化体制机制创新，等等，构成中国特色社会主义文化发展道路的基本内涵。这条文化发展道路，具有深厚的历史渊源和广泛的现实基础，建立在对国内外历史经验教训的深刻总结、对当今时代文化发展规律与态势深刻研判、对当代中国文化国情准确把握的基础之上，是中国共产党人和中华民族的文化自觉在文化建设实践中的具体展现。增进文化道路的自信，就是要增进中华民族“走自己的路”的信心与定力，扎实迈好我们发展中的每一步，建设彰显中华民族智慧、气度和神韵的社会主义文化强国。

（三）加强新时代公民道德建设的四个维度

2019 年 10 月，中共中央、国务院印发了《新时代公民道德建设实施纲要》。《纲要》明确了“筑牢理想信念之基、培育和践行社会主义核心价值观、传承中华传统美德、弘扬民族精神和时代精神”四项道德建设的重点任务，为新时代加强社会主义精神文明建设、推动全民道德素质和社会文明程度达到新高度提供了重要价值规范。

加强新时代公民道德建设，必须坚定对马克思主义的信仰。人民有信仰，国家有力量，民族有希望。信仰信念指引人生方向，引领道德追求。历史和现实一再证明，从饱受屈辱与压迫的半殖民地半封建社会走来的中国之所以能够得到解放，并实现从站起来到富起来再到强起来的伟大飞跃，其根本原因就在于中国共产党的领导。中国共产党的历史、中华人民共和国的历史和改革开放的历史已经证明，历史和人民选择马克思主义是完全正确的，中国共产党把马克思主义写在自己的旗帜上是完全正确的。历史和现实还将证明，只有继续坚定马克思主义信仰，不断地运用马克思主义的立场、观点和方法来思考问题、分析问题，才能更好地解决新时代中国特色社会主义道路上所面临的一系列新情况、新任务。当前，要破解新时代中国特色社会主义所面临的风险和挑战，就要继续坚定对马克思主义的信仰，要用马克思主义中国化的最新理论成果，即习近平新时代中国特色社会主义思想武装我们的头脑，准确把握其丰富内涵、精神实质、实践要求，大力筑牢信仰信念的思想堤坝，为实现中华民族伟大复兴的中国梦提供精神支撑。

加强新时代公民道德建设，必须尽力培育和践行社会主义核心价值观。社会主义核心价值观是当代中国精神的集中体现，是凝聚中国力量的思想道德基础。社会主义核心价值观从国家、社会和个人三个层面给我们每一个公民提出了行动准则，是新时代中国人民共同遵守的价值规范，承载着中华民族、中国人民共同的心灵愿望与精神追求，是凝聚全体人民共识的“最大公约数”。要进行伟大斗争、推进伟大事业、建设伟大工程、实现伟大梦想，必须要让社会主义核心价值观成为中国人民和中华民族共同的价值追求。把社会主义核心价值观要求融入日常生活，使之成为人们日用而不觉的道德规范和行为准则，坚持贯穿结合融入、落细落小落实。推动社会主义核心价值观深入社会、深入群众、深入人心，积极引导人们树立正确的价值观，追求高尚的道德理想，使之成为新时代中国特色社会主义道路上有力的精神支撑。要将社会主义核心价值观的要求全面体现到全面依法治国中，体现到法律法规立改废释、公共政策制定修订、社会治理改进完善中，为弘扬社会主义主流价值提供良好社会环境和制度保障。

加强新时代公民道德建设，必须传承中华传统美德。习近平总书记曾专门强调，要发扬中华民族孝亲敬老的传统美德，引导人们自觉承担家庭责任、树立良好家风，强化家庭成员赡养、扶养老年人的责任意识，促进家庭老少和顺。当前，推动新时代中国特色社会主义事业迈上新台阶，必须传承中华传统美德，让中华文化中优秀基因更好地植根于人们的思想意识和道德观念。要深入阐发中华优秀传统文化蕴含的讲仁爱、重民本、守诚信、崇正义、尚和合、求大同等思想理念，深入挖掘自强不息、敬业乐群、扶正扬善、扶危济困、见义勇为、孝老爱亲等传统美德，使之与现代文化、现实生活相融相通，成为全体人民精神生活、道德实践的鲜明标志。

加强新时代公民道德建设，必须大力弘扬民族精神和时代精神。民族精神是一个民族赖以生存和发展的精神支撑，是一个民族生命力和凝聚力的重要体现。时代精神是一个时代的人们在文明创建活动中体现出来的精神风貌和优良品格。当前，推进新时代中国特色社会主义建设，必须大力弘扬以爱国主义为核心的民族精神和以改革创新为核心的时代精神，让其成为中华民族生生不息、发展壮大的坚实精神支撑和强大道德力量。要大力弘扬中国人民伟大创造精神、伟大奋斗精神、伟大团结精神、伟大梦想精神，让他们成为构筑中华民族共有精神家园的动力源泉。要大力弘扬改革开放精神、劳动精神、劳模精神、工匠精神、优秀企业家精神、科学家精神，使全体人民在建设新时代中国特色社会主义道路上始终保持昂扬向上、奋发有为的精神状态。

五、学习测试

（一）单项选择题

1. 道德作为一种社会现象，其产生有多方面的条件，经历了一个漫长的历史过程。马克思主义认为人类道德起源的第一个历史前提是：（　　）

A. 劳动　　B. 社会分工

C. 自我意识的觉醒　　D. 私有制的出现

答案：A

2. 在道德的功能系统中，最主要的功能包括：（　　）

A. 认识功能和调节功能　　B. 教育功能和激励功能

C. 指导和规范功能　　D. 导向和凝聚功能

答案：A

3. “公私之辩”是中国传统道德发展演化的一条主线。“国而忘家，公而忘私”出自中国历史上哪一部文献：（　　）

A.《诗经》　B.《尚书》　C.《岳阳楼记》　D.《治安策》

答案：D

4. 中国传统伦理思想一直尊重人的尊严和价值，崇尚“仁爱”原则，主张“仁者爱人”，强调要“推己及人”，关心他人。提出“己所不欲，勿施于人”，“己欲立而立人，己欲达而达人”的著名思想家是：（　　）

A. 孔子　B. 孟子　C. 老子　D. 墨子

答案：A

5. 中国自古就有“礼仪之邦”的美誉，谦敬礼让是中华民族优良的道德传统。“不学礼，无以立”出自：（　　）

A.《论语》　B.《孟子》　C.《中庸》　D.《礼记》

答案：A

6. 在中国古人看来，诚是指一种真实无妄、表里如一的品格，诚既是天道的本然，也是道德的根本。“养心莫善于诚”出自：(　　)

A.《老子》　B.《庄子》　C.《荀子》　D.《韩非子》

答案：C

7. 中国传统道德要求人们通过勤奋的学习，学以成德，学以成性，“变化气质”。“博学之，审问之，慎思之，明辨之，笃行之”出自：(　　)

A.《礼记·中庸》　B.《庄子·养生主》

C.《荀子·不苟》　D.《韩非子·五蠹》

答案：A

8. 中国传统道德重视道德践履，倡导道德主体要在完善自身中发挥自己的能动作用。“道虽迩，不行不至；事虽小，不为不成”出自：(　　)

A.《论语》　B.《荀子》　C.《孟子》　D.《庄子》

答案：B

9. 社会主义道德建设的核心是：(　　)

A. 为人民服务　B. 集体主义

C. 马克思主义　D. 反对资产阶级自由化

答案：A

10. 道德属于上层建筑的范畴，是一种特殊的：(　　)

A. 社会意识形态　B. 风俗习惯

C. 心理现象　D. 政治现象

答案：A

11. 人类最初的道德的表现形式是：(　　)

A. 社会舆论　B. 传统习俗　C. 内心信念　D. 宣传教育

答案：B

12. 道德赖以产生的客观条件是：(　　)

A. 人类自我意识的发展　B. 社会关系的形成

C. 风俗习惯产生　D. 个人意志的出现

答案：B

13. 道德产生的主观条件是：(　　)

A. 个人利益与集体利益的冲突　B. 社会关系的形成

C. 人类自我意识的形成和发展　　D. 社会分工的出现

答案：C

14. 与法律相比较，道德规范提倡：(　　)

A. 必须怎样　B. 可以怎样　C. 不准怎样　D. 应当怎样

答案：D

15. 道德产生的主客观条件统一于：(　　)

A. 社会意识　B. 生产实践　C. 社会进步　D. 社会规范

答案：B

16. 人类最初的道德以什么样的形式表现出来：(　　)

A. 个人意志　B. 长老权威　C. 风俗习惯　D. 法律条文

答案：C

17. 道德的本质是：(　　)

A. 社会经济关系的反映　　B. 在法律上的反映

C. 全体人民的意愿　　D. 统治阶级的意志

答案：A

18. 道德的主要功能是：(　　)

A. 导向功能　B. 沟通功能　C. 辩护功能　D. 认识与调节功能

答案：D

19. 道德最突出也是最重要的社会功能是：(　　)

A. 认识功能　B. 调节功能　C. 导向功能　D. 激励功能

答案：B

20. 道德的发展，是一个(　　)的历史过程。

A. 直线上升　B. 直线下降　C. 曲折上升　D. 平直前进

答案：C

21. “夙夜在公”体现的中华民族优良道德传统是：(　　)

A. 注重整体利益的精神　　B. “仁爱”原则

C. 重视道德践履　　D. 崇尚志向，重视节操的精神境界

答案：A

22. 集体利益与个人利益的关系是：(　　)

A. 辩证统一　　B. 个人利益高于集体利

C. 相互矛盾　　　　D. 集体利益高于个人利益

答案：A

23. 社会主义道德建设必须以集体主义为原则，这样做的目的是：(　　)

A. 反对一切形式的个人利益

B. 维护个人所属的小团体或单位的特殊利益

C. 在现实中追求个人利益和集体利益的最大和谐发展

D. 在任何情况下，只要个人利益和集体利益发生矛盾，就必然要个人做出牺牲

答案：C

（二）多项选择题

1. 道德作为一种特殊的社会意识形态，归根结底是由经济基础决定的，是社会经济关系的反映。这包括：(　　)

A. 社会经济关系的性质决定着各种道德体系的性质

B. 社会经济关系所表现出来的利益决定着各种道德的基本原则和主要规范

C. 在阶级社会中，社会经济关系主要表现为阶级关系，因此，道德也必然带有阶级属性

D. 社会经济关系的变化必然引起道德的变化

答案：ABCD

2. 人类道德的发展，是一个曲折上升的历史过程。道德发展的规律是：(　　)

A. 人类道德发展的历史过程与社会生产方式的发展进程大体一致

B. 在一定时期可能有某种停滞或倒退现象

C. 道德发展的总趋势是向上的、前进的

D. 它沿着曲折的道路向前发展

答案：ABCD

3. 人类道德进步的主要表现是：(　　)

A. 道德在社会生活中所起作用越来越重要，对于促进社会和谐与人的全面发展的作用越来越突出

B. 道德调控的范围不断扩大，调控的手段或方式不断丰富、更加科学合理

C. 道德的发展和进步成为衡量社会文明程度的重要尺度

D. 社会主义和共产主义道德，是人类道德发展合乎规律的必然产物

答案：ABCD

4. 2001 年中共中央印发《公民道德建设实施纲要》，第一次系统明确地提出公民基本道德规范，其内容包括：(　　)

A. 爱国守法　　B. 明礼诚信　　C. 团结友善　　D. 敬业奉献

答案：ABCD

5. 在发展社会主义市场经济、构建社会主义和谐社会的过程中，更加需要大力倡导诚实守信的美德。这是因为：(　　)

A. 诚实守信是市场经济条件下经济活动的一项基本道德准则

B. 市场经济越发达，对诚实守信的道德要求就越高

C. 诚实守信是职业道德的一项基本要求

D. 诚实守信是做人的一项基本道德准则

答案：ABCD

6. 大学生要肩负起全面建设小康社会和社会主义现代化建设的历史使命，就必须自觉加强诚信道德建设，把诚信作为高尚的人生追求、优良的行为品质、立身处世的根本准则。这是因为：(　　)

A. 诚信是大学生树立理想信念的基础

B. 诚信是大学生全面发展的前提

C. 诚信是大学生进入社会的“通行证”

D. 诚信是达成个人目的的“铺路石”

答案：ABC

7. 在道德修养的过程中必须坚持理论与实践相结合，历史与现实相结合的原则，才能找到适合于自己的有效的修养方法，这些方法包括：(　　)

A. 学思并重的方法　　B. 省察克治的方法

C. 慎独自律的方法　　D. 积善成德的方法

答案：ABCD

8. 实现中华传统美德的创造性转化和创新性发展，需要：(　　)

A. 加强对中华传统美德的挖掘和阐发

B. 用中华传统美德滋养社会主义道德建设

C. 反对资产阶级自由化

D. 以开放的胸怀和视野吸收借鉴人类文明的有益道德成果

答案：ABD

9. 中国革命道德的内容包括：(　　)

A. 全心全意为人民服务　　B. 修身自律，保持节操

C. 人定胜天　　D. 与天斗其乐无穷

答案：AB

10 . 发扬光大革命道德的价值在于：(　　)

A. 有利于培育和践行社会主义核心价值观

B. 有利于引导人们树立正确的道德观

C. 有利于加强和巩固社会主义信念

D. 有利于促进帝国主义的灭亡

答案：ABC

11. 社会主义道德建设“四个全面”战略布局的内容包括：(　　)

A. 全面建成小康社会　　B. 全面深化改革

C. 全面依法治国　　D. 全面从严治党

答案：ABCD

12. 在社会主义道德体系中，集体主义原则是指导人们行为选择的主导性原则，这是因为：(　　)

A. 公有制为主体，为集体主义的实施创造了经济前提

B. 人民民主专政的国体，为集体主义的实施创造了政治前提

C. 马克思主义为指导的社会主义先进文化，为集体主义的实施创造了文化前提

D. 改革开放几十年的丰厚积累，为集体主义的实施奠定了牢固的物质基础

答案：ABC

13. 大学生积极投身崇德向善的道德实践必须：(　　)

A. 践行社会主义荣辱观　　B. 参加志愿服务和学雷锋活动

C. 培养诚实守信的良好品质　　D. 自觉学习道德模范

答案：ABCD

14. 关于集体主义原则，下列说法中错误的有：(　　)

A. 集体主义就是不能打个人的“小九九”

B. 集体主义就是要抑制个人的任何利益

C. 集体主义就是强调国家利益、社会整体利益高于个人利益

D. 集体主义强调重视和保障个人正当利益

答案：AB

15. 大学生应当遵守的网络道德要求包括：（　　）

A. 自觉避免沉迷网络　　B. 健康进行网络交往

C. 积极引导网络舆论　　D. 加强网络道德自律

答案：ABCD

16. 树立正确的择业观和创业观，对于大学生顺利走进职业生活具有重要的现实意义，它包括：（　　）

A. 树立崇高的职业理想　　B. 服从社会发展的需要

C. 做好充分的择业准备　　D. 培养创业的勇气和能力

答案：ABCD

17. 家庭美德在维系和谐美满的婚姻家庭关系中具有重要而独特的功能，它包括：（　　）

A. 尊老爱幼　　B. 夫妻和睦

C. 邻里团结　　D. 勤俭持家

答案：ABCD

（三）简答题

1. 简述道德的定义。

答：道德属于上层建筑的范畴，是一种特殊的社会意识形态。它通过社会舆论、传统习俗和人们的内心信念来维系，是对人们的行为进行善恶评价的心理意识、原则规范和行为活动的总和。

2. 简述道德的社会作用。

答：道德为经济基础的形成、巩固和发展服务，是一种重要的精神力量；道德对其他社会意识形态的存在有着重大的影响；道德通过调整人们之间的关系维护社会秩序和稳定；道德是提高人的精神境界、促进人的自我完善、推动人的全面发展的内在

动力；在阶级社会中，道德是调节阶级矛盾和对立阶级之间开展阶级斗争的重要工具。

3. 简述如何实现中华传统美德的创造性转化和创新性发展。

答：第一，加强对中华传统美德的挖掘和阐发；第二，用中华传统美德滋养社会主义道德建设；第三，反对两种错误思潮：一种是复古论，另一种是虚无论，这两种观点都是错误的，割断了道德的历史与发展的关系，都不利于社会的发展和道德的进步。

4. 简述社会主义集体主义原则。

答：社会主义集体主义原则的根本思想，就是正确处理集体利益和个人利益的关系。它强调集体利益和个人利益的辩证统一；强调集体利益高于个人利益；强调重视和保障个人的正当利益。

（四）讨论题

1. 国家和民族的进步为什么必须借鉴和吸收人类文明优秀道德成果？

答：一个国家或民族的道德进步，既要注意在文明交流中坚守自身优秀道德传统，也要在文明互鉴中积极吸收其他有益道德成果。借鉴和吸收人类文明优秀道德成果，必须秉承正确的态度和科学的方法。要坚持以我为主、为我所用，批判继承其他国家的道德成果。在吸取人类优秀道德文明成果的问题上，既要大胆吸收和借鉴人类道德文明的积极成果，又必须掌握好鉴别取舍的标准，善于在吸收中消化，把人类文明优秀道德成果变成自己道德文明体系的组成部分。

2. 在网络生活中我们应有怎样的道德要求？

答：网络已经成为人们现代社会生活中必不可少的一部分。网络道德要求是人们为了维护正常的网络公共秩序需要共同遵守的基本道德准则，其基本内容主要包括：正确使用网络工具；健康进行网络交往；自觉避免沉溺网络；加强网络道德自律；积极引导网络舆论等。

3. 大学生应该树立怎样的婚恋观？

答：大学生正处于青春韶华，是建立亲密关系的重要时期，大学生应注意道德修养建立正确的婚恋观，不能误把友谊当爱情；不能错置爱情的地位；不能片面或功利化地对待恋爱；不能只重过程不顾后果；不能因失恋而迷失人生方向。

六、拓展阅读

1. 老子《道德经》第八章："上善若水"。

【导读】水善利万物而不争，处众人之所恶，故几于道。居善地，心善渊，与善仁，言善信，政善治，事善能，动善时。夫唯不争，故无尤。

水对万物都有好处，它却不争上、不争强、不争地；水处在大家都不喜欢的低洼肮脏之地，却能涤荡污浊。人的心应该像大海一样的宽广，能够容纳万物，不聚众流，不成江海；我们与人相处应该像水一样给予别人平等、尊严、恩泽；我们说话应该像水一样讲究信用；政府行政应该像水一样清正廉洁；我们做事应该像水一样有能力、有本事、多才多艺；我们在达成目标时要像水一样把握时机。水，卑高而就下，具有谦卑的品质；水，海纳百川，具有宽广的气度；水，水滴石穿，具有顽强的毅力；水，东流到海，具有永远的追求！大学生在进行道德修养时应该学习"水"这些优秀的品质。

2. 郭齐勇：《中国文化精神的特质》，生活·读书·新知三联书店 2018 年版。

【导读】本书集中探讨了中国文化精神的特质、儒释道三家的人生智慧、中国传统文化的管理智慧、中国哲学的特点、何谓国学等问题，对于文化自觉、文明比较与文明对话有着积极意义。在广泛参考前贤研究成果的基础上，作者归纳出中国传统文化精神的特质是：和而不同，厚德载物；刚健自强，生生不息；仁义至上，人格独立；民为邦本，本固邦宁；整体把握，辩证思维；经世务实，戒奢以俭。在中西哲学的比较研究中，作者将中国哲学的精神与特点概括为七个方面：存有连续与生机自然，整体和谐与天人合一，自强不息与创造革新，德性修养与内在超越，秩序建构与正义诉求，具体理性与象数思维，知行合一与简易精神。这些归纳，揭示出中国梦的文化底蕴，它们是中华民族伟大复兴的历史文化基础。

3. ［英］亚当·斯密：《道德情操论》（全译本）：商务印书馆 2015 年版。

【导读】英国思想家亚当·斯密的伦理学著作《道德情操论》，首次出版于 1759 年，1790 年才最后定版，在 31 年时间里，亚当·斯密五次修改，构成了《道德情操论》的六个版本。18 世纪中期的英国资本主义快速发展，日趋成熟的市场经济既解放了人性，释放了自由，提升了人们平等意识、致富动力，又带来一些社会问题，如拜金主义、利己主义、极端个人主义等，亚当·斯密看到市场经济本身的弊端和社会道德问题，写出《道德情操论》，也就是要加强社会道德的构建。

《道德情操论》以同情为出发点，阐释道德情操产生的根源；说明道德评价的性质、原则以及各种美德的特征；并对各种道德哲学学说进行了介绍和评价；进而揭示出人类社会赖以维系、和谐发展的基础以及人的行为应遵循的一般道德准则。全书共分7篇，第一篇指出同情、同情心是人类天赋的本性之一，情感互动构成社会生活天然的、不可或缺的组成部分。第二篇中谈到对优点和缺点的感觉。第三篇阐述了人们评判自己的情感和行为的基础，兼论责任感。第四篇阐述了效用对赞同情感的作用。第五篇描述了习惯和风气对有关道德赞同和不赞同情感的影响。第六篇阐述有关美德的品质：美德对自己幸福所产生的影响以及美德对他人幸福所产生的影响。第七篇讨论道德哲学体系。

第六章
尊法守法学法用法

民为邦本，法乃公器。自古以来，法在人们眼中就是神圣不可侵犯的，法律一词代表着公平与正义。法律更是一种“德”，给人们划定一个道德底线，触之即为违法。大学生作为一个特殊的群体，其对法律的学习和应用状况在一定程度上决定了今后我们能否建设成一个具有完全意义上的法治社会。因此，大学生学法尊法守法用法势在必行。

一、学习基本要求

（一）学习目的

通过本章的学习，大学生应了解和掌握法的基本概念、深刻理解社会主义法律的本质特征和运行机制，整体把握中国特色社会主义法律体系、法治体系和法治道路的精髓，尊重和维护法律权威。学会运用马克思主义法学的基本理论，培养法治思维，依法行使权力和履行义务，努力做遵纪守法的模范。

（二）学习要求

（1）全面学习和理解法律及其历史发展，准确把握社会主义法律的本质特征和运行机制，正确认识中国特色社会主义法律的发展规律和时代价值，不断增强建设社会主义法治国家的责任感和使命感。

（2）全面学习和理解我国宪法地位和确立的基本原则，了解我国法律体系的构成和各个法律部门及重要法律的基本功能，理解中国特色社会主义法律体系和法治理论，掌握建设中国特色社会主义法治体系和走中国特色社会主义法治道路的核心要义，深化对法治中国的制度认知，增强推动法治中国建设的实践本领。

（3）全面学习和准确把握法治思维的基本含义和特征，正确理解法治思维的基本内容，逐步培养法治思维，提高运用法治思维分析、解决问题的能力。

（4）全面学习和理解法律权利和法律义务的基本内涵以及它们之间关系，自觉遵法守法用法，树立依法行使权利和履行义务、妥善处理学习、生活中遇到的法律问题和各种矛盾的理念，提高自己的法治素养。

（三）主要内容

在全面依法治国、建设法治中国的进程中，大学生肩负着重要责任。大学生要担当民族复兴大任，不仅要加强思想道德修养，而且要努力提高法治素养。围绕这个主题，本章从以下三个层面展开论述：

第一个层面：基本理论阐释。这部分内容从论述法律的含义、本质与法律发展规律等基本概念入手，在此基础上阐述了我国社会主义法律的本质、作用与运行机制，介绍了我国宪法结构体系与我国部门法律体系，强调宪法法律的全面实施。法律的词源和含义、本质与特征；我国社会主义法律的运行；我国宪法的基本原则等是需要重点掌握的关键词。

第二个层面：基本理论理解。这部分内容是在大学生学习宪法法律、明确建设社会主义法治体系目标的基础上，重点帮助学生学习中国特色社会主义法治体系的相关知识，理解建设社会主义法治体系是全面依法治国的重要内容和奋斗目标，是建设社会主义法治国家的总抓手。学习重点在于正确认识建设中国特色社会主义法治体系的重大意义，理解法治体系的主要内容、以德治国与依法治国的关系、法治思维与人治思维的区别等，理解“坚持党的领导、人民当家作主与依法治国相统一”的原则，把握全面依法治国的基本格局。

第三个层面：基本理论运用。人民是依法治国的主体和力量源泉，人民群众尊重、运用、遵守和信仰法律，法律才有生命力。大学生要准确把握法治思维的基本含义和特征，正确理解社会主义法治建设的基本关系，正确认识和理解法律权利和法律义务，在实际生活中怎样依法行使权利和履行义务，逐步培养社会主义法治思维，培养运用社会主义法治思维分析和解决问题的能力。

总的来看，在这一章的内容中阐释了法最基本的理论问题和我国宪法及其实体法的相关理论，在此基础上从建设中国特色社会主义法治体系和为什么要坚持走中国特色社会主义法治道路的角度，对前述基本理论进行了理论与实际相结合的论证。最后帮助大学生正确理解法治思维和法律权利与义务，树立为建设社会主义法治国家贡献力量的信念。

这一章的框架图如图 7 所示：

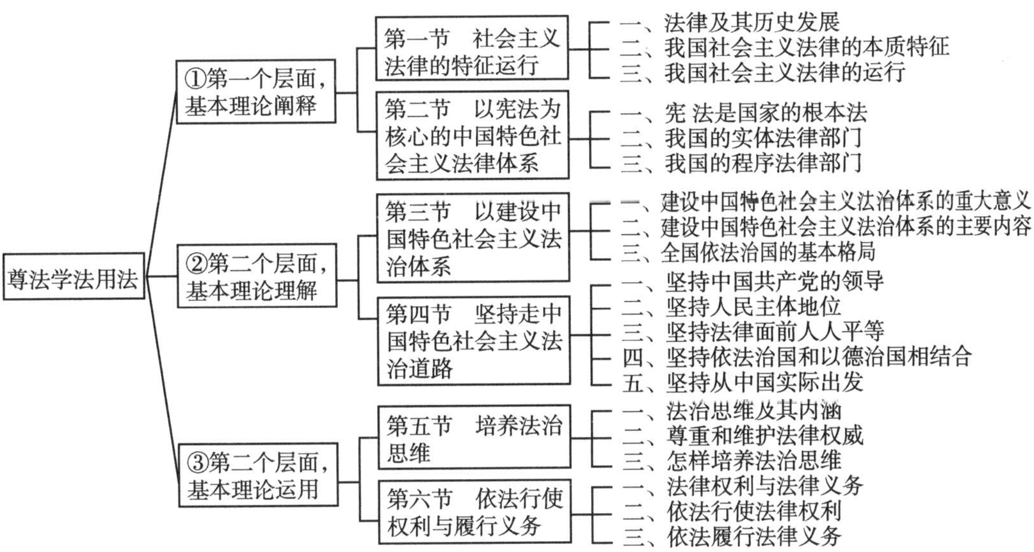

图 7　第六章主要内容

（四）重点和难点

（1）深刻理解和把握法律的特征及其历史发展、我国社会主义法律的本质特征和运行等的基本理论问题。

（2）深刻理解和把握为什么说宪法是国家根本法、我国宪法的地位及基本原则、我国宪法确立的制度等基本理论问题；理解民法、刑法的概念和基本原则等理论问题。

（3）全面了解我国社会主义法治体系的主要内容和我国全面依法治国的基本格局及坚持走中国特色社会主义法治道路的基本理论问题。

（4）全面理解和把握法治思维、法律权利和法律义务等的基本内涵；深入理解如何培养法治思维的现实问题。

二、慕课学习

（一）本章导学

教师：同学您好！现在我们一起来学习第六章“尊法学法守法用法”的相关内容。首先我想问问：说起尊法学法守法用法，你知不知道人类最早的成文法典是哪一部呢？

学生：是古巴比伦王国的《汉穆拉比法典》吧。

教师：对的。据考证，《汉穆拉比法典》颁布至今已近4000年，法典原文刻在黑色玄武石岩柱上，又名“石柱法”。现在存放在巴黎卢浮宫。

学生：原来法律的历史和人类历史是一样漫长的呀！

教师：你的说法不正确。法律的历史并没有人类的历史长。原始社会并没有法律，那时社会依靠习惯来维持。后来，随着原始公有制的瓦解，私有制产生了，人和人之间形成了阶级对立，产生了国家。国家通过制定成文法，或者认可习惯，把法律创制出来。法律的历史与国家的历史是一致的，经历了奴隶制法律、封建制法律、资本主义法律和社会主义法律的发展和演变。

学生：老师，我知道了。法律是随着私有制、阶级和国家的产生而产生的。那可不可说法律是一个国家现象呢？

教师：可以这么说。法律是国家现象，法律的创制、实施离不开国家。比如说，针对校园欺凌，国家必须出手，必须运用法律手段预防和制止校园暴力。首先，刑法规定了故意伤害罪、故意杀人罪、寻衅滋事罪以及聚众斗殴罪和绑架罪等。其次，对于情节严重构成犯罪的校园暴力行为，公安机关通过刑事立案将其纳入司法程序。对于具有严重社会危害，达到刑法处罚的校园暴力犯罪嫌疑人，由检察机关提起公诉，法院依法审判，最终减少和消灭校园暴力，形成人人守法的社会风尚。这一过程都是以国家的名义进行的。我们第六章第一节的内容，就是带领大家学习法律的概念，了解法律的历史发展；学习我国社会主义法律的本质特征，了解法律运行的基本过程。

学生：老师，您对法律的历史、运行的动态描述都很清楚，但您刚才谈到校园暴力涉及这么多罪名，还有这么多国家机关，有些复杂。学习法律，是要记住每一个法律条文吗？

教师：截至2020年，我国现行法律有260多部，法律条文浩如烟海，每一条都记住是不可能的，我们要通过掌握法律体系来学习法律。我国社会主义法律体系是以宪法为核心的、以法律（包括实体法律部门和程序法律部门）为主干的、以行政法规、地方性法规为重要组成部分的、由多个法律部门组成的有机统一整体。我们第六章第二节的内容，就是带领大家学习以宪法为核心的我国社会主义法律体系，通过学习宪法的形成和发展、宪法的地位、宪法的基本原则和宪法确立的制度，理解宪法的根本法地位；通过学习宪法相关法、民法商法、行政法、经济法、社会法、刑法，了解实体法的规定；通过学习诉讼法、非诉讼程序法，掌握程序法的规定，做到知法、守法。总之，掌握法律体系的原则、构成、基本功能，就等于取得了进入法律殿堂的“入门券”。

学生：我现在只是粗浅地知道一些法律的规定，是法律的门外汉。我要在课后好好地把组成法律体系的各部门法条文都找来看一看，做到知法不犯法。

教师：你学习法律的决心很大，也很好。但是，掌握法律体系，只是你个人学好和运用法律的第一步。学习法律，光有“登堂”的“入门券”还不够，还必须有“入室”的“金钥匙”！因为法律关乎社会正义，关乎人的生命、财产，关乎国家长治久安。学习法律不能浅尝辄止，必须由浅入深，掌握法治理论，进入更高的境界。

学生：法治理论？老师，我在学习本课程的“践行社会主义核心价值观”的章节中，接触到“法治”这一概念。听了您刚才的解释，我感觉“法治”应该是“法律”的更高境界，不知道对不对？

教师：你这个问题问得很好！法律作为一套完整的规范体系，通常是指静态的法律体系。而法治是管理国家、治理社会的方式、方法，包括法治的理念、制度，实现法治的路径等。所以，学习本课程，不仅要掌握法律体系，知道法律赞成什么、反对什么，还要掌握社会主义的法治理论，目的之一在于解决“为什么学法”的思想问题，提高对法律的地位、作用的认识；目的之二在于解决“如何去用法”的方法问题，既要从宏观上提高对走好中国特色社会主义法治道路的方向和原则的认识，又要从微观上提高个体的法治素养，提高依法行使权利、履行义务的能力。

学生：老师，请您展开讲一讲“法治”这个问题。

教师：好的。中国是一个具有五千年文明史的古国，从秦汉到清末，形成了不同于欧美和中亚等地区的中华法系，但人治是治理国家的主要手段。1949年中华人民共和国的建立，开启了依靠法律治理国家的新纪元。但是，20世纪50年代后期以后，特别是“文化大革命”十年动乱时期，中国社会主义法制遭到严重破坏，陷入了依靠“运动”治理国家的“人治”模式。

20世纪70年代末，中国共产党总结历史经验，特别是吸取“文化大革命”的惨痛教训，实行改革开放，明确要靠法律治理国家。1999年，“中华人民共和国实行依法治国，建设社会主义法治国家”载入宪法。2007年十七大报告明确提出：全面落实依法治国基本方略，实行全面依法治国。2012年十八大报告明确了：中国法治进程，是从法律体系到法治体系，全面推进依法治国。2017年十九大报告重申了：推进全面依法治国总目标是建设中国特色社会主义法治体系、建设社会主义法治国家。简单说，法治与依法治国内容一致，表述不同。对全面依法治国的方略展开研究形成的理论，就是中国特色社会主义的法治理论。

学生：我听明白了，法律主要涉及规则，法治重点在于国家、社会治理。老师，您之前说要从法律体系上掌握法律，现在进一步提到完善法治体系。法治也有体系吗？

教师：这个问题问到点子上了。2014年党的十八届四中全会提出，全面推进依法治国的总目标是建设中国特色社会主义法治体系，建设社会主义法治国家。这就是在中国共产党领导下，坚持中国特色社会主义制度，贯彻中国特色社会主义法治理论，形成完备的法律规范体系、高效的法治实施体系、严密的法治监督体系、有力的法治保障体系，形成完善的党内法规体系；坚持依法治国、依法执政、依法行政共同推进；坚持法治国家、法治政府、法治社会一体化建设；实现科学立法、严格执法、公正司法、全民守法，促进国家治理体系和治理能力现代化。实现这个总目标，必须坚持中国共产党的领导，坚持人民主体地位，坚持法律面前人人平等，坚持依法治国和以德治国相结合，坚持从中国实际出发。为了把全面推进依法治国的治国方略讲全、讲透，我们的第六章第三、四节就是带领大家学习全面依法治国的基本理论，增强坚持走中国特色社会主义法治道路的自觉性和自信心。

学生：这样看来，尊法学法守法用法，不单单是掌握法律体系这么简单，应当在党中央推进全面依法治国的过程中，不断提升自己的法律素养才对。

教师：你的理解很到位。我们常说，思想是行动的先导。从大学生个人成长的角度看，尊法学法守法用法，需要养成良好的法治思维，提高运用法治思维分析、解决问题的能力。需要养成良好的法治行为方式，依法行使权利与履行义务，妥善处理学习、生活、工作中遇到的法律问题和各种矛盾，提高自己的法治素养。我们第六章第

五、六节的内容，就是带领大家学习培养法治思维、尊重和维护法律权威、依法行使权利与履行义务、以实际行动带动全社会崇德向善的基本知识。

（二）法律及其特征

教师：同学你好！问你一个问题：进入大学的第一天，学校都配发了学生手册，其中学籍管理是其中很重要的内容。你说一说，学校制定的《本科生学籍管理规定》是不是法律呢？

学生：不是法律。法律应该是国家颁布的，大学不是国家机关，学校制定的《本科生学籍管理规定》当然不是法律啦。

教师：你的回答正确。大学颁布的《本科生学籍管理规定》是依据教育部《普通高等学校学生管理规定》制定的，属于社会组织内部的管理规范。法律是由国家制定或者认可并以国家强制力保证实施的，反映由特定社会物质生活条件所决定的统治阶级意志的规范体系。国家创制，包括两种方式，一是国家机关在法律规定的职权范围内，按照法律程序，制定、修改或者废除法律。例如，2018 年 8 月，全国人大常委会通过关于修改个人所得税法的决定，将个人所得税起征点确定为每月 5000 元。二是国家机关赋予已经存在的社会规范以法律效力。例如，香港回归后，对于回归之前的香港原有法律，国家没有宣布一律无效，而是在《香港特别行政区基本法》第八条中规定："香港原有法律，即普通法、衡平法、条例、附属立法和习惯法，除同本法相抵触或经香港特别行政区的立法机关作出修改者外，予以保留。"这就是国家对既有社会规范的认可。

学生：老师，您刚才说大学颁布的《本科生学籍管理规定》是依据教育部《普通高等学校学生管理规定》制定的，是不是说，国家法律需要依靠社会组织来实施呢？

教师：这个问题应该分两个层次来认识。首先，法律实施是指法律规定在实际生活中的运用。法律是由国家强制力保证实施，否则是"一把不燃烧的火，一缕不发亮的光"。国家强制力是保障法律实施的根本力量。国家强制力就是指军队、警察、法庭和监狱。但是，国家强制力只是针对违法行为的。其次，实施法律需要国家、社会、公民的共同努力，各种社会规范和社会意识在法律实施过程中扮演了重要角色。例如，部分普通高校直接将教育部的管理规定作为管理学生的依据，通过法的遵守来实施法律；也有部分普通高校结合具体校情，制定在本校适用的具体管理规定，通过执行本校制度来实施法律。后者表明，大学管理者和大学生的法律意识、道德观念、价值观念、纪律观念等在保证法律实施中也发挥着重要作用。而其他的社会规范，例如你们同学自行订立的课外兴趣小组的活动规则，全靠你们自觉遵守，违反了活动规则并不会导致国家干预。

学生：嗯，我明白了，总结一下就是，法律是由国家创制和实施的行为规范——这是法律的第一个特征。老师，那为什么教育部的《普通高等学校学生管理规定》会在颁布后修改多次呢？

教师：法律变还是不变，不是凭空产生的。按照马克思历史唯物主义的观点，法律是上层建筑，建立在特定社会物质生活条件之上。社会物质生活条件是指与人类生存相关的物质资料生产方式、地理环境和人口等因素，有什么样的社会物质生活条件，就有与之相适应的法律制度。物质资料的生产方式包括生产关系和生产力两个方面，对法律产生决定性影响。例如，在阶级社会里，存在奴隶制度、封建制度、资本主义制度和社会主义制度四种生产关系，相应就有四种法律制度。你可以举例说明生产力的变化带来的法律变化吗？

学生：好的。教育部的《普通高等学校学生管理规定》包含了不得登录非法网站和传播非法文字、音频、视频资料；不得攻击、侵入他人计算机和移动通讯网络系统等规范学生网络使用的规定。这些规定是计算机、互联网时代的产物，是科技进步的产物。

教师：嗯，这个举例很好！

学生：老师，法律是由一定的社会物质生活条件决定的——这是法律的第二个特征。但特定社会物质生活条件本身不会说话，告诉人们该立什么法、不该立什么法。史书上记载的都是圣贤、征服者、统治者制定法律。那法律规则到底是怎么来的呢？

教师：这就涉及法律规则的直接来源和间接来源。第一，法律规则的直接来源问题。法律规则规定什么、没有规定什么，是由立法者的主观意志决定的。在历史上，圣贤、征服者、统治者都扮演过立法者的角色，代表统治阶级，将维护统治阶级整体利益的意志制定成为法律。统治阶级意志通常是通过最高统治者的言论、国策、统治阶级的道德等形式表达出来的。在立法技术很粗糙的年代，最高统治者的言论就是法律；随着立法技术的进步和权力制约观念的传播，最高统治者的言论受到立法机关的约束，立法活动逐步由专门的立法机关负责，以国家意志的形式表现出来。可以说，统治阶级的意志是“里”，国家意志是“表”，法律就是国家意志和统治阶级意志表里合一的产物。

第二，法律规则的间接来源问题。我们知道，历史上的法律，尤其是在封建专制时代，大多带有统治者任性的痕迹，法律好像是以意志为基础的。其实不然。如果法律不能符合社会需要，为社会绝大多数人民群众接受，自觉施行，这个国家无论多么集权、专制，拥有多么强大的军队、警察，实行多么严酷的刑罚，都不能将法律付诸实施。中国西汉末年王莽改制的失败就是一个很好的例子。所以，按照马克思的观点，立法者应当把自己当成一个自然科学家。他不是在制造法律，不是在发明法律，而仅仅是在表述法律。通过对特定社会物质生活条件的理解和认识，将其中的内在规律通过法律的形式表述出来。这样看来，特定社会物质生活条件是“里”，意志是“表”，法律就是意志和特定社会物质生活条件表里合一的产物。

学生：嗯，我知道了，要理解法律的第三个特征——法律是统治阶级意志的体现，就要抓住两个“表里合一”。可是老师，我们国家是人民当家作主的社会主义国家，没有统治阶级和被统治阶级的划分，怎么理解我国法律的本质特征呢？

教师：是的，我国社会在新时代主要矛盾是：人民日益增长的美好生活需要和不平衡不充分的发展之间的矛盾，没有统治阶级和被统治阶级之间的划分和矛盾。认识我国法律的本质特征，我想结合最近《民法总则》的制定过程谈谈。

首先，政治决定与政治推动。2014 年 10 月，中共十八届四中全会提出了“编纂民法典”的任务要求。2016 年 6 月习近平总书记主持召开中央政治局常委会会议，就做好民法典编纂和民法总则草案审议修改作出重要指示。按照党中央编纂民法典的要求，十二届全国人大常委会将“编纂民法典”列入了调整后的立法规划中。至此，《民法典》的编纂工作正式启动。可见，就意志属性而言，我国法律中的人民的意志通过党的意志表现出来，法律体现了党的主张和人民意志的统一。

其次，立法进程。2016 年 6—12 月，全国人大常委会三次逐条审议《民法总则（草案）》，法制工作委员会采取深入各地调研、召开座谈会和在互联网上公开征询意见等方式，听取各界的意见和建议，对草案进行反复斟酌和修改。可见，立法要讲科学性、先进性，纠正过去的立法凭经验、拍脑袋、搞关门立法等错误。

最后，法学学者与广大人民群众的积极参与。据统计，《民法总则（草案）》经全国人大常委会先后三次审议，每次审议后都将草案审议稿在中国人大网公布并征求社会公众意见，累计收到 7 万多条意见，为我国立法史所罕见。2017 年 3 月 15 日，十二届全国人民代表大会第五次会议高票通过这部重要法律。同日，国家主席习近平以第 66 号中华人民共和国主席令公布这一法律，使之成为中国公民民事权利的重要保障。

总结一下就是：我国《民法典》的编纂表明，我国社会主义法律体现了党的主张和人民意志的统一，具有科学性和先进性，是中国特色社会主义建设的重要保障。谢谢老师的讲解！

（三）宪法是国家的根本法

教师：同学你好！现在我们学习第六章“尊法学法守法用法”“宪法是国家的根本法”这一知识点。

学生：老师，我国现行宪法公布施行至今已经有 30 多年了，前后修改过很多次，我们应该怎么学习和掌握宪法呢？

教师：中华人民共和国宪法的历史可以追溯到 1949 年具有临时宪法作用的《中国人民政治协商会议共同纲领》和 1954 年一届全国人大一次会议通过的第一部宪法。这些文献都以国家根本法的形式，确认了近代百余年中国人民争取民族独立、人民自由幸福进行的英勇斗争、确认了中国共产党领导人民夺取新民主主义革命胜利的历史，是改革开放时期我国现行宪法的制度和完善的基础。我国现行宪法至今已经做了五次修改（1988 年、1993 年、1999 年、2004 年和 2018 年）。学习宪法的第一步，就是了解党领导的宪法建设史。

学生：嗯，要掌握不同时期的宪法规定，不能张冠李戴。老师，法律是一套完整的体系，包含实体法部门和程序法部门，都与我们的生活十分密切，可以说都十分重要，为什么单单要把宪法放在这么重要的地位呢？

教师：学习宪法的第二步，就是明确宪法的至上地位。宪法的地位，是由其特有的作用、效力和内容决定的。

第一，就宪法的作用来看，宪法是国家的根本法、是治国安邦的总章程，是党和人民意志的集中体现。“根本法”是区别于“普通法”的说法。宪法规定国家生活中最根本、最重要的问题，如国体和政体、公民的基本权利；普通法规定国家生活中的某一方面问题，如民法规定平等主体之间的财产关系和人身关系，刑法规定定罪、量刑等。维护宪法，就是维护国之根基。正因如此，宪法的修改程序比普通法更加严格。在我国，宪法修改需要全国人大代表三分之二的多数通过，普通法只需要二分之一的多数即可。

第二，就宪法的效力而言，宪法是制定国家各项制度和法律法规的总依据，具有最高效力，是“母法”，其他的法律法规是“子法”。一切法律、行政法规、地方性法规等的制定都必须以宪法为依据，不得与宪法相抵触。为了保证法制统一，1983 年全国人大设立法律委员会，2018 年将其改名为“全国人大宪法和法律委员会”，统一审议向全国人大或者全国人大常委会提出的法律案。它有助于保证立法质量，有助于统筹国家立法大局，有利于维护法制的统一，避免和消除法律之间的矛盾和冲突，保证法律体系的协调发展。党的十九大报告更明确提出：“要推进合宪性审查工作，维护宪法权威。”合宪性审查就是依据宪法对宪法以下的法律文件是否符合宪法进行审查，对完善宪法监督制度具有标志性意义。

第三，就宪法的内容而言，宪法规定了国家的根本制度，尤其是政治制度和经济制度，不仅仅是一般的法律制度。对于怀疑党的领导，否定人民代表大会制度、动摇以公有制为主体、多种所有制经济共同发展的基本经济制度等错误观点和错误做法，我国宪法都给予了明确反击。可以说，宪法是新时代坚持和发展中国特色社会主义、实现“两个一百年”奋斗目标和中华民族伟大复兴的中国梦的有力保障。

学生：12 月 4 日是我国规定的宪法日，每年的宪法日都要求宣传法治理念，弘扬宪法精神，我们要怎样理解诸如法律价值、法治理念、宪法精神这类十分抽象的东西？

教师：价值、理念、精神都是思维活动的结果，在法律领域、需要通过具体的原则来把握。学习宪法的第三步，就是要弄清宪法精神，把握宪法的基本原则。

我国宪法的基本精神，用一句话概括就是“宪法是公民权利的保障书”，反映在具体条文上，就是宪法规定了“国家尊重和保障人权”。在立法体例上，“公民的基本权利和义务”一章在“国家机构”一章之前，反映出保障公民权利是建立国家机构的前提、国家机构是用来保障和实现公民权利的工具这样一种理念。但是，不同的时期、不同的国家，在将人权保障、权利制约理念表现出来的时候，奉行的基本原则是不一样的。如西方国家奉行三权分立原则、权力制衡原则、司法独立原则，我国实行的是党的领导原则、人民主权原则、尊重和保障人权原则、社会主义法治原则和民主集中制原则。这个区别要弄清楚。

学生：为什么像我们常常听到的公平、诚实信用、等价有偿原则不是宪法的基本原则呢？

教师：法律原则，是指法律活动的指导原理和准则，按照其在法的体系结构中所处的不同地位和所起的不同作用，可以分为法的基本原则和法的一般原则。法的基本原则在法的体系结构中居于核心地位，起到最根本的指导作用；法的一般原则是基本原则在法的体系各部分中的相对具体化。宪法的基本原则，如党的领导原则、人民主权原则等，体现在一切部门法之中，贯穿在立法、执法、司法、守法和法律监督的全过程，须臾不可偏离。而一般原则，在不同的部门法、法律程序的不同阶段时有时无、若隐若现。例如，公平、诚实信用、等价有偿等原则属于民法原则，是民事活动应当遵循的基本原则，在法律实施的很多领域，比如对侵权行为进行惩罚性赔偿，而不是公平赔偿；在民事活动中，行使对公权力的请求权就不能讲等价有偿，等等。

学生：您对宪法的基本原则的解释我基本清楚了。但是，宪法精神、宪法基本原则毕竟还是十分抽象的，对那些宪法中看得见、摸得着的具体规定，我觉得很细、很多，不好掌握。

教师：如前所述，宪法的基本精神是规范权力运行、保障公民权利。权力是需要载体来运行的，权利也是需要制度来保障的。学习宪法的第四步，就是落实、维护宪法确立的制度，树立制度自信。在我国，宪法确立的制度可以分为根本制度和基本制度。宪法在规定中华人民共和国是社会主义国家的国体之后，为了保证人民当家作主，规定了人民代表大会制度。这是我国政治制度的根本。国家的其他机关，如行政机关、监察机关、审判机关、检察机关由它产生，对它负责，受它监督。

基本制度，包括基本政治制度和基本经济制度，内容涵盖了中国共产党领导的多党合作和政治协商制度、民族区域自治制度、基层群众自治制度，以及公有制为主体多种所有制经济共同发展的基本经济制度。

总的来说，宪法是党的指导思想、中心工作、基本原则、重大方针、重要制度在国家法制上的最高体现。学习宪法，掌握宪法，运用宪法，是尊法学法守法用法目标明确、方向正确的政治保障，是大学法治教育的核心。

（四）坚持依法治国与以德治国相结合

教师：同学你好！现在我们学习第六章"尊法学法守法用法"坚持依法治国与以德治国相结合的内容。我问你个问题：高中毕业收到大学录取通知书后，通过什么方式庆祝考上大学呢？

学生：旅游啊！我们几个同学一起去了安徽黄山，还去了桐城。

教师：安徽桐城？我也去过。桐城在我国文学史上具有很高的地位，桐城派是我国清代文坛上最大的散文流派，其文统源远流长、文论博大精深、著述丰厚清正。

学生：是的，不过我们主要是去参观桐城的景点"六尺巷"。

教师：你们去的地方很有意义，这个地名有个很有意义的典故。相传清康熙年间，担任文华殿大学士兼礼部尚书的张英，他老家桐城的祖宅与吴家为邻，两家院落之间有条巷子，供双方出入使用。后来吴家要建新房，想占这条路，张家人不同意，双方发生争执。张家将此事写封信给张英，要他出面解决。张英看了信后，认为应该谦让邻里，回信写了四句话："千里来书只为墙，让他三尺又何妨？万里长城今犹在，不见当年秦始皇。"家人收到信件，明白其中含义，主动让出三尺空地。吴家见状，深受感动，也主动让出三尺房基地，"六尺巷"由此得名。这个典故所包含的谦和、礼让精神实际上也是中华传统文化的精华。它的"宽"不是宽在"六尺"上，而是"宽"在人们的心灵境界与和谐礼让精神上，是古代社会处理诉讼、调解关系的范本，是处理法律与道德关系的模板。这一点，对于我们理解现代社会的依法治国与以德治国的关系很有帮助。

学生：依法治国与以德治国？老师，请您具体讲讲。

教师：依法治国又称法治，就是依照体现人民意志和社会发展规律的法律治理国家，而不是依照个人意志、主张治理国家，要求国家的政治、经济、社会各方面的活动依照法律进行，而不受任何个人意志的干预、阻碍或破坏。以德治国，顾名思义就是通过道德治理国家，又称德治。德治思想的历史渊源主要在于先秦儒家。孔子"为政以德，譬如北辰，居其所而众星共之"说的就是通过道德来治理，就像北辰星一样，众星拱之，老百姓都会拥戴你。2000 年 6 月，党中央提出，法律与道德作为上层建筑的组成部分，都是维护社会秩序、规范人们思想和行为的重要手段，它们互相联系、互相补充。法治以其权威性和强制手段规范社会成员的行为，德治以其说服力和劝导力提高社会成员的思想认识和道德觉悟。2016 年 12 月习近平同志在主持中共中央政治局集体学习时强调：法律是准绳，任何时候都必须遵循；道德是基石，任何时候都不可忽视。在新的历史条件下，我们要把依法治国基本方略、依法执政基本方式落实好，把法治中国建设好，必须坚持依法治国和以德治国相结合，使法治和德治在国家治理中相互补充、相互促进、相得益彰，推进国家治理体系和治理能力现代化。2017 年党的十九大报告指出，坚持依法治国和以德治国相结合，提高全民族法治素养和道德素质。可以说，就正确认识法治与德治的地位而言，法治是治国理政的基本方式，德治是治国理政的重要方式，对于国家和社会治理而言，法治与德治非常重要，不可或缺。

学生：法律是成文的、公开的，但是道德就不一定，大多数道德是约定俗成、存于内心。两者在国家和社会治理中发挥作用的机理是什么样的？

教师：从法治与德治发挥作用的机理上看，由于法律是刚性的，每个人都必须遵守，违反法律的行为应当受到国家强制力的制裁，公民和社会组织在法律的预测作用、惩罚作用、威慑作用、预防作用下受到约束。道德是柔性的，违反道德的行为不一定会受到国家强制力的制裁。比如说酒后驾驶非机动车、在地铁或公交车上不让座、该排队的时候插队，对他人和对自己都是不应该的，但并没有相应的法律责任。德治发挥作用主要是通过人们的内心信念、传统习俗、社会舆论等进行道德教化、道德谴责。从治理机制上来看，法治是"治身"，重在对行为的治理；而德治是"治心"，重在对内心的教化。古人说，"头上三尺有神明"，说的就是治心的一个过程。

学生：是的，通过学习知道"法治"与"德治"在适用范围上的差异。对公民而言，法无明令禁止便可行，法律对公民行为的干预存在限度。而道德深入国家生活、社会生活和家庭生活的方方面面，明大德、守公德、严私德是德治的基本要求。德治的范围之广是法治所不能比拟的。

教师：你理解的对。我们还要看到，法治与德治的实现途径也是不一样的。治理国家，纯粹依靠法治的局限性在于：第一，法律并不能够管到一切。我们刚才说的插队问题，公交车让不让座问题，甚至到底需不需要扶老人的问题，这些法律都很难去界定。第二，法律存在一定的滞后，也就是法律条文需要保持较强的稳定性，面对新情况、新问题很难快速回应。第三，法律缺乏足够的灵活性，因为法治讲求原则，讲究严格依法办事，面对实际情况和复杂局面，欠缺变通。

治理国家，纯粹依靠德治的局限主要在于道德标准的多元性。比如说，我们前不久新闻当中看到有一对年轻的父母带着自己的子女在某城市游玩，小孩子内急找不到厕所，父母只好让小孩在路边解决。有的人说小孩子嘛内急，这是可以理解的。但是也有人说这是不文明的表现。

学生：这样看来，法治与德治的有机结合就是治国理政的必然选择了。古人云："徒善不足以为政，徒法不足以自行。"说的就是光凭道德去治理社会，很难取得效果；光凭法律去治理，可能也不行。两者应当有机地结合。中国古代法治、德治结合得非常好的一个典型就是唐朝的贞观之治。一方面，贞观修礼：制定了一套的道德体系，我们说"正家""定天下""制礼以崇敬"，就是官家制定了一套封建的道德体系，让民众来遵守；另一方面，朝廷颁布了中国历史上最系统、最完备的法律《唐律》，《唐律疏议》就强调"德礼为政教之本，刑罚为政教之用"。也就是强调德礼为本，刑罚为用这样一个内容。

教师：是的，在新时代，坚持依法治国和以德治国相结合，就要做到以下三点：

第一是要强化道德对法治的支撑作用。法治建设需要弘扬中华民族优秀传统文化，加强党风、政风、社风、家风等“四风”建设，发挥道德对法治的滋养作用。例如，家风和家规是我国诸多法律理念的重要来源，如“人而无信，百事皆虚”对于民法的诚信原则；“不受无功之禄，不取不义之财”对于物权法的财产所有理念；等。第二是把道德要求贯彻到法治建设中，使法治成为善法、良治，把社会中广泛认同、较为成熟、操作性强的道德要求上升为法律规范。例如，诚实信用是市场经济的道德要求。我国“十一五”规划提出，以完善信贷、纳税、合同履约、产品质量的信用记录为重点，加快建设社会信用体系，通过立法使失信者“一处失信，寸步难行”。第三是要运用法律手段解决道德领域的突出问题，让法律成为道德的底线，道德的保障线。例如，近年来，一些歪曲历史、恶搞英烈的网络公害颠覆信仰，丧失底线，引发众怒。为了维护社会公共利益，传承英雄烈士精神，爱国主义精神，国家颁布了《英雄烈士保护法》，加大对英雄烈士的保护力度。法安天下，德润人心，是我们坚定不移走中国特色社会主义法治道路所追求的目标。

（五）法治思维的含义和特征

教师：同学您好，这次课我们来学习法治思维的相关内容。我想先问你一个问题：假设某天你开车出门，被后面的车追尾了，你会选择争吵、私了，还是报警呢？

学生：老师，我会选择报警。因为我觉得由警察来处理交通事故，更加公平、心里更踏实。

教师：嗯，很好，你的选择就是法治思维导向的结果。具有“法治思维”，就是在我们面对问题的多种解决方式时，首先考虑的是哪一种方式更符合法律规定、法治精神。处理交通事故是交警的职责，由他来处理更公正、权威，所以你选择报警而非私了，就是你的法治思维在起作用。所谓法治思维，就是以合法性为出发点，以法治价值和法治精神为导向，运用法律原则、法律规则、法律方法思考和处理问题的思维模式。

学生：老师，了解了法治思维的含义，您再给我们讲讲法治思维的特征吧。

教师：好的。我们需要把握法治思维以下五点特征。

第一，法治思维是规范性思维。规范性思维，也可称为规则思维，就是以既定的法律规则为依据，运用法律规则中的法律术语进行观察、思考和判断。法治是规则之治，在有规则之后，尊崇规则成为第一要务。法治思维尊重规则，特别强调人们要坚守“合法性”为谋划处事的“底线”，以“是否合法”作为出发点来思考问题，进行合法与非法的预判。现在，代驾在我们日常生活中已经很普遍了。以前，不少人喝了酒照样开车；今天，人们要么开车不喝酒、喝酒不开车，要么喝酒后找代驾。这个变化，正是人们服从规则权威的体现。马克思说过，在专制的国家里，国王就是法律；在民主的国家里，法律就是国王。这也说明了对法律怀有敬畏之心，才是法治思维。

第二，法治思维是正当性思维。这是因为法治思维是以法治价值和法治精神为指导的思维，蕴含着公正、平等、民主、人权保障、权力制约等法治理念，讲究思维的正当性。以权利保障为例，具有法治思维，行为人就会具有“私权神圣”的意识，能对私权利提供保护。比如党政官员在处理涉及公民利益的事务时，必须从公民权利的角度出发，考虑相关处理是否会牵涉或影响到他们的某种权利。执法者具有法治思维，就能多从公民权利角度考虑，避免侵权行为的发生。再比如，在 2015 年 2 月，最高人民法院明确禁止刑事在押被告人或上诉人穿着囚服等具有监管机构标志的服装出庭受审。作为一个犯罪嫌疑人，并未确定为罪犯，因此不能给他以符号、标注、有罪的标签，只有经过庭审辩论后才能确定他是否构成犯罪。禁止“穿囚服受审”标志着我国司法保护人权制度的进步，是对被告人权利的尊重，鲜明体现了对保障人权的法治精神的遵循。

第三，法治思维是程序思维。法律程序是人们进行法律行为必须遵循的法定的时间或空间上的步骤和形式，是实现实体权利和义务的合法方式及必要条件。法治思维重视程序，强调严格按照法律程序办事办案，一方面可以防止权力恣意，起到维护公民权利的作用；另一方面，可以防止公众猜疑，起到维护政府公信力的作用。

学生：老师，前几天我在路上看到有个司机违章被交警拦下，交警对司机行礼后出示了证件，没一会儿违章就处理完毕。交警行礼、出示证件等行为就体现了按程序执法吧？

教师：没错，交警是在按执法流程办案。依照法定程序行使权力，有助于增强法律实施的可接受性，使处理结果更具有公信力和权威性。你注意过正义女神的眼睛是被布蒙上的吗？

学生：注意到了。

教师：这体现了一句格言：程序，是维护正义的蒙眼布。即使是正义女神，她面临的情感因素也太多，难免不被情感所左右，只有蒙上双眼才能做到真正的公正。这在法治思维上就体现为强调程序正义。

第四，法治思维是逻辑思维。作为一种逻辑思维，法治思维强调的是按照法律逻辑思考、分析和解决各种问题，是将法治理念、法律知识、法律规定付诸实施的认识过程。在此过程之中，法治思维既表现为一种理性的思维，以合法性为判断的起点、以公平正义为判断的重点，追求缜密的逻辑；而且也体现出一种逻辑推理的方式，以逻辑分析、判断和推理作为其内在的逻辑构成与表现。人们常说的“法不容情”就体现了法治思维乃逻辑思维这一特征。法治思维是以事实和规则的认定为中心的思维活动，首先应服从规则及其逻辑，强调按法律逻辑思考、分析和解决问题，所以不应受到大众化情感因素的左右。

第五，法治思维是科学思维。科学精神，就是实事求是的精神。在法律领域，就是“以事实为依据、以法律为准绳”的精神。法治思维作为一种科学思维，可表现在对待事实和证据的态度上。执法、司法过程中的所谓“以事实为依据”，其实是指“以证据为根据”。用法律去评价一个人，需要依证据做出事实判断。如果有证据可以证明，就构成一个法律事实。如果证据是非法取得的或者证据灭失了，那只能放弃对事实的认定。这种对待事实及证据的态度，是法治思维的有机组成部分，体现了实事求是的科学精神

学生：那我们在日常生活如购物要保存好发票、借款要写借条等都是保护好证据，是法治思维的一种表现。

教师：是的。

学生：老师，通过您的讲解，我明确了法治思维尊崇法治、敬畏法律。那与它相对立的人治思维，是不是完全排斥法律呢？

教师：回答你提的这个问题，我们要先了解什么是人治思维。人治思维是指以信奉个体权威为核心形成的思想观念和思维方式。人治思维崇尚贤人政治，把公共事务管理的良善与否寄托于个别贤人，遇贤则良，遇不贤则废，结果是“人存政举，人亡政息”，不可能有持续的良善之治。法治思维与人治思维的分水岭不在于有没有法律或者法律的多寡与好坏，而在于最高的权威究竟是法律还是个人。法治思维以法律为最高权威，倡导法律至上，法律面前人人平等，任何个人无论贫富贵贱都没有凌驾于法律之上的特权；人治思维则奉个人的意志为最高权威，认为权力决定一切。人治思维并非一点法律都不要，但它认为“法律可有可无”，“法律只能作为办事的参考”。当个人的意愿、判断和利益与法律冲突时，不是“法大于权”，而是“权大于法”。正因为法治思维与人治思维存在最根本的冲突，两种思维方式难以融合，所以法治思维是对

人治思维的革命。

学生：老师，我懂了，全面推进依法治国，建设社会主义法治国家，必须反对人治思维。

教师：对。树立法治思维，也是公民素质提高的重要标志。当代大学生应注重培养法治思维，在日常生活中，尊重法律，维护法律，学会依法办事。

（六）社会主义法律体系、法治体系的内涵及关系

教师：同学您好，这次课我们学习社会主义法律体系、法治体系的内涵及关系这一内容。2011年3月，全国人大宣布社会主义法律体系基本形成，2014年10月召开的十八届四中全会，首次提出“中国特色社会主义法治体系”这个新概念。社会主义法律体系的建成和社会主义法治体系的建设都对全面落实依法治国方略、加快建设社会主义法治国家具有重大意义，我们今天就来了解法律体系及法治体系的内涵并把握它们的相互关系。你知道我国有哪些法律吗？

学生：老师，我学习过宪法，还了解有民法、刑法和行政法这些法律。

教师：你说的这些法律，都属于不同的法律部门。部门法，是构成法律体系的要素。所谓法律体系，是指一个国家全部现行法律规范按照不同的法律部门分类，而后组成的有机联系的统一整体。

社会主义法律体系，就是以宪法为统帅，以法律为主干，以行政法规、地方性法规为重要组成部分，由多个法律部门，如宪法相关法、民法商法、行政法等组成的有机统一整体。到目前，我国现行有效法律有260多部，行政法规700多部、地方性法规12000多部，以宪法为核心的中国特色社会主义法律体系已形成并在不断完善之中。

学生：老师，我也听过“法治体系”这个词，您给我们谈谈它的含义吧。

教师：“法治体系”这个词，是十八届四中全会首次提出的全新的法治概念。所谓法治体系，是指法治运转机制和运转环节的全系统，具体包括立法体系、执法体系、司法体系、守法体系、法律监督体系等，由这些体系组成的一个立体的、有机完整的法治运转体系。“社会主义法治体系”包括五大具体体系，即“完备的法律规范体系”“高效的法治实施体系”“严密的法治监督体系”“有力的法治保障体系”和“完善的党内法规体系”。

学生：那社会主义法律体系和法治体系只有一字之差，提出的时间也有先后之别，这体现了什么呢？

教师：从字面来看，两个概念只有一字不同，但正是这一字之变，却折射出党的治国理政基本思路的重大转变。因为法治包括两个重要内容：一个是“法”，一个是“治”。从“法”的角度来讲，核心是“法律体系”的形成和完善。从“治”的角度来讲，法治不光要有良法，还要有善治，关键在于“法治体系”的建立和健全。

从1997年党的十五大提出建设社会主义法律体系的目标，到2014年党的十八届四中全会提出建设社会主义法治体系的目标，表明法治体系已经超越法律范畴，从原来的立法环节，扩展到法治建设的各个环节，在法律制度体系已经形成的基础上，解决法律的实施、监督、保障等环节的落实。这既表明了党的依法治国理论的成熟，也标志着中国的法治建设进入了一个新起点。

学生：我懂了，这一字之差，正体现了理念的跃升。老师，社会主义法律体系和法治体系之间存在怎样的关系呢？

教师：法律体系和法治体系的关系，我们可以从三个方面加以认识。

首先，法律体系是法治体系的逻辑起点。法律体系是静态的法律制度体系，表现为静态的法律文本。法治体系与法律体系不同，它不是一个静止的存在，而是一个动态体系，包括法律的制定、实施、监督等阶段性过程的接续。法治体系是以立法即形成法律体系为基础的。形成完备的法律体系后，法治就进入一个有法可依的阶段，剩下的就是怎样把法律规定的都实现了。所以，法律体系只是法治体系的逻辑起点，只是刚刚开始，后面还有法律的实施、监督、保障等环节需要落实。这也说明：法律体系是法治体系的逻辑起点和初级阶段，法治体系是法律体系的高级阶段和发展方向。

其次，法律体系和法治体系存在着局部与整体的关系。党的十八届四中全会强调社会主义法治体系是一个科学完整的有机体系，包括形成完备的法律规范体系、高效的法治实施体系、严密的法治监督体系、有力的法治保障体系以及形成完善的党内法规体系共五个方面。法律体系的形成仅仅只是解决了有法可依的问题，但“徒法不足以自行”，光有法律体系，它自己不能够实施，还必须要由法治实施体系来保证法的执行，还要法治监督体系来保障公权力、执法权、司法权不被滥用，还要法治保障体系，特别是党的领导来保障依法治国的正确方向，还要有党内法规体系来管党治党、从严治党。

学生：老师，那从这个意义上看，法律体系只是法治体系的一部分。

教师：没错，“法律体系”只是“法治体系”的重要元素之一，是“法治体系”中的起始环节。法治体系包容着法律体系，而法律体系则组合在法治体系之中。

最后，法律体系和法治体系存在“手段”与“目的”的关系。建设社会主义法治体系，是法治实践的重大深化。法治作为治国理政的基本方式，不仅要通过建立完善的法律规范，将国家活动和社会生活纳入法治轨道，而且要提升运用宪法、法律治理国家的有效性。法治不仅仅是立法者和司法者的法治，也是广大人民群众的法治。人民群众是社会生活的主体，他们以什么样的形式参与法治决定法治的性质和方向。

十八届四中全会在法治目标下提出不少促进人民群众全方位参与法治建设的务实创新举措，如拓宽公民有序参与立法途径、保障人民群众参与司法、完善人民陪审员制度、全面推进政务公开等。这些措施极大地增强了国家与公民、权力与权利、司法与民意的良性互动。可以说，法治体系中的五大具体体系的建设能做到从社会精神层面、社会价值层面、社会风尚层面推动依法治国，大力提升运用宪法、法律治理国家的有效性，从而抓到了法治建设的实质。由此，对于“法治体系”来说，“法律体系”是手段，“法治体系”才是目的，完善的法律体系是为建设法治体系和法治国家服务的。

学生：老师，了解了法律体系和法治体系的内涵和关系后，我体会到这两个词虽然只有一字之差，但实质、内涵却有很大的差别。

教师：是的。希望你们认真学习并准确把握！

（七）全面理解法律权利与法律义务的关系

学生：老师您好！我听说国家出台了一个规定，说如果群成员在微信群里发布一些过激、粗俗或者侮辱性的语言，群主要承担责任？

教师：嗯，是的！国家网信办印发了《互联网群组信息服务管理规定》，它确实要求互联网群组的建立者、管理者要履行群组管理的责任，也就是说“谁建群谁负责”“谁管理谁负责”，要按照法律法规、用户协议和平台公约，规范群组网络行为和信息发布。这个规定从 2017 年 10 月 8 日开始正式施行。

学生：那这么说国家是要立法限制网友的言论自由？

教师：哦，不能这么说！

学生：网络群组本就是大家互相联系，发表意见的一个纽带，如果不是为了限制大家的言论自由，那我们怎么来理解出台的这个规定呢？

教师：我们可以从法律权利与法律义务的关系上来说说对这个规定的理解。你们知道，法是以权利和义务为机制来调整人的行为和社会关系的。从法理学的角度，我们可以把法律权利、法律义务的关系概括为：结构上的相关关系、数量上的等值关系、功能上的互补关系，价值意义上的主次关系，共四个方面。

学生：什么叫结构上的相关关系？

教师：结构上的相关关系就是说权利、义务是相互依存、相互贯通的。相互依存是指法律权利和法律义务是不可能孤立存在和发展的，一方的存在和发展必须以另一方的存在和发展为条件。那么相互贯通呢，则表现为权利和义务的相互渗透、相互包含和在一定条件下的转化。

学生：怎么理解呢？

教师：好，我们举例子来说。比如说，咱们的父母子女关系，你未成年时，父母养育你是他们的义务，得到父母的关爱是你的权利；好，当父母年老了，你对他们的赡养则是你的义务，他们要求你赡养就成了他们的权利。所以，在一般的法律关系中，每一个主体在享有权利的同时，都对应承担一定的义务，权利以义务的存在为条件，义务以权利的存在为条件，缺少任何一个方面，另外一方也就不存在了。

学生：那是不是说互联网上的权利义务关系也应该表现这个特点：网络提供给我们享有权利的平台，我们在这个平台上享受权利的时候也应该有遵守相关法律法规，文明互动、理性表达的义务？

教师：嗯，非常正确！

学生：我记得马克思说过这样一句话："没有无义务的权利，也没有无权利的义务。"① 是不是可以用这句话来理解法律权利义务数量上的等值关系？

教师：嗯，你说得非常好！这一基本原理告诉我们，社会中的权利和义务是对等设置的，权利总量与义务总量是相等的。我们用个比喻来说，假如我们用数轴来表示权利和义务的走向，将既不享有权利、也不履行义务的状况表示为零的话，那么，权利和义务的关系就可以表示为，以零为起点，向相反的两个方向的延伸，权利是正数，义务是负数，好，这时候，正数每扩展一个刻度，负数也一定扩展一个刻度，而正数与负数的绝对值总是相等的。这个关系式的原理适用于每一个社会主体。那么，在具体的法律关系中，权利、义务则互相包含。

学生：老师您能举个生活中的例子吗？

教师：好！比如我们网购买东西，你有要求商家提供符合质量要求的商品的权利，

① 马克思：《国际工人协会共同章程》，《马克思恩格斯选集》第 3 卷，北京：人民出版社 2012 年版，第 172 页。

同时你还有付款的义务吧？反过来呢，你想想，你的权利和义务是不是就是商家的义务和权利呢？所以，就整个社会而言，只有权利和义务在总量上处于等额状态，利益的付出与获得才能达到平衡，社会生活才不至于混乱，在虚拟的网络世界中也应该是这样。

学生：嗯，您前面所说的我理解了。但是，法律中的权利义务如何实现功能互补呢？

教师：好，我们从立法技术的角度来回答你这个问题。立法技术有授权性规范和义务性规范两个方面。法律中对权利的直接规定一般采用授权性规范，用“可以”“有权”等方式来表示。比如，婚姻法规定男性年满22周岁可以结婚，但是，你结还是不结呢？你可能结也可能不结，可以自己自由选择。因而，授权性规范给予权利主体行为选择的可能性，它对人的行为的指引具有一定的不确定性。但如果你决定了要结婚，那么按照婚姻法的规定，你就必须亲自到婚姻登记机关去登记，不得代理，这个就是义务性规范。义务性规范意味着人的行为无可选择，它是一种确定的指引。义务性规范一般采用“必须”“应当”等方式、表示国家所不赞成、反对或禁止的行为。授权性规范和义务性规范，这两种立法技术的目的是一致的，都是为了实现法的目标、法的价值，它们只是以各自不同的特点，互相补充，互相联系，从而构成法律调整的网络。

学生：既然法律权利义务功能互补，那是不是说这两者具有同等的法律价值呢？

教师：你提出了一个非常重要的法律争论问题。你的问题实际上说的是法律体系价值意义上的主次关系。在法律体系中究竟是权利本位还是义务本位，目前在法学界有争议。但我认为，我们现在的法律体系应该是权利本位的，也就是说是权利为主，义务为辅的。

学生：老师您这个观点的原因是什么呢？

教师：我们先来看看权利本位法律体系的一些特征：比如，追求法律面前人人平等；强调权利是义务存在的依据和意义；规定法律的力量仅限于禁止一个人损害别人的权利，而不能禁止他行使自己的权利；在私权的行使上，明确法无禁止则自由，等等。好，那再来看看我们现在法治建设的情况：习总书记在十九大报告中明确指出，“全面推进依法治国总目标是建设中国特色社会主义法治体系、建设社会主义法治国家”，也提出了推进合宪性审查工作、用留置取代“两规”措施、成立中央全面依法治国领导小组等。十九大以后，党中央依法反腐、惩腐力度不减，这些都标志着我国社会主义法治建设进入了新时代，人民群众的民主权利进一步彰显，获得感进一步加强。

所以我认为，我们现在的法律体系是权利本位的，是以人民权利的实现为第一要务的。

学生：听了老师您专业的分析，我对法律权利和法律义务有了更深的了解。您能不能简要概括一下两者之间的关系，方便我向身边的同学普及。

教师：嗯，好的。我们通常将法律权利和法律义务比喻成硬币的两面，说明它们不可分割、相互依存。概括地来说，它们之间的关系主要体现在两个方面：第一，它们是不可分离的辩证统一体。有权利就有义务，有义务就有权利。第二个方面：权利和义务都有明确的界限。权利的范围就是义务的界限，而义务的界限就是权利的范围，任何一个权利都不可能为所欲为，而是以守法、合法为前提，而守法、合法本身就是一种义务。

（八）尊重和维护法律权威的基本要求

教师：同学你好！这次课我们学习尊重和维护法律权威的基本要求这个内容。我想问你个问题：你知道“破窗效应理论”吗？

学生：我知道。就是美国斯坦福大学心理学家菲利普·津巴多在 1969 年做的一项实验。他找来两辆一模一样的汽车，把其中的一辆停在加州帕洛阿尔托的中产阶级社区，而另一辆停在相对杂乱的纽约布朗克斯区。停在布朗克斯的那辆，他把车牌摘掉，把顶棚打开，结果当天就被偷走了。而放在加州帕洛阿尔托的那一辆，一个星期仍安然无恙。后来，津巴多用锤子把那辆车的玻璃敲了个大洞。结果仅仅过了几个小时，它就无影无踪了。以这项实验为基础，政治学家威尔逊和犯罪学家凯琳提出了一个“破窗效应理论”。

教师：你说得很对！破窗效应是犯罪学的一个理论。这个理论认为，环境中的不良现象如果被放任存在，会诱使人们效仿，甚至变本加厉。比如，如果有人打坏了一幢建筑物的窗户玻璃，而这扇窗户又得不到及时的维修，别人就可能受到某些示范性的纵容去打烂更多的窗户。久而久之，这些破窗户就给人造成一种无序的感觉，结果在这种公众麻木不仁的氛围中，犯罪就会滋生和蔓延。

学生：老师，那社会上的一些情况，比如我们教室里面环境很干净，同学们就不好意思乱扔垃圾；但如果操场上很脏乱，大家随地吐痰、乱扔纸屑就毫无顾忌；一个人违反交通规则，闯红灯过马路，一群人就会跟着闯红灯等会不会就是“破窗效应”的表现呢？

教师：是的，这就是破窗效应的表现。事实上，人们并非不了解他们的行为可能带来的法律后果，但由于法律实施机制的失效，就使得一旦有人逃脱了法律的及时制裁，其他人就会形成“法不责众”的责任扩散心理。只要法律的实施机制还存有漏洞，“机会主义违法”就难以避免。今天我让你们回忆“破窗效应理论”是想让你们思考：我们新时代的大学生应该如何培养敬畏法律的良好品质，努力成为尊重法律权威、信仰法律的先锋。

学生：老师说得很对！但我们应该怎么才能做到尊重法律，敬畏法律呢？

教师：需要明确的是：咱们法治思维的培养需要日积月累，才能终成习惯。具体而言，应该从以下四个方面做起：

第一个方面是要信仰法律。法律信仰是社会主体在对法律现象的理性认识的基础上，产生的一种神圣体验，是对法律的一种心悦诚服的认同感和依归感。信任、认同法律的前提是立良法、正司法、严执法、重守法。其主体不仅包括立法者、司法者、执法者，还包括数量众多的社会公众，包含我们大学生。关于法律信仰，最生动的解读莫过于苏格拉底之死了。法国著名画家雅克·路易·大卫有一幅画作叫《苏格拉底之死》，描绘的是古希腊哲学家苏格拉底慨然赴死的情景。它不仅技法精湛传神，而且题材意义深。相传法官和陪审团都认定苏格拉底有罪，但从宣判到行刑有一个月时间，苏格拉底完全可以逃之夭夭，因为他的学生已经买通了所有关节，没有人出面阻止。但是，苏格拉底断然拒绝了。他的理由是，尽管判决是不公正的，但逃跑却是非法的；一个正派的雅典公民，任何时候都要守法。敬畏法律、遵守法律，服从自己所认同的法律制度是每个公民的基本道德义务。

学生：苏格拉底之死确实让人震撼！那尊重和维护法律权威第二个方面的基本要求是什么呢？

教师：第二个方面的基本要求是遵守法律。参与社会活动，实施个人行为，都要有法律依据，不能违反法律规定。最近我发现有些同学在微信圈里转发滴水筹的信息：谁谁得病啦，谁谁受灾啦，请求圈里的同学捐款、转发。咱们先不谈所发灾害信息的真实性，但就募捐行为本身而言，已经违反 2016 年 9 月 1 日生效的《中华人民共和国慈善法》了。《中华人民共和国慈善法》第 25 条规定：“慈善募捐，包括面向社会公众的公开募捐和面向特定对象的非公开募捐。”公开募捐，依据第 26 条规定，需要登记取得公开募捐资格证书。但实际上，朋友圈转发的募捐信息，几乎都是由没有取得公开募捐资格的组织发布的。转发者轻则害人害己，重则共同骗捐。

学生：哦，看来我们在生活中会有无意识的违法行为呀！老师，尊重和维护法律权威的基本要求里面是不是也应该要有服从法律这个规定啊?

教师:你说得非常对。尊重和维护法律权威第三个方面的基本要求是服从法律。法治思维包含的价值之一是自由。什么是自由呢?法国思想家卢梭讲得好,人是生而自由的,但却无往不在枷锁之中。法律在保障自由的同时,也确定了自由的范围、行使自由的方式。自由是法律许可的范围内的自由,并不是任何人的任性。服从法律,是实现自由的前提。尤其是当违法行为发生并导致法律责任产生时,法治思维要求主动履行生效的行政处罚、司法判决。

学生:老师您刚才说的是对法律的自觉服从。那有没有强制服从的一面呢?

教师:有的!对法律的服从既源于内心,也来自法律的强制。比如说,近年来国家为加快推进社会诚信建设,不断完善守信联合激励、失信联合惩戒的制度,国务院在2016年6月发布《关于建立完善守信联合激励和失信联合惩戒制度 加快推进社会诚信建设的指导意见》,对于严重危害人民群众身体健康和生命安全的行为等4种严重失信行为,建立跨地区、跨部门、跨领域联合惩戒。在保证独立、公正、客观的前提下,鼓励有关群众团体、金融机构、征信机构、评级机构、行业协会商会等,将产生的"红名单"和"黑名单"信息提供给政府部门参考使用,通过法律手段,让不服从法律的人在社会生活中失去自由。

学生:嗯嗯,我们有点明白了!老师,尊重和维护法律权威第四个方面的基本要求是什么呢?

教师:第四个方面的基本要求是维护法律。"破窗效应"理论告诉我们,对于违法行为,采取事不关己、高高挂起的消极心态,会导致大规模的违法现象发生。在现实社会中,老人摔倒无人搀扶、做好事反被诬告等现象,虽然并不普遍,但却引起了强烈的社会反响。其实,我国的《中华人民共和国残疾人保障法》《中华人民共和国老年人权益保障法》等法律,已经将帮扶弱者、见义勇为的行为予以鼓励和保护起来,推动了践行法律、弘扬正气的社会风尚。所以,我们大学生要遵法守规、抑恶扬善,做新时代的护法使者。

三、释疑解惑

※ 如何正确理解人权与法律的关系?

2016年3月10日,美国和其他11国在联合国人权理事会发表联合声明,对中国人权纪录说三道四，要求中国释放所有遭到囚禁的人权活动人士和律师。对于上述指责，中国常驻日内瓦联合国机构大使傅聪予以强烈反驳。傅聪大使首先对加强联合国人权机制、促进人权主流化、联合国人权高专办工作改进的问题表达了中方观点。然后，他先后指出美国、日本存在的侵犯人权的问题，认为这暴露了相关国家在人权问题上的虚伪和双重标准。这件事涉及一个非常重要的话题：人权。

人权是现代社会最重大的问题之一。无论是国际层面还是国内层面，无论是学术理论界还是社会政治实践领域，人权都是各国努力实现的重大理论和实践主题。那么，究竟什么是人权呢？人权就是指一个人作为人所享有或应当享有的那些权利，也就是说所有的人都可以享受的权利。这个概念，一方面表明，所有的人在人格上的普遍平等观念，也就是说，没有任何人在人格上高人一等，也没有任何人在人格上低人一等；另一方面，也表达了所有的人在人格上享有绝对的尊严。人权的概念，归根到底涉及“人”和“权”两个基本问题：我们所讲的人，不仅仅是具有自然属性的、生物学意义上的人，而且更重要的是具有社会属性的人，这正是我们同西方资产阶级人权观的一个区别所在。这两个属性共同存在于人之中，这就不可避免地决定，人权虽然具有普遍性，同时更具有阶级性。否认任何一个方面都是不全面的，甚至是错误的。至于人权中的“权”包括哪些呢，这又是一个复杂的问题。我们认为，它首先是人所固有的权，人如果没有这些“权”，那么，人也就不能成其为人，或者说这样的人实际上失去了做人的资格。同样，这些“权”离开人，也就失去了存在的意义。怎么理解这些话呢？我们举个例子来说。比如说：人的生存权。你可以试想一下：人，如果没有了生存权，处于任人宰割的境地，怎么生存呢？不能在社会中生存，如何成为人？另一方面，人权应该具有排他性，它应该为每一个人所有，不能转让，不能替代，不可剥夺。

人权与法律的关系具体体现在：一方面：人权与法律相互作用、相互影响。人权是法律权利的内容和来源，法律对人权予以确认和保障。人类制定法律是为了调整社会关系，维护社会秩序，保护人的合法权益，最终是为了人类的生存和发展。人的各项权利只有上升为法律权利，才能受到尊重和得到保障。我们的大部分人权都反映在法律权利上，比如：生命权、隐私权、财产权、劳动权等。所以说，人权是法律权利的内容和来源。人权与法律关系体现的另一方面，是法律对人权的确认和保障。人权只有以法律权利的形式存在，才有实际意义，否则，它将经常面临受侵害的危险而无法救济。比如说，在你不知情的情况下，你的肖像被他人以盈利为目的使用，也没有付给你报酬。如果我国法律没有保护公民肖像权的规定，那么你的肖像被侵害的问题就无法得到法律的救济。人权的法律保护是人权得以实现的最直接、也是最有效的手段。一个国家的法律状况如何，直接影响它的人权状况。可以说，没有法律，人权也只能是一句空话。人权的立法保护包括两个方面的内容：一是实质上的保护：就是通过法律，人权的内容和范围得到确认，为人权的享有和实践、行政保护和司法救济提供法定标准。另一方面，是程序上的保护：法律规定享有和实现人权，行政机关对人权采取保护措施、司法机关对人权案件审判的原则，程序，方式、方法，为人权的享有、实现、保护和救济提供有效的措施和可行的方式。

长期以来，美国为代表的许多国家持续对我国人权问题进行攻击、指责，并在其人权报告上称中国“持续打压政治活动人士，关押成千上万的政治犯人”等。实际上，中国高度重视促进和保护人权，始终将保障 14 亿人民的生存权和发展权放在首位，《中国人权状况》白皮书首次提出了“生存权”的概念，并将“生存权”作为首要人权。近年来，中国稳步推进民主法治建设，落实“国家尊重和保障人权”的宪法原则，人民享有的各项人权水平不断上升。党的十八届三中、四中全会分别就全面深化改革和推进依法治国作出战略部署，勾画出我国未来发展的路径和蓝图，再次显示了中国促进和保护人权的信心和决心。在开展国际人权领域合作方面，中国一贯主张在和平和相互尊重的基础上开展建设性对话与合作。中国在与很多国家开展人权对话与交流的过程中，增进了了解，弥合了分歧。总之，中国积极保护人权，同时反对将人权政治化和搞双重标准，愿意与各国一道，倡导以公正、客观和非选择性的方式处理人权问题，为国际人权事业作出积极的贡献。

※ 正确理解我国宪法中规定的基本权利和义务?

2014 年 10 月，在北京召开了党的十八届四中全会，在四中全会上审议通过了《中共中央关于全面推进依法治国若干重大问题的决定》，全面推进依法治国的总目标是建设中国特色社会主义法治体系，建设社会主义法治国家。其中，重点强调了要完善以宪法为核心的中国特色社会主义法律体系，加强宪法实施，坚持依法治国首先要坚持依宪治国，坚持依法执政首先要坚持依宪执政。十八届四中全会的决定内容在依法治国的大背景下，进一步彰显了宪法的重要性。

公民的基本权利和义务是宪法的核心内容。公民的基本权利泛指由宪法规定的、公民享有的、主要的、在权利体系中最为重要的一项权利。基本权利包含着两个方面的含义：客观上，基本权利必须由一个国家的宪法法律所规定，即由宪法法律所肯定并予以保障；主观上，公民的基本权利必须能够切实可行。基本权利是人们必不可少的权利，是宪法保护的基础性权利。这些权利之所以被认为是基础性权利，这是因为：第一，权利具有不可或缺性。人之所以与动物不同，就在于人具有高级智慧，他不仅仅具有动物性的自然属性，更具有社会的属性。人类享有尊严、发挥着不同的社会价值功能，而基本权利就是维系人类进步与发展的根基。第二，权利具有不可取代性。基本权利是一个国家权力体系的核心。第三，权利不可转让性：基本权利作为人类进入社会的资格，如果将基本权利让出去了，人就回到了动物的世界，就不再是人。第四，基本权利与其他权利是母子关系，基本权利是母，其他权利是子，基本权利衍生出其他权利，其他权利都以基本权利为依据而派生出来。

我国宪法规定的公民基本权利和义务包括以下内容：第一，平等权。一般认为，平等权是指公民依法平等地享有权利，不受任何差别对待，要求国家给予同等保护的权利。在内容上，所有的公民平等地享有法律规定的权利以及平等地履行法律规定的义务；在法律适用上，所有公民都必须平等地适用法律，不论是高官还是平民，法律面前人人平等。第二，政治权利与自由。政治权利与自由是指公民依据宪法和法律的规定参与国家政治活动的权利和自由。它包括选举权和被选举权，这是政治权利的基础。另一个方面是政治自由，是指公民表达自己政治意愿的自由，通常表现为言论、出版、集会、结社、游行、示威的自由。第三，宗教信仰自由。宗教信仰自由是指公民依据内心的信念，自愿地信仰宗教的自由。在我国，宗教信仰自由政策有着深刻的内涵：公民有信仰宗教的自由，也有不信仰宗教的自由，有信仰这种宗教的自由，也有信仰那种宗教的自由；在同一宗教里，有信仰这个教派的自由，也有信仰那个教派的自由；有过去不信教而现在信教、也有过去信教而现在不信教的自由。第四，人身自由。人身自由是公民的一项基本权利，若没有这种权利，就没有其他任何自由的能力。狭义的人身自由权是指公民在法律范围内有独立行为而不受他人干涉、不受非法逮捕、拘禁，不被非法剥夺、限制自由及非法搜查身体的自由权利。第五，社会经济权利。社会经济权利是指公民依照宪法的规定，享有的经济物质利益的权利，是公民实现其他权利的物质上的保障。主要包括：生存权、劳动权、休息权、社会保障权、物质帮助权等。第六，文化教育权。文化教育权是公民根据宪法的规定，在教育和文化领域享有的权利和自由。包括两项内容：受教育权，进行科学研究、文学艺术创作及其他文化活动的权利。第七，监督权和获得赔偿的权利。监督权，是指公民有监督国家机关及其工作人员的公务活动的权利。它是公民参政权中一项不可缺少的内容，是国家权力监督体系中一项最有活力的监督。获得赔偿的权利是指公民的权利受到损害或侵害时，有权要求给予补救、回复或对侵害行为予以纠正和惩罚。“无救济则无权利”，获得救济的权利是权利保障的最后保障。

公民基本权利和义务的特点表现在：第一，我国公民基本权利义务的广泛性。这里既包括主体的广泛性，也包括内容的广泛性。第二，我国公民基本权利义务的平等性。我国不分民族、种族、性别、出身、职业、宗教信仰，教育程度，财产状况和职位高低，都一律平等地享有宪法和法律规定的权利，履行宪法和法律规定的义务。第三，我国公民基本权利义务的现实性。我国关于公民基本权利和义务的规定是从我国政治、经济、文化发展的实际状况出发的，因而确实可行。第四，我国公民基本权利义务的一致性。享有权利就要承担义务。

※ 如何正确理解法治思维与人治思维的区别？

唐代大诗人李白的这首七绝：“朝辞白帝彩云间，千里江陵一日还。两岸猿声啼不住，轻舟已过万重山。”可以说是家喻户晓。但是李白是在怎样的心境下写就的这篇流丽飘逸、美轮美奂的诗句的？根据考证，在公元 758 年，李白因参加永王幕府之事遭受牵连，被流放到夜郎国，也就是今天的贵州省西部地区。刚刚走到今天的四川中部，朝廷发布大赦令，他的罪名得以赦免。他欣喜若狂，乘舟沿长江返回江陵，在经过三峡时即兴创作了这首千古绝唱。诗中描述的彩云缭绕的白帝城，一泻千里的长江水，把归心似箭的流离客遇赦时的喜悦之情，展现得淋漓尽致。无独有偶，我国古代的经典文学作品《水浒传》中也描述了武松等杀了人的人在江湖上到处藏身，一边替天行道，一边等待大赦。宋江在水泊梁山上口口声声要等“招安”，等的也是皇帝有朝一日会赦免他的罪过。根据史书记载，大赦始于秦，秦庄襄王为缓和社会矛盾，在公元前 249 年“大赦罪人”。自此，由皇帝下诏赦免各类罪犯，成为中国古代司法制度的特色。

同学可能会问：在纪念中国人民抗日战争胜利七十周年的 2015 年 8 月 25 日，依据十二届人大常委会第十六次会议的决定，习近平主席签署特赦令，宣布对参加过中国人民抗日战争、中国人民解放战争的服刑罪犯等四类人员进行特赦，这与古代中国社会的大赦有什么区别呢？

区别不是大赦本身，而是大赦的理由。古代大赦的起因，大多与皇帝有关：皇帝成年、登基改元、立皇太后、立皇太子、皇帝驾崩、皇帝祭祀、皇帝狩猎，等等。皇帝号为“天子”，如果上天有什么异兆，如“星变”“灾异”“地陷”“山崩”，等等，也可以颁布大赦。随意而频繁的大赦反映了中国古代法律为君主专制统治工具的特性。

而中华人民共和国成立以来共有七次特赦，依据《中华人民共和国宪法》第六十七条第十七款的规定，决定特赦的权力由全国人大常委会行使，国家主席发布特赦令。七次特赦与领导者个人没有任何关系。

区别还在大赦权的行使上。大赦、特赦都是缓和社会矛盾的手段。在欧洲古罗马、中世纪时期，赦免也是存在的。但是，法院判人罪名，皇帝或者国王保留赦免的权力，权力的行使不是专断任意的。中国历史上，皇帝既是罪犯的判决者，也是大赦权的行使者，“大赦天下”是用来展现“皇恩浩荡”、树立皇帝个人权威的。

大赦、特赦都是国家治理方式。我们可以从大赦的理由、大赦权的行使等区分一个国家的治理方式是“人治”还是“法治”。“人治”（Rule of Man）是指国家政策、法律的存废取决于统治者是否贤明，强调在国家治理过程中统治者的自我修养、重视贤能，法律是维护统治者个人统治的工具，是专制的治理方式。“法治”（Rule of Law）最早源于古希腊亚里士多德的学说。“法治应当包含两重含义：已经成立的法律获得普遍的服从，而大家服从的法律又应该本身是制定的良好的法律。”良法之治、守法之治构成法治的原初含义，法治就是依照良好的宪法和法律来进行的国家和社会治理。当今中国，良法是指遵循民主、人权、权力制约等精神制定的法律原则、法律规则，守法是指法律具有最高权威，得到普遍的遵守。摒弃人治，实行法治，是 1978 年党的十一届三中全会确立的法治建设的基本理念，1997 年党的十五大提出：依法治国，就是人民群众在党的领导下，依照宪法和法律规定，逐步实现社会主义民主的制度化、规范化、程序化，使这种制度和法律不因领导人的改变而改变，不因领导人看法和注意力的改变而改变。要崇尚宪法和法律在国家政治、经济和社会生活中的权威，确立法大于人、法高于权的原则。1999 年“依法治国，建设社会主义法治国家”载入宪法，法治成为治国理政的基本方略。树立社会主义法治观念，培养社会主义法治思维，尊重社会主义法律权威，有利于社会主义法治国家的建成。

树立法治思维，必须抛弃人治思维。法治思维是指以法治价值和法治精神为导向，运用法律原则、法律规则、法律方法思考和处理的思维模式，蕴含着从法律至上角度审视一切社会治理问题的倾向。人治思维是指以信奉个体权威为核心形成的思想观念和思维方式，两者的区别集中体现在四个方面：

第一，倡导法律至上还是权力至尊？法治思维与人治思维的区别不在于是否强调完备的法律制度的重要性，也不在于是否主张把法律作为基本的社会治理手段，而在于法治思维倡导法律至上，法律面前人人平等，任何个人无论贫富贵贱都没有凌驾于法律之上的特权，即使是位高权重的执政精英也必须服从法律、严格依法办事；人治思维迷恋权力至尊，法律因人而异，人人平等之类的话语只是毫无意义的空气震动。由于法治思维与人治思维存在最根本的冲突，两种思维方式难以融合。

第二，保障权利还是漠视权利？保障权利是法治思维的灵魂。法治思维特别重视法律保障公民正当权利的基本功能，强调普通公民的权利神圣不可侵犯。由于公民"法无明文禁止即可为"，法律最大限度地抑制暴力、强权对公民自由权利的粗暴干涉。人治思维高度关注公民的义务，把法外义务随意强加给公民，对其权利毫不在意，法律充当的是管民、治民的工具。

第三，规范权力还是放纵权力？在法治思维中，人性是有缺陷的，如果缺乏有效的制约，任何掌握权力的人最终都会滥用权力。法治思维高度重视通过严密有效的法律制度给当权者套上紧箍咒，把权力关进笼子里，以保证当权者即使存在滥用权力的企图也难以为恶。在人治思维中，人性是善的，只要让道德高尚的、严格自律的好官、清官拥有权力，或者只要加强对当权者的道德教育，权力就不会被滥用。

第四，注重程序还是拒斥程序。法治思维特别注重程序，强调要对制度运行过程的每一个环节都作出明确的程序设计，使制度的每一个原则和每一条内容都能够具体化为可操作性的规定，消除制度运行中的不确定性；强调按照既定的程序办事，即使出现了这样那样的失误，也必须通过限定的程序去加以纠正。人治思维普遍轻视程序，许多程序设计不严密、不规范，人们常常因为权宜之计而随意抛弃既定程序，造成权力运行恣意专横，处理问题反复无常，为制度的执行者提供了巨大的自由裁量空间和腐败机会，严重侵犯公众利益、践踏公平正义。

※ 为什么说党的领导是社会主义法治最根本的保证？

党的十八届四中全会通过的《中共中央关于全面推进依法治国若干重大问题的决定》指出，"党的领导是中国特色社会主义最本质的特征，是社会主义法治最根本的保证"。

首先，党的领导是社会主义法治建设的一条基本经验。我们党在长期领导革命、建设、改革的伟大实践中，坚持把马克思主义基本原理与中国具体实际相结合，成功探索出包括法治道路在内的中国特色社会主义道路。中华人民共和国成立初期，百业待举，在以毛泽东同志为核心的党的第一代中央领导集体的领导下，制定了 1954 年宪法和众多法律法规，开辟了我国社会主义法治新纪元。1978 年党的十一届三中全会总结、汲取了我国民主法制建设正反两方面的经验教训，制定了以 1982 年宪法为统领的一系列法律法规，大力推动了以"有法可依、有法必依、执法必严、违法必究"为方针的法治建设，开启了中国特色社会主义法治建设新道路。党的十五大将"依法治国"确立为治国基本方略，将"建设社会主义法治国家"确立为社会主义现代化的重要目标。十六大提出，发展社会主义民主政治，最根本的是要把坚持党的领导、人民当家做主和依法治国有机统一起来。十七大提出，依法治国是社会主义民主政治的基本要求。都不断推进了我国社会主义法治建设的新进展。十八大以来，党中央更加注重发挥法治在国家和社会治理中的引领和规范作用，全力推进中国特色社会主义法治体系建设，开创了我国社会主义法治建设新局面。

其次，党的领导是全面推进依法治国的内在要求。法治中国建设是国家治理方式的一场广泛而深刻的革命，中国共产党的先进性及执政党地位，使之能担负起领导人民全面推进依法治国的时代重任。党的领导是全面推进依法治国的内在需求体系在以下三方面：第一，全面推进依法治国的繁重性和艰巨性，要求坚持党的领导。全面推进依法治国之所以艰巨繁重，是因为它改变的是人们的观念、改变的是人们的行为。我国是一个有着2000多年封建历史文化的国家，不仅封建思想和意识根深蒂固，而且亲朋好友同学乡党情结浓厚，人治传统加上人情社会成为制约全面推进依法治国的桎梏和障碍。同时，全面推进依法治国作为国家治理领域一场广泛而深刻的革命，必然涉及体制、机制和重大利益关系的调整，势必是一块难啃的"硬骨头"。这些都要求，在我国，全面推进依法治国必须由党领导，发挥党的独特优势特别是政治、组织和密切联系群众等优势，这样才能有效破除全面推进依法治国中的各种障碍，使中国特色社会主义法治道路越走越宽广。第二，全面推进依法治国的全局性和系统性，要求坚持党的领导。全面推进依法治国是一项全局性、系统性工程，既要求依法治国、依法执政、依法行政共同推进，把国家事务和社会事务、经济和文化事业的管理都纳入法治化轨道；又要求法治国家、法治政府、法治社会一体化建设，使全体公民、社会组织和国家机关都以宪法法律为行为准则，依法行使权利、履行义务。在我国，中国共产党是中国特色社会主义事业的领导核心，处在总揽全局、协调各方的地位。这决定了只有中国共产党才有能力领导依法治国的全局性系统工程。第三，全面推进依法治国的复杂性和长期性，要求坚持党的领导。法律作为上层建筑，其产生和发展都要受到经济基础的决定和社会发展的制约，因此依法治国也不可能孤立、静止地推进，必然要受到经济、政治、社会、文化、科技等各方面因素的影响。改革开放以来，我国社会主义法治建设取得了历史性成就。但也要看到，我国仍处于并将长期处于社会主义初级阶段的基本国情没有变，发展始终是党执政兴国的第一要务，推动经济、政治、文化。生态文明等建设都将是一个动态的、长期的过程。这决定了全面推进依法治国必须坚持党的领导，发挥党的领导核心作用，把全面建成小康社会、全面深化改革同全面推进依法治国统筹进行，向着建设法治中国目标不断前进。

最后，党的领导与社会主义法治的根本一致性，这是党的领导是社会主义法治最根本保证的又一原因。在十八届四中全会上，习近平总书记指出："党的领导和社会主义法治是一致的，社会主义法治必须坚持党的领导，党的领导必须依靠社会主义法治。"一方面，党是社会主义法治的倡导者、主导者和引领者，依法治国以加强和改善党的领导为指向，社会主义法治必须坚持党的领导。另一方面，法治作为现代国家治理基本方式，是党领导人民实现中华民族伟大复兴的必然选择，党的领导也必须依靠社会主义法治。进一步讲，依法治国、依法执政体现的是党的领导的制度化、法治化方向，是对党的领导的强化、细化和优化，从而更加有利于加强和改善党的领导，有利于巩固党的执政地位、完成党的执政使命。所以，党的领导和法治建设之间是相辅相成、互相促进的关系。

四、理论前沿

（一）社会主义法治本质特征理论的新发展

改革开放以来 我们党在坚持不懈的实践探索和理论总结中，形成了"坚持党的领导、人民当家作主、依法治国有机统一"这一概括中国特色社会主义民主政治和法治文明的重要思想。党的十八大以来，习近平总书记以新论断新命题丰富和发展了"三统一"的理论，赋予其新的内涵和意义。

（1）首次把"三统一"凝练为我国社会主义民主法治建设的基本经验。习近平指出："把坚持党的领导 人民当家作主 依法治国有机统一起来是我国社会主义法治建设的一条基本经验。"① "在中国，发展社会主义民主政治，保证人民当家作主，保证国家政治生活既充满活力又安定有序，关键是要坚持党的领导、人民当家作主、依法治

① 习近平：《关于〈中共中央关于全面推进依法治国若干重大问题的决定〉的说明》，见本书编写组：《〈中共中央关于全面推进依法治国若干重大问题的决定〉辅导读本》，北京：人民出版社2014年版，第51页。

国有机统一。”① 这条基本经验也是一百多年来中国人民探索政治发展道路的基本结论是中国社会100多年激越变革，激荡发展的历史结果，是中国人民翻身做主，掌握自己命运的必然选择。为此，要“紧紧围绕坚持党的领导，人民当家作主，依法治国有机统一深化政治体制改革，加快推进社会主义民主政治制度化、规范化、程序化，建设社会主义法治国家，发展更加广泛、更加充分、更加健全的人民民主”②

（2）强调“三统一”的根本与核心是坚持党的领导。习近平指出：“我们强调坚持党的领导、人民当家作主、依法治国有机统一，最根本的是坚持党的领导。坚持党的领导，就是要支持人民当家作主，实施好依法治国这个党领导人民治理国家的基本方略。党的领导和社会主义法治是一致的，只有坚持党的领导，人民当家作主才能充分实现，国家和社会生活制度化、法治化才能有序推进。不能把坚持党的领导同人民当家作主、依法治国对立起来，更不能用人民当家作主、依法治国来动摇和否定党的领导。那样做在思想上是错误的，在政治上是十分危险的。”③

（3）提出人民代表大会制度是党的领导、人民当家作主、依法治国三者的汇合点、凝聚点和根本制度安排。习近平指出：“人民代表大会制度是坚持党的领导、人民当家作主、依法治国有机统一的根本制度安排。”④ 这是对“三统一”理论的又一重大发展。

首先，人民代表大会制度是实现党的领导权和执政权的制度载体。中国共产党既是执政党又是领导党，既拥有执政权，又拥有宪法规定的领导权，而且这种领导权是其执政权的政治基础。党的执政权和领导权从体制上来说首先是通过人民代表大会制度实现的。通过人民代表大会制度，发挥党对国家政治和公共事务总揽全局、协调各方的领导核心作用，保证党的路线方针政策和决策部署在国家工作中得到全面贯彻和有效执行。所以，习近平总书记指出：我们要坚持和完善人民代表大会制度，“善于使党的主张通过法定程序成为国家意志，善于使党组织推荐的人选通过法定程序成为国

---

① 习近平：《在庆祝全国人民代表大会成立60周年大会上的讲话》，载《人民日报》2014年9月6日，第2版。

② 《中共中央关于全面深化改革若干重大问题的决定》，见本书编写组：《〈中共中央关于全面深化改革若干重大问题的决定〉辅导读本》，北京：人民出版社2013年版，第4页。

③ 习近平：《在中央政法工作会议上的讲话》，见中共中央文献研究室：《习近平关于全面依法治国论述摘编》，北京：中央文献出版社2015年版，第19页。

④ 习近平：《在庆祝全国人民代表大会成立60周年大会上的讲话》，载《人民日报》2014年9月6日，第2版。

家政权机关的领导人员，善于通过国家政权机关实施党对国家和社会的领导，善于运用民主集中制原则维护党和国家权威 、维护全党全国团结统一”①。

其次，人民代表大会制度是实现人民当家作主的根本途径和最高实现形式。人民当家作主是社会主义民主政治的本质，人民民主是社会主义的生命。《中华人民共和国宪法》明确规定：“中华人民共和国的一切权力属于人民。人民行使国家权力的机关是全国人民代表大会和地方各级人民代表大会。”人民代表大会制度可以保证国家权力始终掌握在人民手中，保证国家权力真正体现人民的意志、代表人民的利益，保证了人民当家作主的地位。人民通过各级人民代表大会行使宪法法律规定的国家大政方针的决策权、立法权、监督权、选举权，使人民民主得以从根本上实现。在新时期，我们要坚持、完善和创新人民代表大会制度，“支持和保证人民通过人民代表大会行使国家权力。要扩大人民民主，健全民主制度，丰富民主形式，拓宽民主渠道，从各层次各领域扩大公民有序政治参与，发展更加广泛、更加充分、更加健全的人民民主”②。

最后，人民代表大会制度是实现依法治国的基础和前提。依法治国的前提是有法可依，社会主义法治体系的基础是完备的法律规范体系，法律规范体系的统领是宪法，宪法是由全国人民代表大会制定和修改的，法律是由全国人民代表大会及其常委会制定的。不仅如此，各级人民代表大会及其常委会还拥有确保宪法法律实施的监督权。“要通过人民代表大会制度，弘扬社会主义法治精神，依照人民代表大会及其常委会制定的法律法规来展开和推进国家各项事业和各项工作，保证人民平等参与、平等发展权利，维护社会公平正义，尊重和保障人权，实现国家各项工作法治化。”③

习近平关于党的领导、人民当家作主、依法治国“三统一”的最新论述是对马克思主义国家与法的理论和中国特色社会主义法治理论的重大发展，是对中国共产党治国理政理论体系的独创性贡献，续写了马克思主义国家与法的理论中国化时代化的新篇章。

（二）习近平总书记关于全面依法治国的重大理论创新

习近平总书记对全面依法治国各个方面、各个领域、各个环节都进行了深刻的理

---

① 习近平：《在庆祝全国人民代表大会成立 60 周年大会上的讲话》，载《人民日报》2014 年 9 月 6 日，第 2 版。

② 习近平：《在庆祝全国人民代表大会成立 60 周年大会上的讲话》，载《人民日报》2014 年 9 月 6 日，第 2 版。

③ 习近平：《在庆祝全国人民代表大会成立 60 周年大会上的讲话》，载《人民日报》2014 年 9 月 6 日，第 2 版。

论阐述。

（1）关于完善中国特色社会主义法律体系的观点。习近平关于完善法律体系的理论 阐明了在新形势下立什么样的法 怎样立法这一重大命题为立法工作和法体制改革指明了方向。其主要观点包括：法律是治国之重器、良法是善治之前提、立法必须符合宪法精神、反映人民意志、得到人民拥护，赋予科学立法、民主立法以崭新的意蕴。

（2）关于宪法法律实施的观点。宪法和法律的生命在于实施，宪法法律的权威在于实施，宪法法律的威力也在于实施。宪法实施的关键是确保宪法所确立的社会主义基本经济制度、政治制度得到巩固和发展，确保宪法确定的中国共产党领导地位不动摇，确保宪法确定的人民民主专政的国体和人民代表大会制度的政体不动摇。宪法法律实施要体现“严”字当头。习近平指出：“宪法是国家的根本法。法治权威能不能树立起来，首先要看宪法有没有权威。必须把宣传和树立宪法权威作为全面推进依法治国的重大事项抓紧抓好，切实在宪法实施和监督上下功夫。”① 为此，十八届四中全会《决定》提出了一系列保障宪法实施的措施，包括：完善全国人大及其常委会宪法监督制度、健全宪法解释程序机制；加强备案审查制度和能力建设，依法撤销和纠正违宪违法的规范性文件；将每年 12 月 4 日确定为国家宪法日；建立宪法宣誓制度等。

（3）关于法治政府建设的观点。习近平高度重视建设法治政府，以深刻的理论观点科学地阐述了加快建设法治政府的重大意义，回答了建设一个什么样的法治政府、怎样建设法治政府的重大问题。提出加快建设法治政府，要从依法全面履行政府职能、健全依法决策机制、深化行政执法体制改革、坚持严格规范公正文明执法、强化对行政权力的制约和监督、全面推进政务公开六个方面展开，加快建设职能科学、权责法定、执法严明、公开公正、廉洁高效、守法诚信的法治政府。

（4）关于司法和司法改革的观点。党的十八大以来 以习近平同志为核心的党中央把深化司法体制改革作为全面推进依法治国的突破口，以建设公正高效权威的社会主义司法制度为目标，以提高司法公信力为根本尺度，以让人民群众在每一个司法案件中感受到公平正义为检验标准，深刻阐释司法体制重大理论问题，使我国司法体制改革呈现出前所未有的力度、广度和深度。

（5）关于法治文化和法治社会建设的观点。“法治社会”是十八大后习近平正式提

① 习近平：《关于〈中共中央关于全面推进依法治国若干重大问题的决定〉的说明》，见本书编写组：《〈中共中央关于全面推进依法治国若干重大问题的决定〉辅导读本》，北京：人民出版社 2014 年版，第 52 页。

出的法治理论概念。“法治社会”概念进一步明确了法治建设的目标任务，表明我们不仅要建设法治国家，还要建设法治社会。法治国家与法治社会是互为依存、相辅相成的，法治国家引领法治社会，法治社会为法治国家构筑坚实的社会基础。建设法治社会，必须大力推进法治文化建设，培育和践行社会主义核心价值观，深入开展法治宣传教育，在全社会弘扬法治精神，增强法治观念，厚植法治信仰，使尊法信法守法用法成为全体人民的共同追求和自觉行动。建设完备的法律服务体系，积极推进公共法律服务体系建设，统筹城乡、区域法律服务资源，加强民生领域法律服务，加大对困难群众的法律援助，满足人民群众日益增长的法律服务需求。坚持人民主体地位，依靠和动员社会力量共同参与法治社会建设，推进基层和社会组织依法参与社会治理，深化多层次多领域法治创建活动 引导和保证城乡基层群众依法自治，推动社会组织依法自律。持之以恒地推进平安中国建设，创新社会治理机制，坚持系统治理、依法治理、综合治理、源头治理，为人民群众创造安居乐业的法治环境。

(三)《民法典》的出台开启了我国全面依法治国的新时代

2020 年 5 月 28 日，十三届全国人大三次会议审议通过了《中华人民共和国民法典》，这是中华人民共和国成立以来第一部以“法典”命名的法律，是新时代我国社会主义法治建设的重大成果。民法典系统整合了中华人民共和国成立 70 多年来长期实践形成的民事法律规范，汲取了中华民族 5000 多年优秀法律文化，借鉴了人类法治文明建设有益成果，是一部体现我国社会主义性质、符合人民利益和愿望、顺应时代发展要求的民法典，是一部体现对生命健康、财产安全、交易便利、生活幸福、人格尊严等各方面权利平等保护的民法典，是一部具有鲜明中国特色、实践特色、时代特色的民法典。

民法典鲜明体现着新时代特点，折射着新时代风貌。比如，对个人权利的尊重和保护是一切民事法律关系的价值归属。这次民法典将人格权独立成编，彰显了 21 世纪信息社会背景下人格权保护的特殊价值。法典中的一些具体内容，比如规定自然人的隐私权受法律保护，任何人不得侵害自然人的私人生活安宁和不愿为他人知晓的私密空间、私密活动、私密信息。这些规定直面了互联网时代公民个人权利面临的现实挑战，表达了新时代中国民法典对人格权保护的鲜明态度。

彰显中国底色、传承中华文化的精神气质，是民法典的重要特征。比如，婚姻家庭编规定，家庭应当树立优良家风，弘扬家庭美德，重视家庭文明建设。在具体制度中，针对轻率离婚的问题创立了“离婚冷静期”制度；针对社会热议的夫妻共同债务问题，明确了夫妻共同债务的范围，在商事交易与夫妻关系的平衡中更加凸显了维护家庭和睦的价值取向等。

民法典确立了国家、集体、私人的物权受法律平等保护，进一步明确了一视同仁保护的立法态度；规定私人的合法财产受法律保护，禁止任何组织或者个人侵占、哄抢、破坏，这些规定有助于推动形成崇尚创新、鼓励创造、保护产权的社会环境。此外，还将当事人的意思自治和诚信原则确立为合同自由的基础，从而在全社会培植守信践诺的契约精神，营造稳定、公平、有序的营商环境。

恪守法律秩序和公序良俗，是民事主体从事民事活动的原则和底线，也是民法典编纂的重要思路。比如，针对高空抛物坠物致人损害的事件，民法典不仅规定了高空抛物者的侵权责任，还规定了物业等建筑物管理人应当担负的安全保障义务以及有关机关的调查职责；针对“套路贷”“校园贷”“高利贷”等人民群众反映强烈的违法犯罪行为，明确“禁止高利放贷”“借款的利息不得预先在本金中扣除”等重大原则。这些规定体现了社会治理的原则，将人的价值和尊严置于法律保护的至高地位。

编纂一部体现爱护环境、节约资源理念的民法典，是我们践行人与自然和谐共生的应然之举。为此，民法典规定，民事主体从事民事活动，应当有利于节约资源、保护生态环境。为了有效惩治污染环境、破坏生态的侵权行为，法典不仅设立了举证责任倒置原则，而且引入了惩罚性赔偿制度。这些规定，是节约资源、保护生态的立法表达和法律宣言，体现了民法典在环境资源保护方面的立法价值追求。

我国民法典的编纂充分体现了民主立法、科学立法和依法立法，反映了我国全面推进依法治国的重要成果，为实现人民日益增长的美好生活需要提供了坚实可靠的法治保障，它开启了全面依法治国新时代，也开启了我们经济社会高质量发展的新征程。党的十八届四中全会做出全面推进依法治国重大决定以来，我国建设中国特色社会主义法治体系、建设社会主义法治国家持续取得积极进展。建立健全完备的民事法律规范体系，以良好民法保障民事善治，是新时期继续全面推进依法治国的重要基础。这部民法典是一部固根本、稳预期、利长远的基础性法律，在中国特色社会主义法律体系中具有重要地位。它全面总结了我国的民事立法和司法的实践经验，对现行民事单行法律进行系统编订纂修，将相关民事法律规范编纂成一部综合性法典。这对于我国全面推进依法治国、加快社会主义法治国家建设、发展社会主义市场经济、巩固社会主义基本经济制度，对坚持以人民为中心的发展思想、依法维护人民权益、推动我国人权事业发展、推进国家治理体系和治理能力现代化，都具有重大意义。

五、学习测试

（一）单项选择题

1. 法律强调规范指引，重在调整人们的：（　　）

A. 内心世界　　B. 外部行为

C. 内心世界和外部行为　　D. 内心世界或外部行为

答案：B

2. 法和道德规范、宗教规范、纪律规范等社会规范的主要区别在于：（　　）

A. 法具有约束力　　B. 法由国家强制力保证实施

C. 法需要全体国民共同遵守　　D. 法是成文形式的

答案：B

3. 由国家制定和认可的，并由国家强制力保障实施的，具体规定权利、义务及法律后果的行为准则是：（　　）

A. 宗教规范　　B. 道德规范

C. 法律规范　　D. 政党行为规范

答案：C

4. 我国宪法是治国理政的总章程，为了更好发挥宪法在新时代坚持和发展中国特色社会主义中的作用，需要对宪法作出适当修改，全国人大最新的一次对宪法的修改是在：（　　）

A. 1993 年　　B. 1999 年　　C. 2004 年　　D. 2018 年

答案：D

5. 我国社会主义法律的本质特征是：（　　）

A. 阶级性与人民性的统一　　B. 阶级性与革命性的统一

C. 科学性与正确性的统一　　D. 先进性与正确性的统一

答案：A

6. 我国社会主义法律最重要的作用是：（　　）

A. 确立和维护社会主义制度　　B. 引导作用
C. 评价作用　　D. 强制作用

答案：A

7. 立法活动必须遵循法定程序，就人民代表大会的立法程序而言，立法活动包括四个环节，下列不属于这个环节的是：（　　）

A. 法律案的提出　　B. 法律案的审查
C. 法律案的表决　　D. 法律案的公布

答案：B

8. 狭义上的法律的执行是指（　　）执行法律的活动。

A. 国家立法机关　　B. 国家行政机关
C. 国家司法机关　　D. 国家监察机关

答案：B

9. 我国宪法规定，在法律规定范围内的个体经济、私营经济等非公有制经济，是社会主义市场经济的：（　　）

A. 主体　　B. 必要补充　　C. 附属部分　　D. 重要组成部分

答案：D

10. 我国的政体是：（　　）

A. 多党合作制　　B. 社会主义公有制
C. 人民民主专政制度　　D. 人民代表大会制度

答案：D

11. 在我国的国家机构中，人民法院属于：（　　）

A. 立法机关　　B. 执法机关　　C. 审判机关　　D. 法律监督机关

答案：C

12. 下列规范性法律文件中，不属于经济法律制度的是：（　　）

A.《中华人民共和国土地管理法》
B.《中华人民共和国公司法》
C.《中华人民共和国个人所得税法》
D.《中华人民共和国反不正当竞争法》

答案：B

13. 附加刑是补充主刑适用的刑罚，它既可以作为主刑的附加刑，也可以独立适

用。下列刑罚种类中属于附加刑的是：（ ）

A. 管制 B. 拘役 C. 有期徒刑 D. 没收财产

答案：D

14.《中华人民共和国刑法》第 3 条规定：“法律明文规定为犯罪行为的依照法律定罪处刑，法律没有明文规定为犯罪行为的，不得定罪处刑。”该条规定主要体现了我国刑法的：（ ）

A. 罪刑法定原则 B. 罪刑相适应原则

C. 法律面前人人平等原则 D. 以事实为根据，以法律为准绳原则

答案：A

15. 法律部门可以分为实体法和程序法。下列选项中不属于程序法的是：（ ）

A.《中华人民共和国民事诉讼法》

B.《中华人民共和国仲裁法》

C.《中华人民共和国刑事诉讼法》

D.《中华人民共和国行政处罚法》

答案：D

16. 我国的国体是：（ ）

A. 单一制 B. 社会主义制度

C. 人民民主专政制度 D. 人民代表大会制度

答案：C

17. 全面依法治国的奋斗目标是：（ ）

A. 建设中国特色社会主义法制体系

B. 建设中国特色社会主义法治体系

C. 建设完备的法律规范体系

D. 建设有力的法治保障体系

答案：B

18. 司法活动的最高价值追求是：（ ）

A. 公正 B. 开放 C. 便民 D. 严明

答案：A

19. 严格执法以（ ）为目标。

A. 建设法治政府 B. 培养守法公民

C. 完善立法体制机制　　　　D. 保证公正司法

答案：A

20. 全民守法以(　　)为目标。

A. 建设法治政府　　　　B. 推进法治社会建设

C. 保证司法公正　　　　D. 完善立法体制机制

答案：B

(二) 多项选择题

1. 关于法律的本质，说法正确的有：(　　)

A. 法律是统治阶级意志的体现

B. 法律体现的是上升为国家意志的统治阶级的意志

C. 法律是由特定社会的物质生活条件决定的

D. 法律反映的是最广大的人民群众的意志

答案：ABC

2. 关于法律的特征，说法正确的有：(　　)

A. 法律是调整社会关系的行为规范

B. 法律是规定权利义务的规范

C. 法律是由国家创制的行为规范

D. 法律是由国家保证实施的行为规范

答案：ABCD

3. 我国社会主义法律运行的过程是：(　　)

A. 立法　　B. 执法　　C. 司法　　D. 守法

答案：ABCD

4. 我国社会主义法律适用的基本要求是：(　　)

A. 正确　　B. 合法　　C. 合理　　D. 及时

答案：ABCD

5. 我国社会主义法律适用的原则有：(　　)

A. 司法公正　　　　B. 公民在法律面前一律平等

C. 以事实为根据，以法律为准绳　　　　D. 司法机关依法独立行使职权

答案：ABCD

6. 我国现行的程序法包括：(　　)

A.《中华人民共和国民法通则》　B.《中华人民共和国民事诉讼法》

C.《中华人民共和国刑事诉讼法》　D.《中华人民共和国行政诉讼法》

答案：BCD

7. 我国刑法的基本原则有：(　　)

A. 类推原则　B. 罪刑法定原则

C. 刑罚适用一律平等原则　D. 罪刑相适应原则

答案：BCD

8. 我国宪法的基本原则有：(　　)

A. 人民主权原则　B. 民主集中制原则

C. 社会主义法治原则　D. 党的领导原则

答案：ABCD

9. 社会主义经济制度的基础包括：(　　)

A. 全民所有制　B. 劳动群众集体所有制

C. 个体经济　D. 私营经济

答案：AB

10. 在我国，人民行使国家权力的机关是：(　　)

A. 全国人民代表大会　B. 中国共产党中央委员会

C. 国务院　D. 地方各级人民代表大会

答案：AD

(三) 简答题

1. 法律的本质与特征是什么？法律的历史发展经历了哪些阶段？

答：法律的本质：法律是统治阶级意志的体现；法律体现的是上升为国家意志的统治阶级共同意志；法律是由特定社会的物质生活条件决定的。

法律的特征：法律是调整社会关系的行为规范；法律是由国家创制并保证实施的行为规范；法律是规定权利和义务的行为规范。

2. 什么是法律关系？它包括哪三要素？

答：法律关系就是法律规范在调整人们行为的过程中形成的一种特殊的社会关系——法律上的权利义务关系。法律关系三要素包括：法律关系主体、法律关系客体和法律关系的内容。

3. 什么是法治思维？法治思维的基本内涵包括哪些方面？

答：法治思维是指以法治价值和法治精神为导向，运用法律原则、法律规则、法律方法思考和处理问题的思维模式。

法治思维内涵主要表现为价值取向和规则意识两个方面。价值取向是指个人如何看待和对待法律，规则意识是指个人如何用法律看待和对待自己。主要包括法律至上、权力制约、公平正义、权利保障、正当程序等内容。

4. 什么是宪法？为什么说宪法是国家的根本法？

答：宪法是国家根本法，是治国安邦的总章程。宪法是一国法律体系的核心组成部分，它集中反映各种政治力量的实际对比关系，规定国家的根本制度、根本任务和国家生活中最重要的原则，规定公民的基本权利和义务以及国家政权的组织等内容。

宪法之所以是国家的根本法，是因为其具有最高的法律地位、法律权威、法律效力，具有根本性、全局性、稳定性，长期性。①在内容上，宪法规定国家和社会生活中最根本、最重要的方面。②在效力上，宪法的法律效力最高，其他法律必须服从和服务于宪法，不得与宪法相抵触。③在制定和修改的程序上，宪法比其他法律更为严格。④对宪法的解释和实施有特别规定，其他法律则适用于一般规定。

（四）讨论题

1. 大学生应该如何尊重及维护社会主义法律权威？

答：法律权威指法律在社会生活中的作用力、影响力和公信力，是法律应有的尊严和生命。

大学生作为公民，要在尊重法律权威方面加强砥砺，在学习和生活中积极作为，养成敬畏法律的良好品质，努力成为尊重法律权威、信仰法律的先锋。要信仰法律、遵守法律、服从法律、维护法律。

2. 请结合实际谈谈大学生应如何培养法治思维。

答：法治思维指以法治价值和法治精神为导向，运用法律原则、法律规则、法律方法思考和处理问题的思维模式。基本内容：法律至上、权力制约、公平正义、权利保障、正当程序。

培养法治思维的基本途径：学习法律知识、掌握法律方法、参与法律实践、养成守法习惯、守住法律底线。

六、拓展阅读

1. 最高人民法院中国特色社会主义法治理论研究中心：《法治中国——学习习近平总书记关于法治的重要论述（第二版）》，人民法院出版社 2018 年版。

【导读】 全书从中国特色社会主义法治理论、建设法治中国与全面推进依法治国的总体思路、强化宪法实施与完善立法体制、加快建设法治政府、实现司法公正与司法体制改革、党的领导是社会主义法治的根本保证等方面，对习近平总书记关于法治的重要论述进行了系统、深入的研究。

2. 俞可平：《论国家治理现代化（修订版）》，社会科学文献出版社 2015 年版。

【导读】 本书从治理和善治的理论基础、全球化与治理变迁、社会自治与治理秩序、法治与善治、依法治国以及全球治理等角度，深刻阐释了国家治理现代化对于现代中国的现实意义。本书认为，国家治理体系的现代化进程，在很大程度上反映着中国民主法治的进程。

3. 张文显：《法理学（第四版）》，高等教育出版社、北京大学出版社 2017 年版。

【导读】 本书从法理学这一学科和课程定位出发，简明而富有逻辑地阐述了马克思主义法学的产生与发展；对法理学的基本理论进行了全面阐释；对通贯整个法学体系的基本范畴进行了细致分析；对全球化与法律发展法治与社会建设以及法律程序、法律方法等法学理论和法治实践的前沿问题进行了深入探索。

4. 许崇德、胡锦光：《宪法》，中国人民大学出版社 2018 年版。

【导读】 本书严格遵循《中华人民共和国宪法》法典及其基本精神，与时俱进，吸收了党和国家的重要文件内容以及宪法学研究最新成果，是一部规范、简明、系统的宪法学教材。

后 记

为了配合广大学习者学习“思想道德修养与法律基础”国家精品在线课程，我们组织编写了这本慕课教材。

本书在武汉大学“思想道德修养与法律基础”在线开放课程线上运行6轮的基础上，结合教和学两方面的要求，进一步打磨在线开放课程讲稿和整理、解答学习者较为集中的疑难问题的基础上编辑而成，也是武汉大学“思想道德修养与法律基础”课程中心多年坚持线上线下混合教学模式的建设成果之一。本书站在学习者的角度，将内容分为六个板块：在“学习基本要求”板块提出了本章学习的目的和要求，并对本章内容的知识点进行了简要的串联和阐述；在“慕课学习”板块中的导学部分对本章的重难点进行了简要的梳理，继而对本章的主要知识点做了讲解，以对话的方式呈现学习内容，形式较为活跃；“释疑解惑”板块以学习者需要深入学习和思考的内容和选择在线平台上学习者针对本章内容提出的经典问题两个标准，设定内容并进行阐述；“理论前沿”板块是根据学习者的需求，选择一些相关的理论前沿问题进行梳理，力求反映本章节所涉及的最新的理论发展动态；“学习测试”板块单选题、多选题、简答题、讨论题等多种题型帮助大家检测自己的学习状态，实时了解学习现状；“拓展阅读”板块为学习者推荐了一些参考阅读文献，所推荐的每一个参考文献都配有短小的导读文字，目的在于帮助学习者拓展学术视野，进一步深化理解本章的内容。本书根据2019年颁布的《新时代公民道德建设实施纲要》《新时代爱国主义教育实施纲要》等文件进行。

本书是武汉大学马克思主义学院“思想道德修养与法律基础”课程中心老师集体合作的成果。各章节具体分工如下：绪论：佘双好、陈武；第一章：程凌、胡滨、汤致琴；第二章：戴正清、史姗姗；第三章：张荣华、杨姿芳；第四章：刘水静、周志刚；第五章：黄代翠、倪素香、杨建兵；第六章：金筱萍、李玲、雷山漫、陈琳瑛、杨燕。佘双好、金筱萍对全书进行了修改和统稿。

这里需要特别说明和感谢的是，马克思主义理论研究与建设工程重点教材《思想道德修养和法律基础》（2018 年版）首席专家沈壮海教授一直关心支持本书的编写工作。

本书的编写得到了武汉大学马克思主义学院领导、老师和同学们的关心和帮助；武汉大学法学院徐亚文教授对本书法律部分内容的编写给予了具体的指导；本书也参考和借鉴了大量研究成果，在此一并表示衷心的感谢！

本书付梓之际，一场突如其来的新冠肺炎疫情打乱了出版节奏，这也为我们把疫情防控融入课程教学提供了机会。2020 年 5 月 28 日，十三届全国人大三次会议表决通过《中华人民共和国民法典》，这是我国法治建设史上具有里程碑意义的重大事件，我们也及时将有关内容进行了补充。

由于我们水平有限，本书有许多不足之处，敬请广大读者批评指正！

编 者

2020 年 8 月